한국자원봉사포럼 25년사

자원봉사 인프라 구축의 요람

나남
nanam

한국자원봉사포럼 25년사

자원봉사 인프라 구축의 요람

2021년 3월 31일 발행
2021년 3월 31일 1쇄

엮은이   최일섭·남영찬·김범수
          이성철·신정애·구혜영
발행자   趙相浩
발행처   (주) 나남
주소   10881 경기도 파주시 회동길 193
전화   (031) 955-4601 (代)
FAX   (031) 955-4555
등록   제 1-71호 (1979.5.12)
홈페이지   http://www.nanam.net
전자우편   post@nanam.net

ISBN 978-89-300-4083-9
ISBN 978-89-300-8655-4(세트)

책값은 뒤표지에 있습니다.

한국자원봉사포럼 25년사

자원봉사 인프라 구축의 요람

최일섭 · 남영찬 · 김범수 · 이성철 · 신정애 · 구혜영 엮음

나남
nanam

한국 자원봉사 포럼 창립총회 및 초청포럼 "자원봉사 진흥을 의한 정부의 대책은?"
(1995. 10. 18)

한국자원봉사포럼 제6회 정기포럼 "대학의 사회봉사와 중고생 자원봉사 협력방안"
(1997. 9. 25)

창립 2주년 기념 국제학술대회 "기업자원봉사의 과제와 전략"(1997. 11. 26)

제21회 정기포럼 "통일을 대비한 민간자원봉사의 과제"(2000. 8. 25)

제23회 정기포럼 "IYV 2001에 대비한 광주지역 자원봉사 어떻게 전개해 나갈 것인가"
(2000. 12. 1)

제26회 정기포럼 "SOS(Save Our Sea) 운동과 자원봉사" (2001. 8. 10)

제28차 한국자원봉사포럼 정기포럼 "2002년 월드컵 맞이
자원봉사 테마 마을 만들기 현황과 과제"(2001. 12. 7)

제30회 정기포럼 "여성자원봉사 지도력 증진 방안"(2002. 5. 17)

제31차 정기포럼 "월드컵의 국민적 열기 어떻게 승화시킬 것인가?" (2002. 7. 19)

한국자원봉사포럼 논문집 《자원봉사 — Korea Journal of Volunteerism》 출판기념회
(2002. 12. 9)

인터내셔널 포럼 "자원봉사 민-관 협력체계" (2003. 10. 10)

제37회 정기포럼 "대학입시에서 봉사활동의 반영현황과 과제" (2003. 12. 1)

제38회 정기포럼 회장 이·취임식 "청년실업과 NGO의 역할" (2004. 2. 27)

한국자원봉사포럼
격월간 뉴스레터 창간
(2007. 5)

제주자원봉사 특별 포럼(2011. 6. 30)

한중일 자원봉사 국제포럼(서울유스호스텔, 2011. 11. 16)

한중일 시민사회 포럼(중국 베이징, 2012. 10. 28)

제6회 전국자원봉사컨퍼런스 세션 운영(2013. 7. 11)

자원봉사 지도자 해외연수(일본 가나자와, 2014. 12. 9)

재능나눔 코치 양성교육(2015)

제5회 동아시아 시민사회·자원봉사 국제포럼(중국 강소성 우시, 2015. 10. 24)

국회자원봉사포럼 창립식 및 기념세미나(국회도서관 강당, 2016. 11. 29)

삼성후원 나눔과 꿈 성과보고 세미나 개최(2017. 12)

자원봉사 정책제안 기자회견(국회 정론관, 2018. 5. 11)

제9회 동아시아 시민사회·자원봉사 국제포럼(중국 강소성 우시, 2018. 10. 25)

자원봉사활동기본법 개정추진위원회 출범식 및 제4차 전문가 집담회(2019. 12. 3)

월례포럼 "김경동 교수의 《사회적 가치: 문명론적 성찰과 비전》"(서울시민청, 2020. 1. 15)

제11회 동아시아 시민사회·자원봉사 국제포럼(웹포럼, 2020. 11)

포럼 25년, 자원봉사의 길을 찾다

남영찬
한국자원봉사포럼 회장
법무법인 클라스 대표변호사

2020년에 한국자원봉사포럼이 25주년을 맞았습니다. 포럼이 걸어온 25년은 한국 자원봉사계의 여정이고 역사이기도 합니다. 1995년 10월 18일 최일섭 교수님을 초대 회장으로 모시고 창립총회 및 제1회 포럼으로 출범하였습니다.

그동안 자원봉사활동 법과 정책, 자원봉사 인정과 보상, 자원봉사 활성화, 이슈별 자원봉사 전략, 기업사회공헌, 생애주기별 자원봉사, 자원봉사센터의 역할과 과제, 자원봉사의 전망 및 코로나 팬데믹 시대의 자원봉사 등 총 183회가 넘는 전문가 포럼을 진행하였습니다. 시대가 요구하는 자원봉사 담론과 이슈를 제기하고, 가치와 문화를 창출해왔습니다. 특히 한중일이 함께 연대하여 개최해온 '동아시아 시민사회·자원봉사 국제포럼'은 어느덧 11회를 맞아 아시아는 물론 세계 시민사회와 자원봉사에 영향을 미치는 국제포럼이 되었습니다.

포럼과 한국 자원봉사계의 긴 여정과 미래의 희망을 압축하여 담은

이 책이 한국 자원봉사가 그동안 걸어온 길을 되돌아보고, 앞으로 나아갈 방향을 모색하는 데 유용하게 쓰이기를 기대합니다.

2020년 전 세계는 코로나19로 큰 혼란과 고통을 겪고 있습니다. 기원 전후를 가르는 BC처럼, 코로나가 그 이전과 이후 세상을 가르는 기준이 되었습니다. 코로나 이전과 이후는 삶의 방식, 가치와 철학 등 모든 것이 바뀌었다고 해도 과언이 아닙니다. 코로나로 대면 자원봉사활동이 위축되고, 후원활동과 기부금 등이 축소되는 상황에서 NGO를 비롯한 시민사회와 자원봉사단체는 큰 위기에 직면하고 있습니다. 자원봉사생태계 자체가 새로운 혁신을 요구받고 있는 시대 상황입니다.

이번 포럼 25주년사를 통해 과거에서 교훈을 얻고, 미래에 대한 통찰력과 지혜를 얻기를 기대해 봅니다. 코로나 펜데믹의 위중한 시기에 포럼 25주년사 발간은 그래서 더욱 뜻깊은 의미를 담고 있습니다. 25년의 여정에서 축적한 경험과 역량을 바탕으로 이제는 뉴노멀 시대를 이끌 새로운 프레임의 'K-볼런티어링 문화'를 창조하여 지구촌의 자원봉사 문화 활성화에 기여하는 전환점을 만들 때입니다. 코로나가 비록 우리의 활동을 제한하고 멈칫하게 하고 있지만, 우리가 소중하게 지켜온 자원봉사의 정신과 가치는 영원합니다. 위기의 시기에 새 비전으로 도약과 비상을 꿈꾸어 봅니다. 코로나 펜데믹의 터널 속에서 맞이할 뉴노멀 시대를 바라보며, 나눔과 돌봄으로 지구촌 모두가 행복한 세상을 만들기 위해 'K-볼런티어링 문화운동'을 선도하는 포럼이 되겠습니다.

포럼 25주년사 편찬위원회를 이끌며 이 책의 발간을 주도하신 최일섭 교수님, 초창기의 자료를 찾아 제공해 주시고, 조사 · 연구 · 집필을 맡아 주신 김범수 교수님, 이성철 교수님, 홍성호 이사님, 구혜영 교수님, 신정애 사무총장님, 신주혜 박사님의 열정과 희생을 자원봉사계는 영원히 기억할 것입니다. 감사드립니다. 격려와 조언을 아끼지 않으신 포럼 이사님들과 운영위원님들 그리고 모든 회원님들 고맙습니다. 포럼 25주년사뿐만 아니라 포럼을 위하여 지속적으로 후원해 주시는 SK에 깊은 감사를 드립니다. 포럼 사무국의 김창준 사무총장과 원고 교정과 편집에 수고해 준 이정림 부장, 서보영 팀장에게도 특별한 고마움을 전합니다.

이 25주년사는 국내 사회과학서적 출판을 견인해온 나남출판사 조상호 회장님의 전폭적 후원으로 가능하게 되었습니다. 조 회장님께서는 지난 30년간 이 25주년사의 편찬위원장인 최일섭 서울대 명예교수님과 형제의 의를 맺고 100권이 넘는 사회복지학의 교재와 연구서를 출판하였습니다. 우리 포럼의 향후 출판에도 많은 도움을 주시리라 믿으며 우리 회원들과 좋은 관계가 지속되기를 바랍니다.

편찬사

한국 자원봉사 발전을 이끈 25년의 여정

최일섭
한국자원봉사포럼 초대 회장
서울대 명예교수

한국자원봉사포럼 창립 25년에 즈음하여 역사의 편찬에 참여한 저의 감회는 남다릅니다. 제 나이 33세에 미국에서 사회복지학 박사학위를 취득하고 귀국해 모교인 서울대 사회복지학과 교수로 취임한 이래 저는 교육·연구와 함께 정부와 민간부문의 사회복지 현장의 많은 활동에 참여하였습니다. 국내 최초로 서울대 대학원에 사회복지 박사과정을 만들어 저를 가르쳐 주셨던 모교 은사님들을 비롯한 많은 선배 교수님들이 학위를 받도록 하였고, 사회복지학회를 비롯한 각종 분과학회의 개혁과 설립을 주도하였습니다. 또 청와대, 국무총리실, 보건복지부를 위시한 정부 부처의 각종 위원회와 한국사회복지협의회, 한국사회복지사협회, 지역사회교육협의회 등 전국 규모의 주요 사회복지 관련 단체들의 발전에도 적극 참여하였습니다.

사회복지 분야에서 일하면서 자연스럽게 자원봉사활동에 관심을 갖게 되었습니다. 1980년대 들어 급속한 경제성장에 따른 각종 부작용이 속출하고 대규모 자연재해가 발생하던 시기에 저는 대한적십자사 사회봉사자문위원장을 맡았습니다. 1980년대 후반부터는 올림픽을 위시한 정부 주도의 각종 대규모 자원봉사활동의 기획과 교육에 참여하였습니다.

1994년 7월부터 한국 언론으로는 최초로 자원봉사캠페인을 시작한 〈중앙일보〉는 이듬해 4월 4일 본인을 단장으로 한 15명의 교수, 내무부를 위시한 중앙부처 자원봉사 담당 과장급 공무원과 민간자원봉사 관련 단체 관리자들로 자원봉사연수단을 결성하여, 12일간 미국 워싱턴의 촛불재단(Points of Light Foundation), 하버드대, 자원봉사기관, 기업 등을 방문해 발달된 미국의 자원봉사제도, 현장 등을 둘러보게 하였습니다. 우리 일행은 거의 관광시간은 갖지 않고 열심히 견학하며, 토론하는 데 진력하였습니다. 큰 감명을 받고 귀국한 우리 일행은 우리나라에도 전반적 정책수립, 이슈 논의 등을 위해 전문 토론단체가 필요하다고 판단해 포럼을 결성하기로 하였습니다. 모든 연수 멤버들의 적극적 참여로 1995년 10월 18일에 서울 남대문로에 위치한 대한상공회의소 회의실에서 창립총회와 함께 제1회 포럼을 개최하였습니다.

창립하고 지난 25년간 한국자원봉사포럼은 180여 회의 정기적 포럼, 연구·조사, 교육·훈련, 홍보·출판, 특별·국제사업 등을 전개하며 한국 자원봉사계의 발전을 주도해왔습니다. 포럼의 지도자들은 특히 자원봉사활동기본법과 나눔기본법의 제정, 한국자원봉사협의회와 한국대학사회봉사회, 한국자원봉사학회, 국회자원봉사포럼의 창립 등 정부와 민간부문의 자원봉사 인프라 구축에 큰 공헌을 하였습니다.

포럼이 이와 같이 혁혁한 업적을 이룩하는 데에는 역대 회장단과 열성 회원들의 공헌이 컸음은 말할 필요가 없습니다. 저를 이어 포럼을 이끈 고(故) 이윤구 회장님을 비롯하여 일곱 분의 회장님들, 그리고 임원들과 직원들의 물심양면의 헌신에 감사드립니다. 특히 창립 때부터 포럼의 발전에 몸과 마음을 바쳐 활동해온 현재 미국에 체류하고 계신 이강현 박사, 그리고 병환으로 칩거 중인 이창호 교수(남서울대 퇴임)에게 감사드립니다. 이 두 분이 아니었다면 포럼은 탄생하지 못했을 것입니다.

이번 포럼의 25년사의 발간을 가능하게 해 주신 남영찬 회장님, 김경동 명예회장님께 특별한 감사를 드립니다. 또 역사의 집필에 활용할 수 있는 자료를 단행본, 논문, 언론기고문 등의 형태로 남겨 주신 김경동, 이창호, 주성수, 성민선, 김성준 교수 등에게도 감사드립니다.

이 25년사의 집필에는 본인과 함께 김범수 교수, 이성철 교수, 홍성호 이사, 구혜영 교수, 신정애 사무총장, 신주혜 박사 등이 편찬위원으로 참여하였습니다. 이들은 10여 회의 회합을 갖고, 25년사의 의의, 편집 방향, 주요 내용, 역할 분담 등을 논의하였습니다. 각 위원들이 집필한 원고는 포럼 전체 회원들에게 읽고 의견을 달라고 부탁하였으며, 전체 편찬위원들이 수정·보완하여 확정지었습니다. 원고의 교정과 편집에는 포럼의 서보영 간사와 본 포럼에 자원봉사자로 참여한 서울대 사회학과 4학년 이효은 씨가 많은 수고를 하였습니다.

이 25년사는 화보와 5개 부, 부록으로 구성하였습니다. 제1부, 포럼의 창립 배경은 포럼 창립 이전의 자원봉사 역사와 〈중앙일보〉의 창립에의 기여를 중심으로 김범수 교수와 제가 집필하였습니다. 제2부에서는 포럼이 지난 25년간 정부와 주요 민간자원봉사기관에 의해 추진된 자원봉사헌장 선포, 주요 민간자원봉사단체 설립, 자원봉사에 관한 입법과 기본 인프라 구축에 기여한 바를 이성철 교수, 홍성호 이사, 구혜영 교수, 신정애 사무총장 등이 기록하였습니다. 제3부에서는 본 포럼이 수행한 특성화된 주제와 형식의 포럼을 기술하였습니다. 제4부에서는 연구, 출판, 홍보 활동의 내용을 개괄하였습니다. 제5부는 지난 25년간 포럼의 발전을 위해 중요한 역할을 수행하였던 회장, 임원, 총무들의 회고담을 게재하였습니다. 결론은 김범수 교수와 제가 정리하였습니다.

이 25년사가 향후 한국자원봉사포럼이 재도약하는 계기가 되고, 한국 자원봉사계의 발전에도 크게 기여하기를 바랍니다.

한국 자원봉사의 기틀을 마련한 사반세기

라제건
한국자원봉사협의회 상임대표

한국자원봉사포럼이 25주년을 맞이하였다는 것은 우리나라에서 자원봉사활동의 틀이 잡히기 시작한 지 25년이 되었다고 바꾸어 말하여도 크게 벗어나지 않을 것입니다.

춥고 배고픈 나라에서 등 따시고 배부른 나라로 숨 가쁘게 발전해온 지난 반세기 세월의 가운데에 한국자원봉사포럼이 설립되어 자원봉사에 대한 체계적이고 학문적인 접근이 시작된 것은 참 다행이었습니다. 1986년 아시안게임과 1988년 서울올림픽을 거치며, '아, 우리가 이렇게 잘사는 나라가 되었는가' 하는 국민적 자각이 싹트던 시기에 자원봉사에 대한 관심이 함께 자라나게 되었습니다.

우리나라의 자원봉사는 한국전쟁 뒤 전후 폐허에서 주로 미국 정부와 기관 그리고 선교사들의 구호활동에 참여하는 방식으로 시작되었습니다. 이제 우리나라의 정부예산이 미국 정부의 지원금에 의해 짜였었다는 사실을 아는 사람들조차 별로 없는 시절을 살고 있지만, 저는 지금도 전쟁고아와 상이군인들, 그리고 미국에서 보내준 구호품 밀가루를 받기 위해 사람들이 길게 줄 서 있던 서울 거리를 생생히 기억합니다. YMCA, YWCA, 기독교태화관, 그리고 선교사들의 후원을 받던 많은 교회들이 미국 구호품에 의지해 봉사활동을 벌이던 현장이었습니다.

자원봉사는 도움을 받기만 하던 나라에서, 우리 스스로를 돕고, 한 걸음 더 나아가 다른 나라에까지 도움의 손길을 뻗을 수 있게 하는 결정적 수단으로 역할을 해왔습니다. 해외여행이 일반인에게까지 자유로워지고, 재정보증을 포함한 미국에서의 초청장 없이도 미국 여행이 가능해질 만큼 경제력이 성장하게 된 것이 우리의 손으로, 우리의 힘으로 자원봉사의 틀을 만들기 시작할 수 있는 바탕이 되었음은 새삼 강조할 필요도 없습니다.

우리나라 자원봉사의 역사는 서로 다른 몇 가지 방향에서 시작하고 발전한 것으로 보입니다. 자원봉사자들의 양성과 배치는 자원봉사활동을 오래도록 익혀온 김옥라 박사에 의해 1987년에 씨앗이 뿌려지기 시작했습니다. 자원봉사의 조직과 관리는 1991년에 미국 자원봉사센터를 공부하기 시작한 이강현 박사의 헌신과 수고를 통해 전국 자원봉사센터로 발전하는 기틀이 마련되었습니다. 자원봉사에 대한 연구와 정책개발에서는 1995년에 학자인 대학교수들이 주축이 되어 출발한 한국자원봉사포럼이 큰 역할을 해왔습니다. 전국 민간자원봉사단체들을 아우르는 한국자원봉사협의회가 설립된 것도 비슷한 시기인 1994년이었습니다.

창립 이후 지난 25년간 한국자원봉사포럼은 참으로 놀라운 발자취를 남겼습니다. 이번에 발간하는 25년사는 그 성과를 잘 정리한 귀한 자료집으로 남을 것입니다. 앞으로 펼쳐질 한국자원봉사포럼의 새로운 발걸음에 거는 기대가 큽니다. 초대 회장인 최일섭 교수님으로부터 현재 남영찬 회장님까지 모든 분들의 수고로 우리나라 자원봉사 초창기 역사의 한 축을 담은 방대한 자료가 하나로 묶여 세상의 빛을 보게 된 것을 축하드립니다.

자원봉사의 사회적 가치 창출의 산실

서상목
한국사회복지협의회 회장

우리나라는 지난 60년간 눈부신 경제성장을 발판으로 선진국 반열에 들어섰습니다. 경제규모는 세계 10위권에 이르렀고 4차산업을 위시한 첨단산업도 세계적 수준에 도달했습니다. 최근에는 K-pop을 필두로 한류붐을 전 세계에 확산시키고, 코로나19에 대응하면서 'K-방역'이라는 신조어가 만들어질 만큼 앞선 모습을 보여주고 있습니다.

하지만 경제적 가치를 중심으로 고도 압축성장을 해왔기에 사회 이면에서는 부작용도 발생했습니다. 공동체 의식 붕괴와 양극화, 인간소외 등의 문제가 야기되었고, 코로나19에 따른 경제적 충격은 이를 더 악화시키고 있습니다.

우리 사회는 물질만능주의에 물들어 따뜻한 인간성을 상실해가고 있고, 그에 따라 나눔의 가치와 의미도 점차 퇴색되고 있습니다. 많은 미래학자들은 포스트 코로나 시대에 적합한 패러다임은 경제적 가치를 넘어 사회적 가치를 존중하는 새로운 형태가 될 것으로 전망합니다. 지금은 사회적 가치 패러다임의 변곡점이라고 할 수 있습니다.

사회적 가치의 핵심 중 가장 중요한 것은 공동체를 중시하는 것입니다. 이는 국가가 사회적 약자를 품는 포용사회를 의미합니다. 세계적 경제학자 라구람 라잔(Raghuram Rajan)은 공동체(*community*)를 국가(*state*), 시장(*market*)과 함께 균형사회가 갖춰야 할 세 기둥 중 하나로 꼽았습니다. 그리고 공동체 의식을 발전시키는 데 지대한 영향을 주는 것이 대표적인 나눔활동인 자원봉사라고 보았습니다.

이러한 시점에서 한국자원봉사포럼이 창립 25주년을 맞아 그간의 발자취를 기록한 25년사를 발간하는 것은 큰 의미를 갖습니다. 이 책은 자원봉사가 창출할 수 있는 사회적 가치에 관심을 갖는 우리 모두에게 지난날의 역사와 나아가야 할 지향점을 제시합니다.

한국자원봉사포럼은 1995년 창립 이후 다양한 방면에서 자원봉사 발전을 위해 기여해왔습니다. 정기적 포럼 개최와 연구·교육·출판 등으로 대한민국의 자원봉사 문화를 견인해왔다고 해도 과언이 아닙니다. 특히 지난날 자원봉사활동기본법 제정과 민간자원봉사 인프라 구축에 큰 역할을 하기도 했습니다.

이 책은 한국자원봉사포럼의 활동 연대기를 다양한 관점에서 집대성했습니다. 제1부 포럼의 창립 배경에서는 자원봉사의 태동기였던 조선 말기부터 일제강점기와 농촌 계몽운동, 한국전쟁과 1990년대까지의 역사를 수록했습니다. 제2부와 제3부에서는 한국자원봉사포럼의 주요 업적들과 활동상을 포함해 자원봉사포럼이 우리나라 자원봉사 영역에서 기여한 바를 서술했습니다. 제4부에서는 포럼의 다양한 연구사업과 출판·홍보 활동 등을 통해 자원봉사 활성화 방안의 현주소를 살펴보았습니다.

자원봉사를 통한 새로운 사회적 가치는 한국 사회를 열어 나갈 시대적 과제이자 사명입니다. 미래사회 자원봉사가 가져올 사회적 가치가 갈등과 대립, 불균형의 시대를 넘어 새로운 이정표가 되기를 기대합니다. 한국자원봉사포럼의 역사를 기록한 이 25년사가 많은 분들이 자원봉사활동을 다시 한 번 되새겨 보는 기회를 마련했으면 합니다.

한국자원봉사포럼 25년사

자원봉사 인프라 구축의 요람

차례

제2부 한국자원봉사포럼의 주요 업적

제3부 한국자원봉사포럼의 주요 활동

제11장 자원봉사 혁신과 문화 확산

제12장 동아시아 시민사회·자원봉사 국제포럼

제13장 "재능을 나눕시다" 캠페인

제14장 자원봉사운동의 지적 토대 강화 프로젝트

맺음말

제 1 부

한국자원봉사포럼의 창립 배경

제1장

한국자원봉사포럼 창립
이전의 자원봉사 역사

1. 고아구제사업과 봉사활동

근현대에 들어오면서 우리나라에서 사회 공익을 위해 '최초로 전개된 봉사활동은 무엇이었을까?' 또는 '어느 단체에서 시작하였을까?'라는 문제제기에 한마디로 답하기는 어렵다.

1897년 구한말 전후 국력은 매우 쇠약해지고 대부분의 국민들은 극심한 빈곤에 처해 있었다. 이러한 시기에 어린이들을 위한 무상교육과 헐벗고 굶주린 고아들을 위한 사업이 움트기 시작했다. 사회복지계에서는 이를 자선활동 또는 사회사업이 시작한 사건으로 기록하고 있다. 그러나 자원봉사 역사의 관점에서 보면 자선활동 및 사회사업과 함께 봉사활동도 함께 조금씩 시작된 것을 알 수 있다. 그렇기 때문에 당시의 시대적 상황을 살펴보면서 공익시설이나 단체를 통해 초창기 봉사활동을 전개한 내용을 발굴, 기록해 보았다.

근현대에 우리나라가 극심한 가난에 처했던 때는 바로 구한말과 일제강점기 그리고 한국전쟁 기간과 전후 1960년대까지라 할 수 있다. 이때는 초근목피로 생을 연명하는 경우가 많아 길거리를 배회하는 고아들이 급증하였다. 이 시기에 고아구제사업을 하는 사회사업시설이 설립되었고 동시에 사회사업시설을 중심으로 봉사활동도 펼쳐지기 시작했다(김범수, 2019).

1) 1885년 설립된 '천주교 고아원'

우리나라에서 고아구제사업이 최초로 전개된 곳은 구한말이 시작된 1897년보다 12년 전인 1885년에 프랑스 신부들에 의해 설립된 '천주교 고아원'(초대 원장: Blanc)이라고 전해진다.

당시 조선에 파견되어 있던 메스트르(Maistre) 신부는 프랑스에서 아동복지사업을 전개하고 있던 영해회(嬰孩會, La Sainte Enfance)를 모델로, 1854년 조선영해회(朝鮮嬰孩會, La Sainte Enfance)를 설립하고 그 규칙을 만들었다. 조선영해회의 목적은 죽을 위험에 처해 있는 아이들을 양육하는 것이었다. 오갈 데 없는 아동들에게 대세(代洗)를 주고, 보살핌이 필요한 아동은 천주교 신자들의 가정에 맡겨 현대적 위탁아동보호사업을 전개했다.

2) 1905년 설립된 경성고아원

경성고아원은 1905년 우리나라에서는 두 번째로 이필화(李苾和) 개인의 사재(私財)로 설립된 고아시설로 전해진다. 또한 한국인이 설립한 최초의 고아시설이다. 1905년 9월 유교의 한 부류였던 대성(大成) 종교인 이필화는 사재 3,500원을 지불하고 한성부 중부 광이동 11통 5호(현 종로구 관철동) 소재 전 포목도가(都家)였던 38칸의 가옥을 남태회로부터 구입, 수리했다. 이 시설을 고아수용 교육시설로 개조하여 1905년 10월에 경성고아학교라는 명칭으로 고아교육사업을 시작했다.

경성고아학교에서는 거리를 방황하는 고아들을 수용하여 이들을 양육하고 교육하였다. 또한 교육생 중에서 당시 유행병인 역병(疫病)으로 고생하는 아동에게는 의료보호를 제공하였다. 즉, 거리를 유랑하는 고아들에게 의식주(衣食住)를 제공하고 현대식 교육을 실시하며 또 병을 앓는 사람은 치료해 주었다.

3) 1919년 설립된 경성보육원

오긍선이 의사로서 고아사업과 인연을 맺게 된 것은 1918년(당시 41세) 남대문시장을 갈 때마다 혹한과 기아에 허덕이는 고아들을 만나며 그들을 어떻게 도와야 할지에 대해 깊은 고민에 빠지면서부터다. 그러던 중 남대문시장 상인 김병찬이 돌보던 고아 7명을 자신의 집으로 데려와 숙식을 함께한 것을 계기로 고아사업을 시작하여 1919년 3월 경성보육원을 설립하였다. 그가 고아구제사업을 시작한 동기는 배재학당 시절 협성회 간부로 불순활동을 했다는 이유로 쫓기는 몸이 되어 선교사 집에서 피신생활을 한 데서 비롯하였다. 그가 피신하던 집에서 알렉산더(Alexander) 선교사를 만나면서 미국 유학을 마친 후 사회적 약자인 고아들을 위해 조금이라도 갚겠다는 의도로 사업을 시작하였다.

경성보육원은 이후 명칭을 변경하여 현재는 안양시 만안구에 '사회

복지법인 해관재단 좋은집'으로 운영되고 있다. 그리고 오긍선의 흉상
은 세브란스 병원에 건립되어 있다.

이상으로 초창기 3개의 고아시설을 살펴보았다. 이 고아시설에서
많은 봉사자들이 1개 시설당 50여 명에서 100여 명에 이르는 원생들의
식사준비와 배식봉사, 의복 수선과 세탁물 봉사, 전염병 예방을 위한
위생봉사활동에 참여하였다.

2. YMCA·대한적십자사·태화사회관의 봉사활동

1) YMCA의 초창기 봉사활동

1903년 황성기독교청년회(초대 회장: H. B. Hulbert)라는 이름으로 우
리나라에서 처음으로 YMCA 운동이 시작되었다. 황성기독교청년회
는 교육·계몽·선교에 그 목적을 두고 출발하였다. 황성기독교청년
회에서 설립한 황성기독교청년학관에서는 1907년경에 중학과, 일어
과(1년 과정), 영어과(2년 과정), 목공과가 개설되었다. 대부분의 과
목을 담당하는 강사는 무보수 봉사활동으로 강의하였다. 그리고 일어
과, 영어과, 부기과(簿記課)가 야간에 설치되면서 우리나라에서 야간
학교가 개설되었다. 우리나라에서 야학이라는 사업은 이때 시작된 것
으로 추정된다.

그 후 1910년 8월 한일합병이 이루어지면서 황성기독교청년회의 활
동도 일제의 직접적 탄압을 받게 되었다. 1911년 일제가 날조한 '데라

우치 총독 암살미수사건'(寺內正毅 總督 暗殺未遂事件)이 발생하면서 황성기독교청년회(YMCA) 활동에 탄압이 시작된다. 이 사건으로 윤치호가 체포되었다.

황성기독교청년회는 1913년 4월에 조선중앙기독교청년회(朝鮮中央基督敎靑年會)로 명칭을 바꾸면서 약간의 자주성을 유지하였으나 일본 YMCA의 산하로 조직이 개편되었다. 그리고 일제의 지배와 관여 속에 YMCA, YWCA 활동은 계속되었지만, 황성기독교청년회는 만 10년 만에 막을 내리게 된다(한국민족문화대백과사전, 1991).

이러한 험난한 시대적 배경에서도 황성기독교청년회를 통해 우리나라에서 정규학교를 가지 못하는 사람들을 대상으로 주간과 야간에 학교라는 명칭으로 교육이 시작되었고, 그 학교에서 교육을 담당하는 사람들이 대부분 봉사활동으로 참여하였다는 것은 큰 의미가 있다. YMCA와 YWCA는 해방과 한국전쟁 이후에도 우리나라 청소년 봉사활동의 발전에서 한 축을 담당했다.

2) 대한적십자사의 초창기 봉사활동

우리나라에서 적십자 운동은 1905년 고종황제 칙령 제47호로 대한적십자사 규칙을 제정, 반포함으로써 시작되었다. 그러나 일제의 강압으로 1909년 대한적십자사가 폐지되었고, 일본적십자사(日本赤十字社)에 합병되었다. 그리고 1919년 상하이 대한민국임시정부에 의해 '대한적십자회'가 설립되어 항일무력투쟁을 인도적 측면에서 지원하였고, 해외동포 환자를 도와주었다.

1945년 8·15 광복 후 적십자사 재건운동본부에서 1947년 3월 15일

조선적십자사로 명칭을 변경, 운영하였다. 그 후 1948년 대한민국 정부가 수립됨에 따라 1949년 4월 '대한적십자사 조직법'에 의해 같은 해 10월 대한적십자사가 재조직되어 출범하였다.

1950년 한국전쟁이 발발하여 대한적십자사는 임시수도 부산에서 전시 구호활동을 전개하였다. 1951년 7월에는 서울 적십자병원에 임시 구호병원을 설치하였고, 1952년 2월 휴전회담에서 양측 적십자 단체로 구성된 합동기구가 포로수용소를 방문하는 활동을 펼쳤다.

대한적십자사는 전쟁 중에는 국군의 의료보조기관으로서 부상자에 대한 구조와 간호사업을 전개하였다. 그리고 평시에는 7대 적십자 기본원칙에 의거하여 구호사업, 혈액사업, 사회봉사사업, 보건사업 및 청소년적십자 활동을 활발히 전개하였다.

대한적십자사는 1905년 창립 이후 우리나라 근현대의 초창기부터 현재까지 응급구호활동을 중심으로 봉사활동의 기반을 닦는 데 기여하였다.

3) 태화사회관의 초창기 봉사활동

1921년 미국 남감리회에 의해 설립된 태화사회관은 우리나라 최초의 인보관(*settlement house*)이다. 이 항에서는 1921년 태화사회관의 초대 관장을 지낸 1대 마이어스(M. D. Myers) 관장 시대부터 1945년부터 시작된 미군정 시대의 사회공익 분야의 봉사활동을 살펴보았다.

초창기 태화사회관에서는 로젠버거 전문간호사를 중심으로 태화진찰소와 보건위생사업, 주 2회 목욕날(*bathing day*)을 만들어 아동목욕사업, 아동분유급식사업에 봉사자를 활용하였다. 그리고 한국 사람들이 콩을 많이 재배하기 때문에 콩우유를 만들어 보급하여 아동과 어머니 건강 향상에 기여하였다.

무엇보다 중요한 것은 당시 여성지도자들이 재능기부를 위해 여자성경학원 교육에 참여했다는 것이다. 처음에 20명으로 시작한 한글성경학원은 100명 이상의 인원을 끌어모았다. 당시 강당은 물론이고 현관 마당 정원에까지 사람들로 가득했다. 명칭은 한글성경학원이었지만 실질적 내용은 여성들의 문맹퇴치교육과 교양교육이 전개되었다. 당초에 6주로 시작한 성경학원 교육기간은 결국 4개월까지 연장하였다. 의미 있는 현상은 연장교육에 참여했던 한국인 강사는 대부분 사례비 없이 재능기부 강사로 참여하였다는 것이다.

그 밖에 당시 교육에서는 현실 생활에 실질적 도움을 주는 재봉반, 영어반, 음악반 등의 강의가 이루어졌다. 또한 낮시간에 참석하기 어려운 사람들을 위해 야간학교 과정이 개설되었다. 모든 교육과정에서 문맹퇴치교육은 기본이었다.

이와 같이 1921년부터 문을 연 태화사회관에 파견된 선교사들은 대부분 미국의 사회사업방법론과 신학과정을 이수한 사람들이었다. 태화사회관 2대 에드워즈 관장 때는 사회사업부(Social Service Department)를 만들어 사업을 전개한 기록도 있다. 초창기 태화사회관을 설립하는 데 기여한 3인방은 1대 마이어스 관장과 한국인 이숙정(李淑貞), 박정화(朴貞華)라고 전해진다.

태화사회관 70년사 사료를 살펴보면 귀중한 자료를 발견할 수 있다. 바로 1910년대에 북미주에서 해외에 선교사를 파견하기 전에 저개발 국가에서 어떤 봉사정신과 철학을 갖고 봉사활동에 임해야 하는지 소문자로 volunteer의 철학과 이념을 교육하였다는 기록이다. 당시 명칭은 학생봉사운동(SVM: Student Volunteer Movement)이라는 과정이었다. 이처럼 초창기에 태화사회관에 파견된 선교사들은 당시 수많은 사업을 전개하는 데 많은 봉사자를 모집하고 교육 동기를 부여하면서 사업을 전개하였다(태화기독교사회관, 1971; 태화기독교사회복지관, 1993). 그리하여 우리나라에서는 태화사회관의 개관과 함께 volunteer라는 용어가 처음으로 사용되었다.

4) 농촌계몽운동과 야학

일제강점기에 일부 대학생들은 농촌계몽운동과 야간학교(야학) 봉사활동에 참여하기 시작했다. 심훈의 소설 《상록수》에 따르면, 당시 일부 대학생들은 농촌에서 봉사활동을 하거나 야학에 나가 주로 한글교육에 참여하였다. 1920년대 일제강점기에 수원고농에서는 농촌계몽운동과 농민야학을 전개했다. 그러나 농촌계몽운동과 야학을 배경으로 일제의 식민지 차별교육 반대와 의식개선 운동이 이루어지자 일제 관헌들은 이를 감시하기 시작한다.

일제강점기에 시작된 농촌계몽운동과 야학은, 해방 이후 농활과 야학, 그리고 공단지역 내 야학으로 대상층이 변화해 나갔다(한국대학사회봉사협의회, 2006). 한편 공단지역 내 야학은 노동운동 의식화 교육에 참여한다는 이유로 군사정부 시기에 감시의 대상이 되기도 했다.

3. 전쟁구호와 봉사활동

한국 사회에서는 일제강점기부터 해방, 미군정 시대에 이르기까지, 좌익과 우익이 서로 대립하면서 극심한 혼란이 계속되었다. 그러한 혼란의 시대에 1950년 6월 한국전쟁이 터지면서 각종 사회문제들이 폭발적으로 일어났다. 이렇게 전쟁으로 초토화된 한국이 전쟁의 폐허에서 다시 일어서는 데는 미국을 비롯한 일부 선진국의 원조가 큰 역할을 하였다.

전쟁 이후 봉사활동에 관한 기록은 1952년 2월 한국사회사업연합회 (현 한국사회복지협의회)가 창립대회를 마친 후 제1회 공동모금운동을 전개하면서 많은 봉사자들을 활용하여 모금운동을 했다는 글이 남아 있다. 당시 전쟁이 끝나지 않았지만 수많은 부랑아와 고아들을 돌보기 위해 십시일반으로 힘을 합쳐 모금운동을 펼쳤다. 그러나 전쟁 중이었고 워낙 열악한 상황이라 제1회 공동모금운동은 성공하지 못했고 공동모금활동도 계속되지 못했다.

전쟁이 끝나고 우리나라가 전쟁에서 빠르게 회복할 수 있었던 배경에는 1955년부터 시작된 미국과 선진국의 원조가 있었다. 1955년부터 1960년대 초까지 미국, 캐나다를 비롯한 선진국의 원조는 39억 달러였다. 1955년 한국의 전쟁구호에 참여했던 원조단체들은 외국민간원조단체연합회(KAVA: Korea Association of Voluntary Agencies)를 조직하였다. 외국민간원조단체연합회에서는 1955년에 266개 고아원에 입소한 고아 2만 8,748명의 의식주에 소요되는 대부분의 재정을 지원한 것으로 나타났다.

때마침 이화여대 기독교사회사업 전공자와 중앙신학교(현 강남대)

사회사업학과 졸업생들이 1956년부터 외국원조기관에서 근무하기 시작했다. 그들은 KAVA 직원들과 전쟁복구사업을 위해 원조물자를 배분하면서 많은 봉사자들을 활용했다(한국사회복지협의회, 2012). 기록에 따르면 1960년대 들면서 봉사자의 체계적 활용이 이루어졌다. 당시 캐나다유니테리언 한국지회장으로 근무하던 조기동을 중심으로 1964년에 목포, 1965년 인천, 1966년 이천, 1968년 마포에 사회복지관을 설립하면서, 지역사회 빈곤층을 효율적으로 지원하기 위해 지역주민들을 봉사자로 활용하기 시작했다.

4. 자원봉사자 교육 연계 시범사업

1) 사회봉사안내소와 자원봉사자 교육

1960년대까지 우리나라 대부분의 사회사업시설의 운영재원은 외국원조기관에서 지원해 주는 기금으로 충당되었다. 그러나 1970년대에 접어들면서 외국원조단체가 철수하기 시작했고, 1973년 제1차 석유파동의 영향으로 사회사업시설 운영은 여러 가지 어려움에 직면했다. 그러면서 사회사업시설 운영에 더 많은 봉사인력이 필요해졌다. 당시 사회사업시설에 봉사인력을 지원하기 위해 1978년 9월에 한국사회복지협의회에서는 시범사업으로 부설 사회봉사안내소를 개소했다. 그리고 같은 해 10월 제1회 자원봉사자 교육을 실시하면서 자원봉사교육은 전국적으로 확대해 나갔다.

당시 자원봉사강습을 시작하기 전에 자문위원회의에서는 다음과 같은 사항을 결정하였다. 그때까지 volunteer라는 영어 표기에 대해 봉사자, 봉사원, 봉사활동원, 적십자봉사원 등의 용어가 사용되었다. volunteer의 발음도 볼런티어, 보란티어, 발룬티어 등이 사용되었다. 이에 자문회의에서는 volunteer를 우리말로 '자원봉사자'라고 번역하고, 영어 발음은 한글로 '볼런티어'로 표기하기로 결정하였다 (김범수 외, 2016). 1979년에는 우리나라 최초의 자원봉사 교재인《자원봉사의 이론과 실제》(김영호 외, 2016)가 발간되었다.

1978년에 개설된 사회봉사안내소는 1980년대 들어 전국 15개 광역자치단체에 설립되면서 자원봉사자를 모집, 교육, 배치하는 사업과 자원봉사센터로서의 모델사업을 계속하였다. 1978년 모델사업을 전개한 사회봉사안내소는 1996년부터 설립된 자원봉사센터의 원조라 할 수 있다.

2) 여성정책연구원과 자원활동가 교육

1980년대 들어 우리나라 여성 자원봉사활동 저변에 기여한 단체는 1984년 설립된 한국여성정책연구원(전 한국여성개발원)이라고 할 수 있다. 여성정책연구원에서는 1984년부터 1992년까지 여성자원활동 인력은행을 개설하여 자원활동가 교육과정을 운영하였다. 1993년부터는 여성활용센터로 명칭을 변경하고 여성들의 사회참여활동을 권장해왔다. 여성정책연구원에서는 자원봉사자라는 용어에서 봉사라는 말이 적합하지 않다면서 자원활동원이라는 용어를 사용하였다.

이 밖에 1980년대 들면서 자원봉사라는 용어가 범국민적으로 인식된 계기는 1988년 개최된 서울올림픽이라고 할 수 있다. 서울올림픽

때 '서울올림픽 자원봉사자'를 대거 모집하여 활용하면서 국민들에게 자원봉사자라는 용어를 널리 홍보하는 기회를 마련했다.

3) 대학과 자원봉사교육

1978년 한국사회복지협의회에서 사회봉사안내소 사업이 시작된 다음 해인 1979년 2학기에 강남대 사회사업학과에서는 우리나라 최초로 대학 내 사회복지학과 전공학생을 대상으로 '자원봉사론' 과목을 개설하였다(김영호, 2006). 그리고 사회복지학과가 설치된 일반대학에서는 2001년 세계자원봉사의 해를 기념하면서 자원봉사론이라는 과목이 사회복지학과에 개설되기 시작하였다.

이러한 사회적 변화를 반영하여 한국사회복지교육협의회에서는 세계자원봉사의 해 이후에 자원봉사론 교과목을 사회복지사 자격이수 선택과목으로 선정하였다(한국사회복지교육협의회, 2018). 또한 한양대에서 일반대학 중 최초로 1995년 1학기에 사회봉사 과목을 교양과목으로 개설하였다(한양대 사회봉사단, 2005). 그 후 대학평가에서 대학의 사회봉사가 평가항목에 들어가면서 대학 내 교양학부에서 사회봉사 학점이 확대되기 시작했다.

제2장

한국자원봉사포럼 창립

1. 〈중앙일보〉 자원봉사캠페인(1994)

〈중앙일보〉는 1965년 창간 이래 한국 사회에서 휴머니즘을 구현하는
데 앞장서 왔다. 언론사로서의 그 같은 정신은 1994년 3월 21일 제2의
창간과 함께 일대 전기를 맞았다. 소외된 이웃을 돌보는 자원봉사캠
페인을 시작한 것이다. 1994년 7월 7일 첫 사고(社告) 및 기사와 함께
시작된 이 캠페인은 경제성장의 뒤안길에서 소외되고 고통받는 이웃
들에 대한 사랑과 관심을 불러일으켰다. "봉사로 기쁨 찾자"는 구호
아래 전개된 이 캠페인은 당시 우울한 사건·사고가 연속되는 가운데
서도 자원봉사자들의 밝고 따뜻한 이야기들을 찾아 지면에 소개하고
범국민적 자원봉사 이벤트를 마련하여 평소 자원봉사에 무관심했던
독자들의 참여를 이끌어냈다.

　　자원봉사캠페인을 체계적이고 지속적으로 추진하기 위해 〈중앙일
보〉는 1994년 8월에 '자원봉사 사무국'(The Bureau of Volunteer Service)

을 설치하고 전문가로 이창호 전문위원을 영입하여 기획과 기사 등을 맡게 했다. 그리고 당시 문화사업본부의 윤주삼 부장을 사무국장으로 임명, 사업 전반을 관장토록 했다.

또 편집국 문병호 사회부장 휘하에 자원봉사 취재팀을 별도로 구성, 당시 보건사회부와 노동부 출입기자, 사진부 기자들이 전담토록 했다. 뿐만 아니라 취재 및 각종 사업의 효율적 지원을 위해 당시 금창태 상무(편집인)와 각 본부의 부국장급 이상의 간부들로 자문회의를 구성, 주 1회 정기회의를 갖고 취재 및 보도와 사업의 방향 등을 결정토록 했다.

금창태 상무는 후에 중앙일보 사장을 지냈고, 시사저널 사장으로 재직하면서 한국자원봉사포럼의 4대 회장(2003~2004)을 역임하였다. 앞서 소개했던 이창호 전문위원은 후에 기술하는 한국자원봉사포럼의 창립에 주도적 역할을 했을 뿐 아니라 금창태 회장 재임 시 남서울대 사회복지학과에 재직하면서 포럼의 총무로 봉사하기도 했다.

캠페인 열기가 고조되고 확산되면서 사무국에 당시 홍성호 기자(현 한국자원봉사포럼 이사)와 수 명이 전담기자로 합세하고 정치부·문화부 기자 등 다른 부서의 기자들도 관련 기사 발굴에 합류했다. 이에 따라 캠페인 영역도 다양화되었는데, 1994~1995년에 추진한 사업을 열거하면 다음과 같다.

첫째, 1994년 8월 2일 보궐선거에 맞춘 공명선거 자원봉사운동의 전개이다. 대구 수성갑구를 비롯한 강원도 영월, 평창군, 경북 경주시에서 실시된 선거에 사고(社告)를 통해 공명선거 자원봉사자들을 모집하고, 동참한 한국걸스카우트연맹 여학생들로 하여금 선거유세장과 투표 당일 투표소에 나가 적극적으로 봉사활동을 펼치도록 하여 정치 선진화의 디딤돌을 깔았다.

둘째, 자원봉사캠페인은 1994년 8월 당시 내전으로 수십만 명의 난민이 죽어가던 아프리카의 르완다에 해외봉사단 파견사업을 전개했다. 대한항공의 협찬으로 9월부터 12월 말까지 여섯 차례에 걸쳐 국제기아대책기구, 한국이웃사랑회, 한양대 의료봉사단과 함께 난민들에게 의료지원 자원봉사활동을 펼쳤다.

셋째, 사랑의 장기기증운동은 이전까지 산발적으로 이루어지던 장기기증을 대대적인 자원봉사캠페인에 힘입어 하나의 사회현상처럼 붐을 이루게 하였다.

넷째, 〈중앙일보〉는 이 자원봉사캠페인을 국민들의 생활 속에 자리 잡도록 하기 위해 미국 *US Weekend*에서 매년 실시하는 '변화를 만드는 날'(Make A Difference Day) 이벤트를 본떠 1994년 11월 '제1회 전국 자원봉사경연대회(대축제)'를 개최하였다. 이 대회는 2일간 대통령 영부인, 장관, 국회의원 등 사회지도층 인사들을 비롯해, 전국에서 32만여 명의 자원봉사자들이 참가해 성대히 거행되었다. 이 대회에서 선정한 우수봉사단에 대한 시상식이 12월 20일 서울 장충체육관에서 열렸는데, 김영삼 대통령이 참가하여 시상하고 당시 대축제 공동주최사인 KBS TV가 이를 전국에 생방송으로 중계하였다.

다섯째, 1995년에 들어서는 '자유로 100리 무궁화길 조성 자원봉사', 교육개혁과 청소년 자원봉사 활성화 세미나, 한국사회복지학회와 '21세기 복지파트너십' 국제 심포지엄 등을 개최했고, 1995년 4월 총선 때 역시 공명선거 자원봉사운동을 전개했다.

〈중앙일보〉는 이와 같은 자원봉사캠페인 초기부터, "봉사로 기쁨 찾자"라는 로고와 "나누는 기쁨, 베푸는 보람"이란 표어를 내걸고 거의 매일 1면 또는 사회면에 자원봉사 관련 기사를 실었다.

2. 〈중앙일보〉 주최 미국 자원봉사지도자 연수(1995)

〈중앙일보〉는 자원봉사운동을 더 활성화하려면 자원봉사에 관한 연구, 교육, 정책 및 프로그램 개발, 공사(公私) 자원봉사단체의 설립, 자원봉사자의 훈련, 배치, 지도, 감독 등을 수행할 수 있는 전문가와 지도자를 확보하는 것이 중요함을 깨달았다. 이를 위해서는 우리 사회의 자원봉사지도자들로 하여금 선진국의 발전된 자원봉사 제도와 활동들을 둘러보게 하는 것이 필요하다는 생각에서 교수, 공무원, 민간 사회(복지) 단체 관계자 등 15명의 지도자를 선정, 미국 연수를 주관했다.

최일섭 서울대 교수, 조휘일 서울여대 교수, 성민선 가톨릭대 교수, 주성수 한양대 교수, 이강현 박사(미국 민간자원봉사활동 전문가), 그리고 행정자치부, 보건사회부, 문교부, 법무부, 제2정무장관실(현 여성가족부) 등 자원봉사 전문 중앙부처의 고위공무원들과 대표적 민간자원봉사단체장들이 연수단에 참가했다. 이들은 1995년 4월 4일 서울을 출발, 12일간 미국 워싱턴의 촛불재단, 뉴욕시립자원봉사센터, 캠퍼스 컴팩트(자원봉사운동 추진 대학 총학장 협의기구), 하버드대 및 브라운대, 기업, 민간자원봉사센터 등을 방문해 미국의 발달한 자원봉사 제도, 학교 및 단체들의 활동 등을 두루 둘러보았다.

약 2주간 뜻깊은 연수를 하고 돌아온 연수단은 〈중앙일보〉 자원봉사사무국이 마련한 귀국보고회와 해단식에 참여했다. 이들은 우리나라에도 자원봉사전문가들이 모여 자원봉사 활성화를 위한 전반적 정책수립, 이슈 논의 등을 위한 토론 단체가 필요하다는 의견을 낸 끝에 '한국자원봉사포럼'을 결성하기로 하였다.

3. 한국자원봉사포럼 창립 및 초기활동(1995~1997)

한국자원봉사포럼은 15명의 미국연수단을 주축으로 자원봉사 관련 전문학자 및 각계각층의 중견급 자원봉사 관리자들이 모여 자원봉사 운동 전략과 사회적 이슈들의 올바른 방향을 수립하고, 대안 제시를 하기 위하여, 그리고 더 나아가 우리 사회에서 자원봉사를 활성화하고 정착시키기 위하여 관련 사업을 실천에 옮기겠다는 목적으로 설립되었다.

1995년 10월 18일 서울 남대문로에 위치한 대한상공회의소 회의실에서 개최된 창립총회 겸 제1회 포럼과 함께 한국자원봉사포럼은 탄생했다. 70여 명의 회원이 참석한 회의에서 고문으로 강영훈(당시 한국자원봉사단체협의회장), 홍석현(당시 중앙일보 사장), 김종량(당시 한양대 총장) 등 3명이 위촉되었다. 초대 회장에는 미국자원봉사연수단장을 맡았던 최일섭 서울대 사회복지학과 교수가, 총무에 주성수 한양대 교수가 각각 선임되었다. 또 총회는 7인의 운영위원회를 구성하고 약 2개월에 한 번 정도 정기포럼을 개최하기로 하였다.

초창기인 1995년부터 1997년까지 포럼의 주제는 자원봉사 지원을 위한 법, 중앙정부와 지방정부의 역할 및 선진국의 제도 등에서부터 청소년 자원봉사센터의 설립과 기능 강화 등 당시 한국 자원봉사계가 당면한 자원봉사 정책 제도 및 활동 이슈들을 포함하였다. 예를 들어, 제1회, 제4회, 제8회, 제12회 포럼은 자원봉사 정책과 법에 대한 정당, 국회, 정부 부처(주로 내무부와 보건사회부) 등의 입장과 견해 등을 밝혔다. 제2회, 제3회, 제10회, 제11회 포럼에서는 중고교 자원봉사 활동과 대학입시 반영문제, 대학의 봉사활동 등의 주제를 다루었다.

한국자원봉사포럼 창립총회
및 초청포럼(1995. 10. 18)

또 자원봉사에 있어 선진국인 미국과 일본 등의 자원봉사전문가들을 초청하는 포럼을 개최함으로써 차후 포럼이 아시아 제국 및 각종 국제 단체들과 교류해 나가는 발판을 만들기도 했다.

이상에서 열거한 정기포럼에 더하여 한국자원봉사포럼의 대표 임원과 회원들은 정부와 민간부문의 자원봉사 정책 및 프로그램 개발 등의 위원과 자문으로 또 연구와 교육 등에 적극 참여함으로써 한국 자원봉사 발전의 선구자 역할을 했다.

제 2 부

한국자원봉사포럼의
주요 업적

제3장　　　　　　　　　　시민자원봉사헌장 선포

1. 시민자원봉사헌장 선포의 의의

새천년을 맞이하여 국민 모두는 새 시대에 대한 많은 희망을 가지고
있다. 새천년의 희망은 지나온 천년처럼 몇몇 영웅들에 의해 이룩될
수 있는 것이 아니다. 너와 나, 우리 모두의 시민들에 의해 새천년이
창조된다. 하지만 청소년 문제, 노인 문제, 실업자 문제, 계층 간 빈
부격차 문제 등 우리 사회가 해결해야 할 많은 과제들이 우리 앞에 산
적해 있다. 더욱이 국민들은 과거와 달리 삶의 질 내실화와 다양한
욕구들의 실제적 충족을 요구하고 있다. 그러나 우리의 공적 사회안
전망은 아직 완성되지 않았으며, 국가 재정도 충분하지 않은 것이 사
실이다.

　따라서 자원봉사와 같은 민간 자원의 동원이 필수적으로 요구되는
것이 현실이다. 자원봉사활동은 사회문제를 해결할 뿐만 아니라 성숙
한 시민사회를 가져오며 자아성장의 원동력이 된다. 우리 사회 구성

원인 시민들이 자원하는 마음으로 자신이 속한 사회와 시대의 의로운 뜻을 위해 각자의 노력을 대가 없이 바칠 때 새로운 천년이 창조되고 복 받는 천년이 될 것이다.

이러한 시대적 사명감을 공감하는 여러 시민들에게 "자원봉사란 시민이 자발적으로 참여해 대가 없이 지역사회의 요구와 문제해결을 위해 제공하는 모든 공익적 활동"을 의미한다. 또한 이것이 우리 시민들이 새로운 천년을 향해 나아갈 기본방향임을 인식시키기 위해 시민자원봉사헌장을 기초하여 선포하기에 이르렀다.

2. 시민자원봉사헌장 기초 및 선포 과정

한국자원봉사포럼은 1999년 초에 〈중앙일보〉와 합동으로 자원봉사헌장을 제정·선포키로 하고 헌장 기초위원회를 구성, 헌장 초안 작업을 시작하였다. 포럼은 이를 위해 자원봉사, 문화예술, 언론, 재계 등 15개 분야의 사회지도층 인사 151명을 모집하여 발기인으로 위촉하였다.

헌장 기초위원회는 초안이 마련되는 대로 발기인들의 동의를 얻은 후 이를 〈중앙일보〉에 게재, 시민들의 의견을 묻는 방법을 택했다. 기초위원회는 마침내 6개월에 걸쳐 초안 작업을 마무리했다. 그리고 그해 11월 18일 오전 10시에 세종문화회관 대회의실에서 300여 명이 참석한 가운데 '시민자원봉사헌장' 선포식을 가졌다. 제6회 전국자원봉사대축제 시상식도 겸한 이날 선포식 행사에는 당시 김종필 국무총리, 김기재 행정자치부 장관 등 정부 인사들이 대거 참석했다.

시민자원봉사헌장 선포식 초대장

　헌장 기초위원으로는 손봉호 기독교윤리실천운동 대표(위원장), 금창태 중앙일보 사장, 이강현 볼런티어 21 사무총장, 황경식 서울대 철학과 교수, 정영숙 탤런트, 김통원 성균관대 사회복지학과 교수, 포럼 총무, 이창호 중앙일보 전문위원 등이 참여했다.

　헌장은 크게 서문, 기본정신, 행동강령 등 세 부분으로 구성되었다.

시민자원봉사헌장

한국자원봉사포럼 · 중앙일보
선포: 1999. 11. 18, 개정: 2007. 11. 23.

서 문

새천년 인류는 세계평화와 번영, 풍요로운 삶을 더욱 갈구하고 있다. 그러나 개인·계층 간의 이기주의와 가족기능의 약화 등 급변하는 사회환경은 다양한 사회문제를 파생시켜 진정한 민주시민 공동체 사회의 실현을 가로막고 있다. 현대의 공적 사회제도는 개인의 존엄성을 충족시켜 줄 만큼 완벽하지 못하다. 그래서 우리 시민들이 스스로 사회문제를 해결하고 진정한 민주사회 발전을 위해 나서지 않을 수 없다.

자원봉사는 우리 시민들이 새로운 천년을 향해 나아갈 기본방향이다. 인간에 대한 순수한 인도주의의 발로이며 건강한 사회를 이끄는 등불이다. 그래서 시민의 일원으로 참여해야 하는 당위성을 가진다고 믿는다. 자원봉사란 시민이 자발적으로 참여하여 대가 없이 지역사회의 요구와 문제해결을 위해 제공하는 모든 공익적 활동을 의미한다.

기본정신

• 우리 시민은 자원봉사가 민주시민 공동체 형성과 성숙을 위한 필수적 활동임을 믿는다.

- 우리 시민은 자원봉사가 시민의 권리이자 의무임을 인식하고 실천으로 옮긴다.
- 우리 시민은 자원봉사활동을 통하여 자아성장을 꾀하고 잠재력을 개발한다.
- 우리 시민은 자원봉사가 개인의 성장과 사회발전, 인류의 평화와 번영을 가져온다고 믿는다.
- 우리 시민은 사회문제 해결과 삶의 질 향상을 위해 상호보완적 동반관계에 있는 정부와 서로 협력한다.

행동강령

- 우리 시민은 인간의 존엄성에 대한 믿음을 가지고 자원봉사 대상자의 자율적 결정을 존중하면서 자원봉사활동을 한다.
- 우리 시민은 자원봉사 대상자의 신체적·정신적·경제적·사회적 모든 특성에 편견을 가지거나 차별을 하지 않는다.
- 우리 시민은 자원봉사에 필요한 교육과 지도를 받을 권리와 의무가 있으며 자원봉사기관은 이에 대해 필요한 교육과 편의를 제공해야 한다.
- 우리 시민은 개인적 특성과 능력 그리고 희망에 상응하는 자원봉사활동에 참여한다.
- 우리 시민은 성실하고 진지하게 자원봉사활동을 하며 자원봉사 대상자 및 업무와 관련된 비밀을 지킨다.
- 우리 시민은 성공적인 자원봉사활동을 위해 봉사기관 내의 다른 구성원과 협력하며 필요시 지역 및 국제적 연대를 통해 봉사활동의 목적을 달성한다.

시민자원봉사헌장 선포식 발기인 명단

(155명, 각 가나다순)

자원봉사계

권순남(포항자원봉사센터 소장), 김부성(인간성회복추진협의회장), 김옥라(한국자원봉사능력개발연구회장), 김정희(부름의전화 대장). 김통원(성균관대 교수), 민경춘(삼성사회봉사단 이사), 박은수(대구볼런티어센터 소장), 성보경(울산자원봉사센터 이사장), 여운제(전석복지재단 이사장), 유주영(청소년연맹 사무총장), 이강현(볼런티어 21 소장), 이경준(자원봉사 애원 이사장), 이대근(가정복지연구소장), 이성철(남서울대 교수), 이윤구(V 타운 회장), 이창호(중앙일보 전문위원), 조해녕(한국자원봉사포럼 회장), 최규철(한벗장애인아동봉사대 이사장)

사회복지계

김석산(한국복지재단회장), 김성이(한국사회복지학회장), 김용일(한국사회복지사협회장), 문태준(한국사회복지협의회장), 박상신(한국사회복지관협회장), 유태우(고려수지침요법학회장), 윤남중(국제기아대책기구 회장), 이배근(한국어린이보호회 회장), 이일하(한국이웃사랑회 회장), 정원식(대한적십자사 총재), 최성균(성남종합사회복지관장), 최일섭(서울대 사회복지학과 교수)

시민운동계

강대근(유네스코 한국위원회 사업본부장), 강문규(새마을운동중앙협의회 회장), 김길수(새마을운동중앙협의회 기조실장), 김성수(지속가능개발네트워크 한국본부장), 김수규(서울 YMCA 회장), 김종기(청소년폭력예방재단 이사장), 박성규(흥사단 사무총장), 박진탁(사랑의장기기증운동 본부장), 손봉호(기독교윤리실천운동 대표), 이남주(한국 YMCA 사무총장), 장원(녹색연합 사무총장), 조재국(크리스찬아카데미 사회교육원장), 주성민(한국지역사회교육 상임부회장), 최열(환경운동연합 사무총장), 최일도(다일공동체 대표)

의료계

김동수(연세대 의대 교수), 김종구(인도주의실천의사협의회 상임대표), 박용준(글로벌케어 집행대표), 박정자(대한약사회 부회장), 박종철(생명의전화 회장), 양유식(치과의료선교회장), 이권오(서안보건병원장), 이시형(강북삼성병원 의사), 임효종(의료선교협의회장), 전태준(분당차병원 원장), 차경섭(학교법인 고황 재단이사장), 최일영(한국기독의사회장)

여성계

김재옥(소비자문제를 연구하는 시민의 모임 사무총장), 김혜경(지구촌 나눔운동 사무국장), 박현경(문화복지협의회 상무이사), 손봉숙(한국여성정치연구소장), 이계경(여성신문사 사장), 이정수(한국시민단체협의회 사무국장)

문화계

김동균(부산국제영화제 진행위원장), 김석영(한국펜클럽 이사), 김의경(서울시극단장), 김지호(CTN TV 사장), 김흥수(화가), 박광진(시립대 미대 교수), 박인자(숙명여대 무용과 교수), 손기상(삼성문화재단 고문), 양혜숙(한국공연예술원장), 유명애(한국수채화협회 부회장), 육완순(무용가), 이만익(화가), 이종덕(세종문화회관 총감독), 이태주(연극 평론가), 최청자(세종대 교수), 최현(무용가), 한상우(음악평론가)

문학계

고은(시인), 구상(시인), 구인환(서울대 명예교수), 김부희(수필가), 김연수(시인), 김주영(소설가), 김후란(한국여성문학인회장), 목계선(아동문학가), 박완서(소설가), 손해일(시문학회장), 윤병로(평론가), 이인복(평론가), 이호철(소설가), 한말숙(한국펜클럽 부회장)

교육계

김길자(경인여대 학장), 김덕중(교육부 장관), 김병수(연세대 총장), 김옥환(대림중 교장), 김종량(한양대 총장), 남봉철(대원외국어고 교장), 송석구(동국대 총장), 심윤종(성균관대 총장), 이태순(경원대 총장), 이충환(한영고 교장), 황경식(서울대 교수), 황덕호(숭의대 학장)

종교계

김성수(성공회대 주교), 김성태(한국천주교주교회의일치위원회 총무), 김준철(KNCC 교회일치위원회 위원장), 박남수(천도교종의원 원장), 박상중(자비사 주지스님), 박차귀(부산종교인평화회의 여성분과위원장), 법륜(좋은벗들 사무총장), 양산(대한불교 조계종 사회부장), 유붕선(천도교 종무원장), 장웅철(원불교 서울교구장), 정영문(부산종교인평화회의 공동대표), 최세웅(감리교신학대학 이사장), 최창규(성균관장), 최창무(가톨릭 주교)

언론계

금창태(중앙일보 사장), 배병휴(매일경제신문 고문), 최동호(방송회관 이사장)

법조계

강지원(청소년보호위원회 위원장), 유현석(변호사·경실련 공동대표), 이세중(변호사·한국시민단체협의회 회장), 전용태(변호사), 황산성(변호사)

연예·스포츠계

김혜자(탤런트), 문경은(프로농구선수), 박규채(한국평생진흥회장), 박상원(탤런트), 박세리(프로골퍼), 신진식(배구선수), 이승엽(프로야구선수), 인순이(가수), 정영숙(탤런트), 정애리(탤런트), 정인교(프로농구선수), 최불암(웰컴투코리아 시민협의회장)

청소년계

김재범(그린훼밀리녹색소년단 사무총장), 박건배(한국청소년단체협의회장), 유영상(대한적십자 청소년적십자 중앙본부장), 이철옥(한국청소년연맹 총재), 조선형(한국걸스카우트연맹 총재), 최충옥(청소년개발원장)

재 계

손병두(전경련 부회장), 신익현(아산사회복지재단 사무처장), 오종회(LG복지재단 사무처장), 윤병철(하나은행 명예회장), 이수빈(삼성사회봉사단장), 이순목(우방그룹 회장), 이용환(전경련 사회공헌팀장), 한용외(삼성복지재단 대표)

자원봉사헌장 시민이 만든다

〈중앙일보〉·한국자원봉사포럼 주관

국민들에게 올바른 자원봉사의 정신을 고취시킬 '시민자원봉사헌장'이 국내 최초로 제정, 선포된다.

자원봉사, 문화예술, 언론, 재계 등 15개 분야의 사회지도층 인사 151명은 최근 '시민자원봉사헌장' 제정의 발기인으로 참가, 헌장 초안을 만들고 제6회 전국자원봉사대축제(19~21일) 전날인 오는 18일 오전 10시 세종문화회관 대회의실에서 대대적인 선포식을 갖기로 했다. 이 헌장제정 작업은 한국자원봉사포럼(회장: 조해녕)·〈중앙일보〉가 공동 주관하며, 행정자치부·교육부 등 5개 부처가 후원한다.

5인 헌장기초위원회(위원장: 손봉호 서울대 교수)가 기초안을 만들어 발기인들의 동의를 얻은 이 시민자원봉사헌장은 서문과 기본정신, 행동강령 등을 담고 있는데 15일까지 국민들의 의견을 받아 확정될 예정이다.

헌장 초안에 대한 의견 : 〈중앙일보〉 자원봉사·NGO 사무국(02-751-9455~6, 팩스 02-751-9688) 또는 유니텔 go unihope.

〈중앙일보〉, 1999. 11. 17.

제4장

IYV 2001 세계자원봉사
한국대회 개최에 기여

1. 2001 세계자원봉사자의 해 선언

세계가 21세기에 접어드는 시기에, 자원봉사자의 기여를 촉진하고 그
들의 성과를 인정하기 위해 '세계자원봉사자의 해'(IYV: International
Year of Volunteers)를 선포하는 아이디어가 세계자원봉사단체협의회
(IAVE: International Association for Volunteer Effort)와 이 협의회의
100개가 넘는 각국 회원단체, 2,000개 이상의 자원봉사단체를 대표하
는 유럽자원봉사센터(EVC: European Volunteer Centre), 전 세계적으
로 2,500만 회원을 가진 YWCA(World Young Women's Christian
Association)에 의해 제기되었다.

이 개념은 1996년 UN 후원하에 일본에서 열린 'UN 자원봉사자 계
획'(UNV: UN Volunteers Programme)과 'UN 대학'의 정책포럼에서
최초로 등장하였다. UNV는 UNDP의 1996년 5월 이사회 정기회의에
서 이 문제를 제기하였고, UNDP는 IYV를 자원봉사 진흥의 좋은 수

단으로 인식하여 이에 주목하기 시작했다. 이에 따라 UNDP 사무총장은 UN ECOSOC의 54개 회원 국가 상주대표들에게 IYV에 대한 관심을 환기시켰고, 그를 통해 제출한 일본 정부의 제안은 1997년 7월 ECOSOC의 의제로 채택되었다. 1997년 7월 22일 ECOSOC은 결의 1977/44를 통하여 2001년을 세계자원봉사자의 해로 선언하는 결의를 채택해 주도록 UN 총회에 권고하였다. 마침내 UN 총회는 제25회 회기에서 123개국의 지지를 얻어 1997년 11월 29일에 결의 52/17을 채택하고, 이에 대한 행동을 취하기로 결정하였다.

UN은 2001년을 '세계자원봉사자의 해'로 선포했다. 그리고 2001년을 기하여 각 나라의 특정한 문제와 욕구 해결에 더 많은 사람이 참여하고 더 효율적인 자원봉사활동을 전개하기 위해 각 나라는 국가위원회를 구성하여 자원봉사활동의 인정, 촉진, 진흥 및 자원봉사의 단체·기관들의 네트워킹에서 획기적 발전을 이루도록 노력할 것을 권장하였다.

2. IYV 2001 세계자원봉사대회의 활동 목적

1) 인정

IYV 2001 세계자원봉사대회의 첫 번째 목적은 인정 (*recognition*) 이다. 각국의 정부와 지방정부는 자원봉사 부문을 평가하고 판단할 수 있는 메커니즘을 마련하여야 한다. 이에 따라 자원봉사가 국가 발전과 복지에 이바지하는 정도를 기술, 계량화하는 연구를 진행할 수 있고, 모

범적 개인이나 소규모 단체, 지역사회, 국가 혹은 국제적 단위의 민간
단체 자원봉사활동에 대해 포상하는 제도를 정착시킬 수 있다.

2) 촉 진

IYV 2001 세계자원봉사대회의 두 번째 목적은 자원봉사의 촉진
(*facilitation*) 이다. 각 나라는 무엇이 자원봉사를 촉진하거나 저해하는
지 잘 알 수 있으며, 각각 다른 상황에서 다음과 같은 조치들을 취할
수 있다.

　정부는 자원봉사 부문의 기술적 지원 및 건전한 경영과 재정적 책
임성의 확보를 위하여 자원봉사자들에게 훈련시설을 개방할 수 있다.
또 정부는 정당한 자격을 갖춘 단체에 소속된 자원봉사자가 타 부문의
근로자들과 동등한 법적 지위, 사회보험, 사회보장 등을 받을 수 있
도록 보장할 수 있다. 그리고 공무원들과 공공부문의 근로자들이 자
발적으로 자원봉사에 참여하도록 특별 휴가를 허용할 수 있으며, 자
원봉사를 재정적으로 지원하는 납세자들의 세금공제도 고려할 수 있
고, 군복무를 대신하는 자원봉사도 검토할 수 있다.

3) 연 대

IYV 2001 세계자원봉사대회의 세 번째 목적은 연대 (*networking*) 이다.
TV・라디오・출판물・전자매체 등을 통해 자원봉사자들의 활발한
의견 개진과 교류가 가능해지고, 모범적 사례나 절차가 효과적으로
파급될 수 있게 됨에 따라 각각의 지역사회가 별도로 창의적 방법을

고안해낼 필요성이 줄어들게 되었다. 전자매체의 등장에 힘입어 지역 단위는 물론 국제적 의견교환까지 쉽게 이루어질 수 있을 것이다.

4) 진흥

IYV 2001 세계자원봉사대회의 네 번째 목적은 진흥이다. 활동의 진흥 (*promotion*)이라는 관점을 가지고 자원봉사자 모집, 자원봉사자를 통한 서비스 제공, 자원봉사활동을 지지하는 사회적 분위기 조성 등에 힘써야 할 것이다. 이는 특별히 포상제도 등의 인정, 언론과의 네트워킹 활동 등과도 관련이 있다. 또한 자원봉사자의 전문성과 유능함, 그리고 헌혈·문맹퇴치운동·환경개선 등처럼 자원봉사자가 사회에 주는 혜택도 강조해야 할 것이다.

3. IYV 2001 세계자원봉사대회 한국위원회 설립

IYV 2001 한국위원회의 구성은 UN의 권고와 더불어 많은 관계자들의 관심사였다. 한국의 자원봉사가 발전하여 심각한 사회문제들을 해결할 수 있는 도약의 기회가 될 것이라는 믿음 속에 각계를 망라한 준비단 구성이 1999년 12월부터 시작되었다. 10여 차례의 회의와 준비 및 행정자치부의 민간단체 사업비 지원 선정으로 재정을 확보하였다. 그후 IYV 한국위원회는 한국위원회공동대표, 상임공동대표, 집행위원회, 상임집행위원회, 지역위원회를 비롯한 기획·조직·홍보·재정 분과위원회와 사무국을 근간으로 한 한시적 기구로 출범하였다.

IYV 2001 한국위원회의는 규약에서 "UN이 정한 '2001년 세계자원봉사자의 해'를 맞이하여 자원봉사활동을 인정, 진흥, 촉진하고 상호연계망을 구축함으로써 한국의 자원봉사활동 활성화 도모를 목적으로 한다"고 하였다. 이 목적 달성을 위하여 한국위원회는 2000년 사업으로 한국위원회 홈페이지 제작·운영, 사진공모전, 정책토론회, IYV 활동 전략개발 워크숍 및 12월 5일 세계자원봉사자의 날 기념식과 전진대회 및 각 지역위원회 구성을 돕는 지역차원에서의 IYV 자원봉사활동 전략개발을 지원하였다.

한국자원봉사포럼은 이들 사업 중에서 정책토론회를 맡아 개최·운영하였다.

4. 한국자원봉사포럼 주관 정책토론회 개최

1) 제1차 정책토론회 "자원봉사활동 지원법(안)"

- 일시: 2000년 9월 4일 오후 2시∼5시
- 장소: 국회의원회관 소회의실
- 참석 인원: 총 120명

자원봉사활동 지원법 제정에 대한 필요성을 재인식하고 각계의 다양한 의견을 수렴하는 시간이었다. 또한 실질적으로 '자원봉사법 제정추진을 위한 특별위원회'를 구성하는 계기가 되었다.

2) 제2차 정책토론회 "학생자원봉사 활성화 방향과 정책"

- 일시: 2000년 10월 11일 오후 2시~5시
- 장소: 삼성화재 국제회의실
- 참석 인원: 약 50명

학생자원봉사활동의 문제를 해결하기 위해 다각적 방향과 정책을 모색하였다.

3) 제3차 정책토론회 "청소년 자원봉사", "자원봉사와 정부의 역할"

- 일시: 2000년 10월 18일~19일
- 장소: 건국대 새천년관 국제회의실 1209호
- 참석 인원: 총 170명

"청소년 자원봉사"와 "자원봉사와 정부의 역할"이라는 2개의 주제로 진행한 ASEM 2000 민간포럼 자원봉사 분과세미나의 일환이었다.

4) 제4차 정책토론회 "자원봉사와 사회통합"

- 일시: 2000년 11월 28일 오후 2시~5시
- 장소: 삼성화재 국제회의실
- 참석 인원: 약 40명

사회통합에 있어 자원봉사가 수행하는 순기능과 역기능에 대하여 토론을 진행하였다.

5) 제5차 정책토론회 "자원봉사 정책제안"

- 일시: 2000년 12월 5일 오전 11시
- 장소: 세종문화회관 컨벤션센터
- 참석 인원: 총 300명

총 네 차례에 걸쳐 논의한 자원봉사에 대한 토론회 결과를 종합, 정리하여 발표하였다.

6) 제6차 정책토론회 "IYV 사업평가와 자원봉사 정책토론회"

- 일시: 2001년 10월 29일 오후 1시~5시
- 장소: 전국경제인연합회
- 참석 인원: 총 60명

IYV 사업 전체를 평가하고, 장기적 발전방향 모색하였다.

제5장

한국대학사회봉사협의회 설립에 기여

1. 한국대학사회봉사협의회 설립

1996년 초 〈중앙일보〉는 2년 전부터 추진하던 자원봉사캠페인의 일환으로 대학 경영자의 미국시찰단 파견계획을 수립하여 한국대학교육협의회(이하 '대교협')의 협조를 요청하였다. 〈중앙일보〉와 대교협은 총장 5인, 부총장 2인, 대학 처·실장 6인, 대교협 1인, 국제자원봉사협의회 1인, 삼성그룹 사회공헌팀 1인, 〈중앙일보〉 3인 등 20명의 시찰단을 구성하여 1996년 5월 5일부터 12일까지 7박 8일간 파견하였다. 이 시찰단에는 이창호 한국자원봉사포럼 운영위원 등 다수의 한국자원봉사포럼 관계자들이 포함되었다.

시찰단은 촛불재단, 미국봉사단, 프로비던스대 레인스테인 협회, 브라운대 스웨어러 센터, 스탠퍼드대 하스 센터, 캠퍼스 컴팩트 등 2개 전국 자원봉사기구 및 3개 대학 자원봉사센터와 1개 미국대학사회봉사협의회(캠퍼스 컴팩트)를 방문하여 총장, 교수, 학생 등 다양한 관계자들과 의견교환을 하였다. 귀국 후 두 차례의 시찰단 간담회에서 우리나라 대학도 캠퍼스 컴팩트와 같은 조직을 구성하여 침체상태에 있는 대학 사회봉사활동을 활성화하는 데 기여하자는 공감대가 형성되어, 대교협이 구체적 작업에 착수하였다.

대교협은 '대학과 사회봉사' 주제의 세미나를 계획, '대학교육과 사회봉사' 주제의 연구사업계획, 가칭 '대사협' 창립 발기문과 정관 및 사업계획서 등을 기획하여 1996년 9월 9일에 개최된 제3차 시찰단 간담회에 상정하여 이를 심의 결정하였다. 이 회의에서 대사협 창립 발기인 대표는 시찰단 단장인 김덕중 아주대 총장이 되었고, 창립 발기인은 대사협 가입 희망 대학 및 전문대학의 총(학)장으로 하기로 했다.

1996년 9월 17일 63 빌딩에서 세미나에 이어 대사협 창립총회를 개최하였다. 이 창립총회에서 이미 가입신청서를 제출하고 총회에 참석한 대학 및 전문대학 총(학)장 99명이 창립 발기문과 정관을 채택하고, 동시에 회장으로 김덕중 아주대 총장 외 21명의 임원을 선출함으로써 대사협이 발족하였다.

2. 한국대학사회봉사협의회 역할과 기능 수립에 기여

한국대학사회봉사협의회 (대사협) 은 전국 대학 및 전문대학들이 회원이 되어 사회봉사 교육과 사회봉사활동에 관한 상호 협조를 통해 대학생들이 재학 중 사회적·윤리적 제 문제에 대한 경험과 사려를 향상시키고 나아가 초·중·고등학교를 비롯한 사회 구성원 전체의 바람직한 사회봉사 문화를 창달하고자 설립되었다. 대학생 사회봉사활동의 육성·발전, 대학 교육과정과 봉사활동 연계방안 연구개발, 대학 사회봉사활동 연수·지원, 국내외 사회봉사 관련 기관과 교류 및 제휴, 대학생 사회봉사 프로그램 개발·보급, 대학 사회봉사 우수 프로그램 시상 등을 주요사업으로 채택해 대학사회 전반에 걸쳐 사회봉사활동의 근간을 마련했다.

한국자원봉사포럼 임원들은 대학사회봉사협의회 전문위원(전문위원장: 최일섭, 전문위원: 김범수·김통원·이성철·이창호·주성수 등 다수)으로 활동하며, 대학 봉사학습 프로그램 개발 및 보급, 대학종합평가 사회봉사 영역 평가지표 개발, 한국대학생 해외봉사단 프로그램 개발 및 현지 단장 파견 등에서 중심 역할을 수행했다. 특히 2000년 한국 최초로 시행된 대학종합평가에서 교육, 연구, 교수, 시설·설비, 재정·경영 등의 평가 영역에 사회봉사를 포함시키는 데 큰 공헌을 했다.

3. 제1주기 한국대학종합평가 사회봉사 영역 지표 제작

당시 한국자원봉사포럼이 개발한 대학종합평가 사회봉사 영역 평가지표는 표 5-1과 같다.

표 5-1 한국대학종합평가 사회봉사 영역 지표

구분	사회봉사 (25)
평가기준	대학은 대학 특성에 맞는 사회교육 프로그램을 개설·운영하여야 한다. 교수와 학생들은 사회봉사활동에 적극 참여하고 대학은 이를 지원하기 위한 적절한 사회봉사 행정 체제를 갖추어야 한다.
평가항목	1. 질 높은 사회교육 프로그램을 개설하여 활발하게 운영하는가? (9) 2. 학생의 사회봉사활동이 활발한가? (7) 3. 교수의 사회봉사활동이 활발한가? (6) 4. 사회봉사활동을 지원하기 위한 적절한 행정체계를 갖추었는가? (3)

제6장 　　　　　　　　　　한국자원봉사협의회
　　　　　　　　　　　　　　설립에 기여

1. 한국자원봉사협의회 설립

한국자원봉사포럼은 자원봉사법 제정과 함께 현 한국자원봉사협의회의 탄생에도 큰 기여를 했다. 2003년 6월 3일 출범한 협의회는 당시 자원봉사계의 양대 산맥이던 한국자원봉사단체협의회(한봉협)와 한국자원봉사센터협의회(한자협)가 합의, 새로운 전국기구로 탄생한 단체다.

이 협의회는 출범과 함께 한봉협의 회원 단체 수(30여 개)를 대폭 늘려 현재는 한국사회복지협의회, 한국청소년자원봉사센터협의회, YWCA, YMCA 등 120여 개 단체가 회원으로 가입해 있다. 또한 그 같은 규모와 위상을 바탕으로 입법된 자원봉사활동기본법에 법정단체로 규정되어 명실공히 한국 자원봉사계의 유일한 전국단체로 자리를 확고히 했다.

이 협의회의 탄생 뒤에는 포럼의 크고 작은 노력이 있었다. 포럼은 창립 이후 자원봉사단체 및 센터 간에 자원봉사계의 주도권을 놓고 불

협화음이 일자 중간자의 입장에서 수차 조정에 나섰다. 공개 포럼으로 그 문제를 논의하는가 하면, 일부 운영위원 중심으로 막후에서 숨은 노력들을 전개했다. 두 단체 간 합의가 이루어지지 않을 경우 자원봉사법이 결코 제정되지 못할 것이기 때문이었다.

포럼 운영위원들의 노력으로 2003년 1월 단체 및 센터 핵심 관계자 등 15명으로 협의회 추진 준비위원회가 결성되었다. 그리고 그해 6월 3일 구 한봉협이 명칭을 바꾸고 확대 개편하는 방식으로 마침내 한국자원봉사협의회가 탄생했다. 15인 준비위원회에 참가하여 그 핵심적 역할을 한 당시 운영위원은 이창호, 이강현, 김정배, 주성수 등이다.

2. 한국자원봉사협의회 역할과 기능 수립에 기여

한국자원봉사포럼은 한국자원봉사협의회의 역할과 기능을 수립하는 데 상당한 영향을 미쳤으며, 교육·연구 분야의 역할과 기능 수립에 결정적 기여를 했다. 1990년대 중반에 현대적 개념으로 재탄생한 자원봉사정신을 한국 사회에 문화로서 정착시키기 위한 많은 노력을 기울였다. 또한 자원봉사의 지속가능한 성장과 인프라 구축을 위해 자원봉사 관리전문가 양성 및 체계적 연구를 실시하였다.

특히 한국자원봉사협의회에 시민사회 성숙과 공동체 문화 형성을 이끄는 자원봉사 리더십을 함양하는 '볼런티어 리더십 아카데미'를 설립하는 데 주도적 역할을 했다. 최일섭 교수가 초대 원장으로 활동했으며, 구혜영, 김경동, 이성철, 이창호, 주성수 등 한국자원봉사포럼 회장단 및 이사진이 대거 교과과정 수립 및 교육강사 활동에 참여했다.

제7장   한국자원봉사학회
                                              설립에 기여

1. 한국자원봉사학회 설립

한국자원봉사포럼은 2000년대 들어 한국 자원봉사계의 규모가 대폭 커지며 대학에서도 자원봉사 관련 석박사 논문이 다수 나오자 포럼과 분리된 정식 '한국자원봉사학회'의 설립을 구상했다.

포럼은 이에 2001년 4월 조해녕 회장 주재로 월례 운영위원회 자리에서 학회 발기인 모임을 가졌다. 이어 2002년 12월 9일 부산에서 열린 제33회 정기포럼 자리에서 정식으로 학회 발기인 대회를 개최했다. 이날 포럼 후 2부 행사로 진행된 학회 발기인 대회에는 당시 포럼의 금창태 회장을 비롯해 최일섭, 이창호, 이강현, 고진광 씨 등 다수의 운영위원과 부산지역 회원 등 30여 명이 참석했다.

한편, 이 같은 과정을 거친 학회는 2004년 10월 설악산 오색약수터 호텔에서 열린 한국자원봉사포럼과 〈중앙일보〉 공동주최의 1박 2일 세미나에서 발기 총회를 갖고 초대 회장에 조휘일 서울여대 교수를 선

표 7-1 역대 한국자원봉사학회 임원 명단

구분	임기	이름 및 소속	
1대	2004. 11~2005. 10	회장: 조휘일(서울여대)	총무: 이성철(남서울대)
2대	2005. 11~2010. 10	회장: 최일섭(서울대)	총무: 이성철(남서울대)
3대	2011. 11~2013. 10	회장: 이창호(남서울대)	총무: 고기숙(백석대)
3대	2014. 11~2019. 2	회장: 김성준(제주대)	총무: 오윤정(제주대)
4대	2019. 3~	회장: 이금용(상명대)	총무: 김진원(상명대)

임했다. 2016년 1월 8일 행정자치부 비영리법인 허가증을 취득한 후 같은 해 4월 20일 사단법인화하였다.

이처럼 한국자원봉사포럼은 한국자원봉사학회의 설립에서부터 운영에 이르기까지 기여한 바가 매우 크다. 이 학회의 이사 20여 명 중 다수가 포럼 운영위원임은 물론이다. 역대 자원봉사학회의 임원 명단은 표 7-1과 같다.

2. 한국자원봉사학회 역할과 기능 수립에 기여

한국자원봉사포럼은 한국자원봉사학회가 자원봉사의 학술연구단체로서 성장하고 발전할 수 있도록 역할과 기능 수립에 크게 기여하였다. 특히 학술세미나 개최 및 학술지 발간을 적극 지원하였다.

한국자원봉사학회는 2005년 4월 8일 초대 회장교인 서울여대 인사랑당에서 "자원봉사 연구의 세계적 동향"이란 주제로 창립기념 춘계학술대회를 개최한 이후 매년 두 차례의 춘계 및 추계 학술세미나를 개최하고 있다. 한국자원봉사포럼은 2002년 학회 발기인 모임 직후부터

강원도 오색그린약수터에서 열린 한국자원봉사학회 창립총회 (2004. 10. 16)

한국자원봉사학회와 공동으로 〈자원봉사〉라는 한국자원봉사학회 학술지를 창간하였으며, 2012년 8월부터 〈자원봉사연구〉로 명칭을 변경하여 발간하고 있다.

제8장

자원봉사활동기본법 제정 및 개정에 기여

1. 자원봉사활동기본법의 제정

1) 자원봉사활동기본법 제정 배경

자원봉사활동은 청소년, 여성, 직장인, 노인에 이르기까지 모든 계층이 참여하고, 그 활동 범위도 사회복지는 물론 환경, 청소년교육, 범죄예방, 재난구조, 문화, 스포츠 등 전 사회영역으로 확대되어 시민사회를 이끌어가는 중요한 원동력이 되었다.

　이러한 자원봉사활동을 더 많은 국민이 참여하는 시민운동으로 정착시키려면 자원봉사자 및 자원봉사 기관·단체들에 대한 사회적 혜택, 안전보호, 재정지원, 지도자 육성 등과 같은 제도적 지원책이 절실히 필요하다. 또한 정부 및 지방자치단체는 민간이 자원봉사운동을 자율적으로 진행하도록 보장하면서도 민간자원봉사 전국기구의 설립 및 운영, 지역 인프라인 자원봉사센터의 재정지원 및 육성을 도와야 한다.

이와 같이 자원봉사를 국가 및 지방자치단체가 지원, 진흥하기 위해서는 무엇보다 자원봉사진흥법이란 기본법의 제정이 필요하다.

2) 자원봉사활동기본법 제정 추진 경과

한국자원봉사포럼은 출범 초기부터 자원봉사 활성화를 위한 정부의 정책 및 제도에 관심을 기울였다. 그 가장 핵심적인 사항이 자원봉사법의 제정이다. 자원봉사법은 포럼이 탄생하기 바로 전해인 1994년 가을에 정기국회에서 당시 여(신한국당), 야(민주당)가 각각 법안을 상정, 입법을 논의했던 사항이었다. 이 법안은 그해에 처리되지 못하고 이듬해인 1995년 정기국회로 넘겨졌다가 결국 국회 임기가 끝나면서 자동 폐기되었다.

1998년 봄, 행정자치부가 앞장서서 자원봉사진흥법안 제정을 위한 9인 전문가위원회(위원장: 김덕중 아주대 총장)를 구성하여, 자원봉사법안 초안을 마련했다. 이 법안은 그 후 추미애(국민회의), 백남치(한나라당) 의원에게 전해져 여야 공동발의를 유도했으나 자원봉사계 내부 및 일부 시민단체, 관계부처들의 반발로 국회 발의까지 이어지지 못했다. 자원봉사계 내부 반발은 이 법안이 지나치게 자원봉사센터 중심으로 구성되었다는 것이었고, 시민단체들은 지역센터가 자칫 관변조직이 될 수 있다고 우려했다. 또한 행정자치부, 복지부, 문화관광부, 여성부 등 관계부처들은 이 법안이 행정자치부 중심의 법안이라며 반대했다. 결국 이 법안은 추미애 의원이 내용을 재편성, 2001년 10월 민주당 국회의원들을 중심으로 독자적으로 발의했으나 적극 추진하지는 못했다.

그 후 2002년 한 해 동안 국회 사회보건복지연구회(대표: 이재정 위원)는 자원봉사계의 전문가 5명으로 법안 소위를 다시 구성하여, 자원봉사계의 의견을 수렴한 통합법안을 만들기 위한 활발한 토론을 벌였다. 그러나 역시 자원봉사단체와 센터 간의 이해관계 조정이 안 돼 합의를 끌어내지 못하였다.

한편 16대 대선에서 한나라당은 자원봉사활동지원법 제정을 공약하였고, 민주당도 자원봉사적립제 등을 통한 참여복지를 공약하였다. 대통령직 인수위원회에서는 자원봉사활동지원법 제정을 분과별 쟁점과제로 선정하여 참여정부에 인수하였다.

한국자원봉사포럼은 이 같은 상황에서 이 법안의 재상정과 통과를 위해 부단한 노력을 펼쳤다. 출범 시 제1회 포럼의 주제를 "자원봉사 진흥을 위한 정부의 과제"로 잡고 이 법안에 대해 논의했다. 그 후 매년 6회 포럼 중 1~2회씩 이 법안 문제를 다뤘을 만큼 자원봉사법 제정을 위해 많은 노력을 기울였다. 이는 포럼의 운영위원들이 모두 한국 자원봉사계를 이끄는 핵심인물들이었기 때문이기도 했다.

이 같은 포럼의 줄기찬 노력으로 수차례 법안이 등장했다. 그때마다 포럼 위원들이 핵심인물로 참여했음은 물론이다. 드디어 그 노력들이 결실을 맺어, 2004년 봄 행정자치부 주도로 새 법안을 위한 자원봉사활성화기획단이 6개 관계부처 및 민간 전문가 22명으로 구성되었다. 이 기획단이 만든 법안이 정부·여당 안으로 확정되었고, 마침내 야당의 협조를 받아 2005년 6월 30일 '자원봉사활동기본법안'이 만장일치로 국회 본회의를 통과했다.

포럼 위원들이 자원봉사활성화기획단 구성과 활동의 전 과정을 이끌어가는 중심 역할을 했음은 물론이다. 22명 기획단의 단장에 금창태(포럼 4대 회장), 총간사장에 이창호(당시 포럼 총무) 씨가 선임되었다. 나머지 민간 전문가들 중에도 포럼 운영위원 4명(이강현·이성록·김정배·이성철)이 가장 핵심적인 역할을 했다.

3) 자원봉사활동기본법 제정 및 선포

자원봉사활동기본법은 2005년 8월 4일에 법률 제7669호로 공포되었으며, 다음해인 2006년 2월 4일 동법 시행령이 공포되었다. 제정 당시 법안은 크게 3장 19조와 부칙 3조로 이루어졌다.

1장은 총칙으로 목적, 기본방향과 함께 용어의 정의, 국가의 책무, 자원봉사활동의 범위 등을 규정했다. 2장은 자원봉사 진흥을 위한 각종 정부 및 지방자치단체 지원책을 명시했다. 3장은 자원봉사 조직으로서 당시에 만들어진 한국자원봉사협의회와 기존 자원봉사센터들의 육성책이 골격을 이룬다.

2. 자원봉사활동기본법 개정 필요성 및 개정 과정

1) 개정의 필요성

자원봉사활동기본법의 전면개정이 필요한 이유를 한국자원봉사포럼에서는 몇 차례의 집담회와 세미나를 통해 다음과 같이 설정했다.

첫째, 자원봉사활동기본법 제정 후 오랜 시간이 경과하여 자원봉사 생태계의 변화를 담아내지 못하기 때문에 개정이 불가피하다. 2005년 자원봉사활동기본법 제정 이후 16년의 세월이 흘렀다. 그사이 많은 국회의원들과 행정안전부에 의해 개정법안이 발의되었지만, 이들 법안 모두 자원봉사계의 환경적 변화를 담아내지 못하고 있다.

둘째, 현 자원봉사활동기본법은 자원봉사의 기본정신에 적합하지 않은 내용을 일부 담고 있다. 자원봉사활동기본법의 가장 중요한 핵심은 자원봉사활동의 주체가 자원봉사자 및 자원봉사단체라는 것이다. 그러므로 자원봉사자 및 풀뿌리 자원봉사단체의 자긍심 강화와 보호가 있어야 한다. 그리고 자원봉사활동은 시민의 자발성을 근간으로 하는 만큼 이를 활성화기 위한 법안은 민 중심의 거버넌스 정신이 살아 있어야 한다. 하지만, 각 법 조항을 들여다보면 관 주도의 자원봉사 행정을 담은 내용이 다수 있다. 민간영역을 지원하고 민간이 스스로 책임감을 갖고 봉사활동에 참여할 수 있도록 하는 법체계가 필요하다.

셋째, 자원봉사활동기본법은 현 자원봉사생태계의 불평등과 갈등을 인식하고 이를 해결하기 위한 내용을 담고 있지 못하다. 현재 우리나라 자원봉사활동은 자원봉사단체에서 80%, 자원봉사센터에서 20%를 담당한다. 하지만, 목소리나 국가예산 활용은 자원봉사단체가 20%, 자원봉사센터가 80%를 차지하고 있는 상황이다. 이러한 문제로 인해 자원봉사계는 지속적으로 갈등하고, 화합하지 못하는 상황이다. 이런 상황을 노출하게 된 것은 법에서부터 잘못된 부분이 있으므로 법 개정을 통해 바로잡을 필요가 있다.

넷째, 현행법에서 명시된 자원봉사 컨트롤타워 역할을 해야 할 자원봉사진흥위원회의 활동이 유명무실한 상황이다. 주무부처인 행정안전부가 보건복지부, 여성가족부, 교육부, 문화체육부, 환경부, 법무부 등 정부 제반 부처의 자원봉사 영역을 통합하고 아우르는 역할을 해야 하지만 제대로 하지 못하고 있다. 더욱이 현행법에서 자원봉사진흥위원회를 국무총리실 산하에 둔 이유가 부처별 자원봉사활동에 대한 총괄적 기능 확대를 염두에 둔 것이지만, 총괄적 기능이 제대로 작동하지 못하는 구조이다. 그 이유는 행정안전부가 주무부처로서의 역할에 한계가 있고 진흥위원회가 심의·의결기능을 하고 있기 때문이다. 총리실로 업무추진 체계를 이관해 부처별 자원봉사 영역을 통합할 필요가 있다.

다섯째, 중앙 차원의 자원봉사 주요 기능과 업무가 중복된 조직이 4개 유형이 존재한다. 현행 자원봉사활동기본법 제17조에 명시된 법정 민간자원봉사단체인 한국자원봉사협의회와 국가운영의 중앙자원봉사센터, 자원봉사센터들의 협의체인 한국자원봉사센터협회, 공공섹터인 행정안전부 민간협력과 자원봉사팀에서 수행하는 기능과 역할의 상당 부분이 중복되어 있다. 현재 법정단체인 한국자원봉사협의회에 그 기능이 법으로 명시되어 있으므로, 한국자원봉사협의회로 자원봉사 집행기능을 일원 총괄하게 하고, 그 조직 안에 자원봉사단체와 자원봉사센터를 관리하는 조직을 각각 두어 통합적 역할을 하도록 해야 한다.

여섯째, 법 개정을 추진하는 과정에서는 민주적 절차와 의견수렴이 중요하다. 자원봉사기본법 전면개정은 한국자원봉사포럼과 한국자원봉사협의회가 중심이 되어 민간 중심의 자원봉사 인프라 구축과 지속가능한 자원봉사생태계 조성을 위해 민간자원봉사단체와 자원봉사센터들, 각 부처에 소속된 자원봉사조직들과 함께 전면개정법안 발의를 준비해야 한다. 자원봉사는 민주적이어야 한다. 관 편의성을 위해 자원봉사의 민주성이 상실되어서는 안 된다. 다소 시끄럽고 더디게 가더라도 공개와 투명, 의견수렴의 민주적 절차를 거쳐야 한다. 그것이 자원봉사의 기본정신이기 때문이다.

2) 개정 진행과정

자원봉사활동기본법 제정 이후, 한국자원봉사포럼에서는 법 개정을 위해 다양한 노력을 추진했다. 이를 일정별로 정리해 보면 다음과 같다.

2016년, 행정안전부에서 중심이 되어 만든 이명수 의원 개정법(안)이 발의되었다. 그러나 국회 행정안전위원회 법안소위원회에서 자원봉사의 거버넌스적 측면과 자율성 측면 그리고 조직 간(한국자원봉사협의회와 중앙자원봉사센터)의 기능중복 등의 문제를 지적받으면서 법안통과가 무산되었다.

그 후 2018년 9월, 한국자원봉사포럼이 중심이 되어 매월 자원봉사 및 법률전문가와 현장 자원봉사자들의 활발한 발표와 토론으로 새로운 통합개정법안 작성 및 제안 작업을 진행하기로 했다.

우선 1차 집담회(2018. 10. 2)에서는 이명수 법안의 문제점과 개정법안의 방향에 대해 20여 명의 전문가들이 모여 심도 있게 논의했다. 주제발표자로 구혜영 한양사이버대 교수가 나서, 자원봉사기본법 통합개정법안을 새롭게 발의하기로 하고, 그 기본정신 및 근거로, 자원봉사자 및 풀뿌리 자원봉사단체의 자긍심 강화와 보호, 민 중심의 거버넌스, 지방분권화 및 자율화 강화 등의 주요 추진방향을 제시했다.

2차 집담회(2018. 11. 2)에서는 이명수 법안의 법률전문가인 양재모 한양사이버대 법학과 교수와 윤남근 고려대 법학전문대학원 교수 등과 함께 세부적 법구조와 법조항의 문제들을 공유하는 시간을 가졌다.

3차 집담회(2018. 12. 7)에서는 통합법안 초안을 작성했다. 제4차 전문가세미나 및 법개정추진위원회 출범식(2019. 1. 23)에서는 주성수 한양대 공공정책대학원 교수의 주제발표를 통해 국정과제인 민간

자원봉사활동기본법 개정 관련 전문가 집담회 (2018. 10. 2)

자원봉사 인프라 구축을 국가자원봉사진흥위원회와 연계하여 민간위원장, 사무국(행정위원회의 기능) 설치 등을 제안하였다. 특히 자원봉사법개정 전문가 100인 추진위원회를 출범하였다.

제5차 집담회(2019. 1. 30)에서는 법개정추진위원회의 핵심 추진자 5명이 모여 주성수 교수가 제안한 진흥위원회 민간위원장, 사무국 설치를 골자로 한 통합법안의 세부조항 변경 및 의견수렴의 시간을 가졌다.

이후 유민봉 국회의원실 주최로 제6차 집담회(2019. 2. 19)인, 지속가능한 자원봉사체계 구축을 위한 간담회가 국회의원회관 제5간담회실에서 개최되었다. 김성준 제주대 행정학과 교수의 사회, 구혜영 한양사이버대 교수의 발제로 진행된 세미나에서는 한국자원봉사협의회, 자원봉사센터협회, 중앙자원봉사센터, 한국자원봉사포럼, 통합법안개정추진위, 행정안전부 관계공무원 등 자원봉사 이해관계자들과 함께 법안 내용을 토론하였다. 합의에 큰 진전은 없었지만 처음으로 자원봉사계가 모여 확실한 이견을 확인할 수 있었던 자리였다. 주요 이슈는 자원봉사센터의 운영 자율화 대 민영화 문제, 국가진흥위원회의 민간위원장·사무국 설치 논의, 한국자원봉사협의회 기능 강화 방안 등으로 요약할 수 있다.

제7차 집담회(2019. 6. 4)에서는 민간자원봉사 인프라로 자원봉사진흥위원회의 민간위원장, 사무국 설치 등을 위한 법 개정에 합의, 향후계획 등을 논의하였다.

그 후 2020년 9월 행정안전부에서 자원봉사활동기본법의 개정안을 입법예고했다. 그에 따라 한국자원봉사포럼에서는 긴급집담회를 개최하여 이 개정법안이 갖는 한계점을 지적하고 대안을 제시하였다.

제9장

자원봉사 진흥을 위한
국가기본계획 수립에 기여

1. 제1차 자원봉사활동 진흥을 위한
국가기본계획 수립 연구

우리나라 자원봉사활동의 사회적 중요성 및 성장에 따른 정부의 거시
적이고 체계적인 자원봉사 정책수립이 필요하다는 인식 아래 2006년
12월 제1차 자원봉사활동진흥을 위한 국가기본계획 연구팀이 구성되
었다. 한국자원봉사포럼의 초대 회장 및 이사가 연구진으로 참여하면
서 연구방향 및 과제선정, 자료수집 및 분석, 연구과제별 역할분담 등
을 확립하는 데 주도적 역할을 했다.

 2007년 1월 관계부처 연석회의, 2월 착수보고 및 자문회의, 3월 실
무위원회 보고, 4월 중간보고, 5월 공개토론회 및 최종보고서 제출의
과정을 거쳐 2007년 5월 자원봉사활동 진흥을 위한 국가기본계획 수립
연구가 완료되었다. 연구는 행정자치부의 발주로 진행되었다. 연구책
임자는 최일섭 한국자원봉사포럼 초대 회장, 공동연구원은 이창호

〈자원봉사활동 진흥을 위한
국가기본계획 수립 연구〉(2007)

한국자원봉사포럼 이사, 정진경 광운대 행정학과 교수, 고기숙 백석대 사회복지학부 교수, 구자행 한국자원봉사협의회 사무국장이 참여했다. (사) 한국자원봉사협의회가 연구수행기관으로 용역을 주관하였다.

정부는 연구용역의 결과보고서를 활용하여 국가기본계획안을 수립했다. 5개년 국가기본계획에 의거한 부처별·사업별·연차별 시행계획 수립을 위한 기초자료를 제공하여, 선진 지방자치를 지향하는 자원봉사 정책환경 변화와 전망예측 분석을 통해 자원봉사 활성화 방안을 강구하는 것이 이 연구의 목표이다. 연구는 자원봉사활동의 실태분석과 미래 조망, 해외자원봉사활동의 현황 분석 및 시사점 도출, 자원봉사활동 진흥을 위한 5개년 국가기본계획 수립에 필요한 투자재원의 분석, 기타 자원봉사활동 진흥방안 등의 내용을 담고 있다.

2. 제2차 자원봉사활동 진흥을 위한
국가기본계획 수립 연구

자원봉사활동 진흥을 위한 제2차 국가기본계획(2013~2017)은 2012년 10월에 최종 연구보고서가 작성되었다. 행정안전부의 연구용역을 받아 진행하였고, 연구수행기관은 (사)한국자원봉사협의회였다. 책임연구원은 주성수 한양대 제3섹터연구소 교수, 공동연구원은 김현옥 한국자원봉사관리협회 회장, 이금룡 상명대 가족복지학과 교수, 정희선 (사)한국자원봉사문화 사무총장, 송정안 (사)한국자원봉사협의회 차장, 천희 한국자원봉사관리협회 처장, 이란희 한양대 제3섹터연구소 박사가 참여하였다.

제1차 국가기본계획의 5년간의 성과를 잇고, 우리 사회 근저에 면면히 이어져온 한국 자원봉사의 오랜 전통을 계승하여 1990년대 중반 시민사회 형성과 더불어 한국 사회에서 새로운 시대정신으로 재탄생한 오늘의 자원봉사 문화를 성숙시키기 위한 제도적·정책적 최선이 무엇인지 연구하는 데 중점을 두었다. 민관협력의 정신, 자원봉사의 분야별 특성과 범분야적 특성, 자원봉사 유사개념 및 현상들과의 관계 형성 등의 기조를 바탕으로 진행되었다.

2011년 5월부터 7월까지 3회에 걸쳐 정부 TF 회의가 개최되었다. 2011년 7월 전국 광역시·도 TF 회의를 통해 제1차 국가기본계획 평가와 제2차 국가기본계획 정책영역별 현황과 과제를 논의하였다. 2011년 11월과 12월, 연구의제 설정을 위한 자문회의가 개최되었다. 그 후 3회의 델파이 조사를 통해 정책영역별 자원봉사 문제와 현황 분석을 토대로 한 정책과제를 도출했다. 그리고 정부 TF 회의를 거쳐

취합한 정부 안과 이후 공청회를 통해 광범위한 검토과정을 거친 연구 최종안을 정부 부처에서 회람하였다.

3. 제3차 자원봉사활동 진흥을 위한 국가기본계획 수립 연구

2017년 10월에 자원봉사활동 진흥을 위한 제3차 국가기본계획(2018～2022) 수립 연구가 완료되었다. 행정안전부의 발주로 연구를 진행하였고, 연구수행기관은 (사)한국자원봉사협의회였다. 책임연구원은 정진경 광운대 행정학과 교수, 공동연구원은 최유미 부산디지털대 사회복지상담부 교수, 이란희 한양대 정부혁신정책연구소 교수, 송인주 서울시복지재단 연구위원, 송정안 서울시자원봉사센터 연구위원, 조철민 성공회대 사회과학연구소 박사였다.

해당 연구는 제2차 국가기본계획 이행의 종료 시점에 이뤄진 제3차 국가기본계획 수립을 위한 연구였다. 따라서 한국 사회의 급격한 인구·사회 및 기술환경 변화와 자원봉사 영역을 둘러싼 외부 정책환경 변화에 조응하고자 했다. 또한 그간에 누적된 자원봉사계의 과제들을 해결하는 동시에 향후 5년간 자원봉사의 진흥을 견인할 수 있는 제3차 국가기본계획의 비전과 추진방향 및 정책과제를 제시하고자 했다.

연구는 제2차 국가기본계획 연구의 지속성 및 이행평가의 내실화 제고, 자원봉사의 현장적합성 및 실행가능성 제고, 연구과정을 중심으로 한 연구 결과의 타당성 제고를 목표로 진행되었다. 내용은 국내외 자원봉사 현황과 과제, 제2차 국가기본계획 이행 평가, 제3차 국가기본계획의 비전과 정책과제를 제안하고자 했다.

　제3차 국가기본계획 연구는 1, 2차 때와 달리 정책과제 도출을 위한 전문가 델파이 조사, 중앙부처 제3차 기본계획 수립 자료수집, 광역시·도 제3차 기본계획 수립 자료수집 등을 시행하고 한국자원봉사의 해 추진위원회와 공유하였다. 그리고 정책영역별 전문가 자문 의견수렴, 중앙부처 및 지방자치단체 의견수렴, 공청회를 거친 후 10월 24일 최종 완료되었다.

제10장　　　　　　　　　　　국회자원봉사포럼 창립

1. 국회자원봉사포럼 창립기념 세미나(2016)

2016년 11월 29일, 국회자원봉사포럼은 국회도서관 강당에서 창립기념식을 가졌다. 이 자리에서 국회의원들은 자원봉사 문화 확산을 통해 지역사회 발전 및 새로운 공동체 문화를 조성하고 한국 자원봉사의 방향과 국회의 역할을 모색하기 위해 힘을 모으기로 합심하였다. 국회의원의 노블레스 오블리주를 실천하고 사회갈등과 우리 사회 양극화를 완화하기 위해 여야 국회의원들이 뜻을 함께했다.

　이 포럼에는 김진표 의원, 원유철 의원을 비롯한 국회의원 22명이 모였다. 또한 비영리단체, 사회복지·기업사회공헌·자원봉사 관련 협회 및 직능단체, 학계 등 130여 개 유관단체가 국회포럼의 회원단체로 참여했다. 참석 인원은 총 400여 명이었다. 참석 대상은 국회의원, 관계부처, 자원봉사단체, 센터 실무자 및 자원봉사자, 각계 NPO·NGO (시민사회, 사회적경제, 사회복지) 단체, 학계 전문가 등이었다. 당시 김

진표 의원과 원유철 의원이 공동대표를 맡았다. 한국자원봉사포럼은
국회자원봉사포럼의 주관단체로서 행사의 모든 진행과 실무를 담당했
다. 또한 한국자원봉사협의회·한국자원봉사센터협회·한국중앙자
원봉사센터가 협력했으며, 행정자치부와 (주)드림아이가 후원했다.

창립식에서는 김진표 의원과 원유철 의원이 개회사를 맡았다. 장석
준 한국자원봉사협의회 상임대표와 유주영 한국자원봉사협의회 공동
대표, 김경동 한국자원봉사포럼 명예회장, 김도현 한국자원봉사센터
협회 회장이 인사말을 했으며, 정세균 국회의장과 김성렬 행정자치부
차관이 축사를 했다. 정세균 의장은 복지 수요자들이 체감하는 서비
스가 부족한 문제 상황에 대해 유관기관과 현장의 전문가들이 함께 국
회자원봉사포럼을 통해 실효성 있는 대안을 제시하고 정책에 반영할
것을 피력하였다.

이후 개최된 국회자원봉사포럼 창립기념 세미나에서는 민영서 한국
자원봉사의 해 집행위원장이 "2016~2018 한국자원봉사의 해 추진위
경과보고"를 진행했다. 1분 발언대에서는 아동·청소년, 대학생, 학
부모, 재능나눔, 노인을 주제로 자원봉사발언대가 이어졌다. 그리고
안양호 한국자원봉사포럼 수석부회장이 좌장을 맡은 가운데 발제와 열
린 토론이 진행되었다. 김영진 국회의원은 시민사회활동 정책 지원을
위한 국회의 역할을, 정태옥 국회의원은 자원봉사활동기본법 개정방
향을 발표했다. 권미영 한국자원봉사센터협회 사무총장은 국내 자원
봉사 이슈와 과제에 대해, 박윤애 IAVE 아태지역 대표는 UN 지속가
능개발목표(SDGs)와 자원봉사의 글로벌스탠다드에 대해 발제했다.

창립 이후 국회자원봉사포럼은 2016년부터 2018년까지 3년 동안 지
속되었다.

국회자원봉사포럼 창립 선언문

자원봉사는 사회문제를 해결해 나가는 공익활동으로 시민의식을 함양하며 나눔문화를 넓혀가는 국민의 자발적 참여활동을 지향한다. 또한 국민적 통합을 이루기 위한 유용한 가치이며 실천운동으로 나아가고자 한다. UN(국제연합)도 지속가능한 지구촌 발전을 이루기 위해서는 자원봉사활동이 매우 중요하며, 자원봉사자의 역할이 전략적 자산임을 밝히고 있다.

우리나라의 민간자원봉사운동은 지난 20여 년 역사를 지나오면서 민주도·관지원이란 방향에서 괄목할 만한 성과를 거두었다. 2005년 자원봉사활동기본법이 제정되어 지방자치단체마다 자원봉사센터가 설립되는 등 자원봉사 인프라가 양적 성장의 토대를 이뤘다는 평가를 받고 있다. 그러나 정부와 자원봉사계의 노력에도 불구하고 아직도 자원봉사의 질적 성숙을 위해서는 많은 과제가 남아 있다.

일례로 우리나라의 사회복지 예산은 2005년 37조 원에서 2016년 112조 9,000억 원으로 11년 사이 무려 3배가 증가했고, 총지출에서 차지하는 비중도 17.8%에서 29.2%로 급증했다. 그럼에도 복지 수요자들이 피부로 느끼는 체감 서비스는 나아지지 못하고 있는데, 그 주된 이유는 제대로 갖춰지지 못한 복지전달체계 때문이라는 것이 전문가들의 공통된 지적이다. 현장에서 직접 대면하는 자원봉사자 여러분들이 나서야 해결이 가능하다.

우리 사회에서 기업, 학교, 종교단체, 구호 및 지원단체 등의 다양한 자원봉사활동이 활성화될 수 있도록 자원봉사자 네트워킹에 박차를 가하여 복지전달체계의 개선과 공공서비스를 보완해 나가야 한다. 그래서 우리나라 복지예산의 효율성을 높이고, 도움이 꼭 필요한 복지 수요자에게 정확하고 신속한 복지서비스가 이루어지도록 해야 한다.

창립하는 국회자원봉사포럼은 자원봉사 활성화를 통한 자발적 복지 사회 구현과 자원봉사 문화 확산을 통한 지역사회 발전 및 새로운 공동체 문화를 조성하는 데 기여하고자 한다. 한국 자원봉사가 가야 할 방향과 미래 대안을 찾도록 노력하겠다. 국회라는 장소에 머물지 않고, 정부, 공공기관, 학계, 민간의 오피니언 리더들이 한자리에 모여 소통과 협업으로 대안을 제시하고 정책에 반영되도록 적극적으로 노력할 것이다.

이러한 국회자원봉사포럼의 취지에 김진표 의원, 원유철 의원을 비롯한 21명의 국회의원이 뜻을 함께하고 있으며, NPO 단체, 사회복지·기업사회공헌·자원봉사 관련 협회 및 직능단체, 학계 등 130여 개 기관이 본 포럼의 회원단체로 참여하고자 한다.

향후 국회자원봉사포럼은 관련 전문가 및 자원봉사단체, 그리고 국민과 함께 성숙한 자원봉사 문화를 조성하고, 노블레스 오블리주 실천을 제고하며, 기존 제도의 내실화와 정부의 책임 있는 자원봉사 정책구현을 위해 국회 차원의 지속적 활동에 앞장설 것이다.

2016. 11. 29

국회의원

김규환, 김기선, 김성찬, 김순례, 김영진, 김진표, 김한정
노웅래, 박광온, 박순자, 백재현, 송기헌, 송석준, 원유철
원혜영, 이철희, 전희경, 정재호, 조정식, 조훈현, 최운열

2. 국회자원봉사포럼(2017)

2017년 국회자원봉사포럼은 국회포럼 전문위원회·자문위원회 구성과 포럼 개최, 간담회, 국회의원 현장자원봉사활동, 국회 내 연구단체 등록을 목표로 사업을 계획하였다.

　7월 12일 제3차 자원봉사 국가기본계획 수립을 위한 영역별 정책방향과 과제를 주제로 제2차 국회자원봉사포럼이 개최되었다. 김진표 의원이 개회사를, 원유철 의원이 환영사를 했다. 김부겸 행정자치부 장관이 축사를, 장석준 한국자원봉사협의회 상임대표가 인사말을 맡았다. 주제에 관하여 정진경 광운대 행정학과 교수가 자원봉사 영역별 정책방향 및 부처 간 협업모델을 제안하였다. 박연병 행정자치부 민간협력과장, 소은주 교육부 교육과정운영과장, 최은주 여성가족부

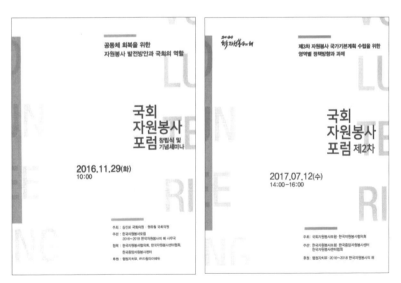

국회자원봉사포럼 창립식 포스터(왼쪽)와 제2차 국회자원봉사포럼 포스터(오른쪽)

청소년활동진흥과장, 왕형진 보건복지부 사회서비스일자리과장, 안형익 외교부 개발협력과장, 박광온 국회의원과 박성중 국회의원이 패널을 맡아 토론을 진행하였다.

정진경 교수는 주요 과제로서 자원봉사 문화와 참여, 자원봉사지원 인프라, 자원봉사 관리와 사업, 자원봉사 연구와 평가, 자원봉사 국제 교류협력 등을 제시했다. 또한 포럼을 통해 자원봉사자의 육성과 풀뿌리 자원봉사단체 활성화를 기여하고, 자원봉사 활성화를 통해 사회갈등과 분열에 대안을 제시해야 한다고 강조했다. 나아가 자원봉사 활성화를 위한 연구·정책·제도·예산에 대해 국회의 역할과 참여를 제고하고, 국회의원의 자원봉사 참여를 통한 사회적 파급효과를 기대했다.

자문위원회는 자원봉사계 원로급 인사 5명으로 구성했다. 이들은 국회포럼 자문 및 방향을 제시하고, 정치·경제·문화예술·과학기술·법조계·복지 등 각계의 주요기관과 외연 확대를 목표로 주력했다.

전문위원회는 각 분야별 자원봉사 관련 전문가 및 활동가 18명으로 구성하였다. 이들은 자원봉사계 이슈 및 현안에 대한 어젠다를 도출하고, 연구수행 및 지원, 간담회 진행을 목표로 노력하였다.

3. 국회자원봉사포럼 (2018) :
   6·13 지방선거와 자원봉사 정책포럼

2018년 6·13 지방선거를 맞이하여 5월 23일 "6·13 지방선거와 자원봉사 정책포럼"이라는 대주제 아래 "지방분권과 자원봉사"라는 제목으로 국회포럼을 개최하였다.

2006년 자원봉사활동기본법 제정 이후, 자원봉사 활성화를 위한 제도적 정비가 진행되었으나 자원봉사계의 질적 성숙을 위한 정책 추진 과제는 미비하여, 이를 모색하는 작업이 시급하였다. 또한 6·13 지방선거를 앞두고 지방자치 역량 강화를 위한 자원봉사 정책과 지방분권 시대의 시민성과 자발성 함양을 모색하고자 했다. 더 나아가 국가 성장동력으로서 사회적·경제적 가치가 높은 자원봉사 진흥방향과 정책을 담아 대국회·대국민에게 제시한다는 목적을 지향했다.

남영찬 한국자원봉사포럼 회장과 김진표 의원이 개회사를 맡았다. 박인주 전 청와대 시민사회 수석이 지역사회 통합기제로서의 자원봉사를, 송민경 경기대 교수가 자치분권과 자원봉사 정책패러다임의 대전환을 주제로 발제했다.

9월 17일에는 제20대 국회 하반기 원 구성을 계기로 "시민의 자발성과 주도성의 힘으로 지역사회를 혁신한다"는 주제로 포럼을 개최하였다. 국민주권 시대를 맞아 자원봉사의 성장을 위한 법제도 정책방향을 모색하고자 마련한 자리였다. 지방정부의 역할과 시민참여의 중요성이 점차 커지는 상황에서 시민의 자발성과 주도성 향상을 위해 자원봉사활동기본법 개정방향을 정부와 민간이 함께 토론하고 개정을 촉구하는 내용이었다. 윤창원 서울디지털대 교수와 김의욱 서울시자원봉사센터 사무국장, 정진경 광운대 교수, 박상희 광주 광산구자원봉사센터장 등이 참석하여 발제와 토론을 진행하였다.

제 3 부

한국자원봉사포럼의
주요 활동

제11장

자원봉사 혁신과 문화 확산

1. 자원봉사전문가 포럼

1) 전문가 초청포럼

한국자원봉사포럼은 1995년 창립된 이래로 정기포럼을 통해 자원봉사 과제와 관련된 여러 이슈를 다루었다. 1996년 6월 21일 제4회 포럼이자 자원봉사전문가 토론회에서 "자원봉사 진흥을 위한 정부의 역할"을 주제로 포럼이 개최된 이후, 주기적으로 전문가 초청포럼이 이루어졌다. 이 포럼은 정기포럼 중에서도 특정 현안과 관련해 전문가를 초청하여 강연을 듣고 토론하는 초청포럼으로 진행하였다.

9월 6일 제6회 포럼에서 와다 토시아키(和田敏明) 일본전국사회복지협의회 자원봉사센터 소장을 초청해 "일본 자원봉사의 발전과정, 그 과제와 전망"을 다루었다. 1997년 5월 29일 제10회 포럼에서는 한국지역사회교육회관에서 루크 프레이저(Luke F. Frazier) 미국 메릴

전문가 초청포럼 "일본 자원봉사의 발전과정, 그 과제와 전망"(1996. 9. 6)

랜드주 학생봉사단 사무총장을 초청하여 "봉사학습 전문가 초청강연 및 토론회"를 개최했다.

2004년에는 10월 15일부터 16일 양일간 강원도 오색그린야드 호텔에서 자원봉사진흥법 제정에 관한 전문가 100인 초청포럼을 진행하였다. 이창호 중알일보 전문위원과 구자행 한국자원봉사센터협회 사무처장, 이성록 국립한국재활복지대 교수, 이성철 남서울대 교수가 발제를 맡아 자원봉사활동 법안 제정에 관해 논의하였다.

2) 전문가 조찬포럼

전문가를 초청하여 강연을 열거나 포럼을 진행하는 것을 넘어 한국자원봉사포럼은 정규 사업의 일환으로 전문가 초청포럼 및 조찬포럼을 개설하였다.

2005년 7월 20일 김혜순 행정자치부 여성협력팀장과 법안기획단을 초청하여 "자원봉사법 통과 이후의 자원봉사 정책방향"을 논했다. 9월 27일에는 공창석 소방방재청 재난예방본부장과 성기환 대한적십자사 팀장을 초청하여 "재난대비 자원봉사 민관 협력체계"라는 주제로 재난 및 국가위기 자원봉사를 다루었다. 12월 13일 "정부의 자원봉사 훈·포장제 운영 문제는 없나"라는 주제로 자원봉사 인정과 보상의 문제에 대해 논하였다.

2006년 2월 22일 "기업의 사회봉사 전망과 과제"를 주제로 기업 자원봉사를 다루었다. 4월 25일 자원봉사 활성화 대책에 대해 논의하였고, 9월 26일 "노인과 자원봉사"라는 제목으로 전문가 초청포럼을 진행하였다.

2007년에는 1월 31일 "한국 해외원조사업의 현황과 전망: ODA 및 봉사단 파견사업을 중심으로", 5월 16일 "보건복지부의 자원봉사 정책방향"에 대해 전문가 초청포럼을 개최하였다.

2008년 2월 12일 "새 정부의 자원봉사 정책을 듣는다: 국민통합 차원에서의 자원봉사 정책과 자원봉사운동의 방향"을 주제로 전문가 초청포럼을 진행하였다. 7월 11일 로버트 슈머(Robert D. Shumer) 미국 미네소타대 교수를 초청하여 "청소년 자원봉사활동의 문제점과 대안으로서의 봉사학습(service learning)"에 대한 포럼을 개최하였다. 11월 28일 "미국의 자원봉사 동향과 자원봉사 컨설팅", 12월 28일 김일 위스타트 운동본부 사무총장을 초청하여 "소셜미디어와 자원봉사"를 주제로 포럼을 진행하였다.

2012년 3월 23일 이석우 한봉협 사무처장과 김현옥 한국자원봉사관리협회장을 초청하여 "한국 자원봉사운동의 현안에 관한 자원봉사

자원봉사활동기본법 개정 관련 긴급집담회 (2020. 10. 20)

전문가 집담회"를 개최하였다. 5월 30일 이강현 IAVE 세계회장을 초청하여 "세계자원봉사의 뉴트렌드와 시사점" 포럼을 진행하였다.

3) 자원봉사전문가 집담회

2011년 5월 6일 "자원봉사운동의 현안에 대한 자원봉사지도자 끝장 토론회"를 진행하였다. 2015년 3월 27일, 이재란 보건복지부 사회서비스일자리과장과 정무성 숭실대 사회복지학과 교수, 송민경 경기대 교수, 정구창 행정자치부 민간협력과장, 김현옥 한국자원봉사협의회 사무총장, 정현곤 시민단체연대회의 정책위원장, 김희정 NPO 공동회의 사무국장이 참석하여 나눔기본법 제정 관련 정책집담회를 진행하였다. 5월 8일 김성준 한국자원봉사학회장 겸 제주대 사회과학대학장을 초청하여 "자원봉사 패러다임 재구축을 위한 종합혁신 방향"을 주제로 자원봉사전문가 집담회를 진행하였다.

2016년 6월 17일 나가토루 일본 화정대 사회복지학과 교수를 초청하여 "일본의 자원봉사 동향과 서비스러닝"을 주제로 조찬포럼을 개최하였다. 2017년 8월 22일, 무라카미 테츠야 일본복지대 교수 겸 봉사학습 컨설턴트를 초청하여 "일본의 서비스러닝 현황과 교과과정 연계"를 주제로 청소년 봉사학습 전문가 초청포럼을 진행하였다.

2. 지역 자원봉사포럼 창립 및 활성화에 기여

1) 대구자원봉사포럼

2008년 7월 4일 대구자원봉사포럼의 창립 5주년을 기념하여 한국자원봉사포럼과 대구자원봉사포럼이 정기포럼을 공동주최하였다. 주제는 "한국 자원봉사 정책진단과 방향모색"이었다. 대상은 자원봉사단체 지도자와 자원봉사센터 관리자, 자원봉사연구(지도)교사, 관련 공무원, 학생, 자원봉사자 등 200여 명이었다. 포럼에서 자원봉사운동 활성화 전략과 이슈들을 자원봉사 학자 및 현장전문가들이 모여 토론함으로써 자원봉사운동의 방향을 설정하였다. 또한 자원봉사활동기본법이 시행되고 자원봉사 활성화를 위한 국가 5개년 기본계획이 추진되는 상황에서 한국의 자원봉사 정책을 진단하였다. 나아가 지역사회의 자원봉사 생활화와 자발적 참여 증진방안 모색을 위해 시민사회 자원봉사의 가치와 철학을 제시하고자 했다.

이강현 IAVE 회장이 "세계자원봉사 동향과 한국 자원봉사계의 과제"라는 주제로 특별강연을 했다. 이창호 중앙일보 시민사회연구소 전문위원이 "한국 자원봉사 정책진단 및 방향모색"을 주제로 발제를 진행하였다. 이창호 위원은 한국의 자원봉사활동은 민관 파트너십의 제도화를 중심으로 진행되었다고 강조하였다. 이를 통해 고교 봉사활동 제도화, 자원봉사센터 전국 설치, 자원봉사활동기본법 제정, 국가 5개년 기본계획 수립 등 수준 높은 제도화를 이룬 상황에서 이를 평가하고 향후 방향을 모색하고자 했다. 또한 이창호 위원은 한국 자원봉사활동이 양적으로 확대되고 제도적으로 안정화되었으나 질적 문제는 해결되지 않은 현실을 지적하였다. 중고교 봉사활동의 강제, 자원봉사센터, 자원봉사활동기본법, 자원봉사 국가 5개년 기본계획, 개별 부처들의 정책 등의 문제를 진단하였다. 그러면서 중고교 봉사활동 강제를 봉사학습으로 전환할 것과, 법 개정을 통한 자원봉사센터 민영화, 한국자원봉사협의회의 정책 견인력 향상, 자원봉사 주무부처를 복지부로 옮기는 방안 등을 제시하였다.

2) 광명자원봉사포럼

2009년 6월 10일, 광명자원봉사포럼 창립을 맞아 "녹색사회 만들기와 자원봉사: 생태주의와 주민참여를 중심으로"를 주제로 기념세미나가 개최되었다. 자원봉사단체 지도자와 자원봉사센터 관리자, 자원봉사자, 관련 공무원, 학생 등 150여 명이 참석하였다. 이 자리에서 한국 자원봉사운동의 활성화 전략과 이슈들에 대해 자원봉사 학자 및 현장 실천가들이 모여 토론하였다. 이들은 자원봉사운동의 방향을 설정하고, 자원봉사의 생활화, 자원봉사 참여 증진을 위한 시민사회 자원봉사의 가치와 철학 제시하였다. 나아가 주민이 참여하는 생태도시 만들기를 통해 지속가능한 에코시티의 가능성과 방법, 환경 거버넌스를 모색하고자 하였다.

손인암 한국자원봉사포럼 광명포럼 회장이 개회사를, 김경동 한국 자원봉사포럼 회장 겸 서울대 명예교수가 격려사를 맡았다. 이효선 광명시장과 심중식 광명시의회 의장, 전재희 보건복지부 장관 겸 국회의원, 백재현 국회의원이 축사를 맡았다. 김통원 성균관대 사회복지학과 교수가 "녹색사회 (지속가능사회) 만들기와 자원봉사: 생태주의와 연합적 참여를 중심으로"라는 주제로 발제하였다. 한동우 강남대 사회복지전문대학원 교수와 남미정 여성환경연대 공동대표, 이수현 (사) 생명의 숲 국민운동 사무처장이 토론에 참석하였다.

김통원 교수는 자원봉사 분야에서 생태주의가 필요한 이유를 역설하면서, 생태주의 (생태복지) 적 접근과 생태주의의 사상적 배경을 설명하였다. 이를 바탕으로 한 트리섹터 파트너십 (*tri-sector partnership*) 에 의한 연합 참여, 즉 기업·정부·민간 등 세 분야가 연합 참여하는 생태주의적 자원봉사 모델을 제시하였다. 생태주의 자원봉사는 국민 인식과 자원봉사 실천방법론을 개선하고, 기업의 사회적 책임, 정부 정책 등의 영역에서 효과를 거둘 수 있다면서, 생태복지적 관점 도입을 위한 향후 과제 다섯 가지를 언급하였다.

3) 제주자원봉사포럼

2011년 6월 30일 제주자원봉사포럼 창립을 기념하여 한국자원봉사포럼과 제주특별자치도자원봉사협의회가 공동으로 특별포럼을 개최하였다. 한국자원봉사포럼과 농협제주지역본부 자원봉사단, 제주특별자치도자원봉사협의회, 제주자원봉사포럼, 제주특별자치도자원봉사센터, 자원봉사관리자, 학계, 자원봉사자 등 100여 명이 참석했다.

　사회공헌기업들이 기부 및 재능나눔운동을 지구촌과 지역단위에서 지속적으로 전개하고, 지역사회와 네트워크를 형성하여 적극적으로 자원봉사운동에 동참하고 있다. 이런 상황에서 제주지역사회에 잠재되어 있는 전문자원봉사단을 발굴하고, 더불어 지역사회복지 증진을 위해 사회공헌기업들의 책임의식과 공동체 정신을 높여 사회공헌기업의 시대적 중요성과 미래 자원봉사의 방향 및 전략을 모색했다. 나아가 향후 제주특별자치도가 한국 자원봉사운동을 선도하는 지역으로 자리매김할 수 있는 기회를 마련하고자 했다.

　초대 제주자원봉사포럼 회장인 김성준 제주대 교수가 개회사를, 이제훈 한국자원봉사협의회 회장이 축사를 맡았다. 김경동 한국자원봉사포럼 회장이 "전문자원봉사의 중요성과 자원봉사운동의 미래"를 주제로 특별강연을 하였다. 강세현 제주한라대 교수가 "네트워크를 활용한 기업자원봉사 활성화", 김성준 제주대 교수가 "제주지역 전문자원봉사단 진흥방안"을 주제로 발제하였다. 이어 "제주특별자치도 자원봉사의 미래, 무엇을 어떻게 준비할 것인가?"를 주제로 종합토론을 진행하였다.

4) 성남자원봉사포럼

2015년 3월 20일, 성남자원봉사포럼 창립을 기념하여 "행복마을 만들기 활성화와 자원봉사"를 주제로 포럼을 개최하였다. 전국자원봉사센터 및 단체, NGO · NPO 단체, 한국자원봉사협의회, 한국자원봉사

(위) 성남자원봉사포럼
"고령사회 대비와 극복을 위한
지역자원봉사 활성화 방안"(2019. 6. 26)
(아래) 제36회 한국자원봉사포럼 "지역문화
자원봉사활동의 활성화"(2003. 8. 1)

포럼 회원 등 150명이 참석하였다. 전국적으로 전개되는 '마을 만들기'의 논점인 도시공간 문제, 환경 문제, 지역재생 문제, 커뮤니티 문제, 고령화 문제, 에너지 문제 등 다양한 주제를 다루었다. 시민이 주체적으로 참가하여 지역공동체의 꿈을 실현하는 일에 관심이 고조되는 상황에서 온전한 시민성 배양과 성숙한 시민의식 구현의 장으로서 마을 만들기의 철학과 방법론을 탐색하고, 시민과 행정의 협동방안을 논의하였다.

한성심 성남자원봉사포럼 회장이 개회사를, 장석준 한국자원봉사포럼 회장이 축사를, 이재명 성남시장이 환영사를 맡았다. 김경동 한

국자원봉사포럼 명예회장 겸 서울대 명예교수가 "지역공동체 활성화
와 시민교육"을 주제로 기조강연을 하였고, 박성식 열린사회시민연합
대표가 "마을 만들기 활성화와 자원봉사"를 주제로 발제하였다. 이어
윤수진 성남시 논골마을 도서관장과 전종숙 한국자원봉사포럼 운영위
원이 사례발표를 했고, 이창호 남서울대 사회복지학과 교수와 박기성
아리랑저널 운영위원장이 토론에 함께했다.

3. 이슈 포럼

1) 재난재해: 태안유류피해 극복 및 세월호 참사

한국자원봉사포럼은 2007년 서해안 바다를 기름으로 뒤덮은 태안기
름유출사고, 2014년 수학여행길에 고등학생을 비롯하여 많은 인명피
해를 초래한 세월호 참사, 2016년 태풍 차바로 인한 울산의 재해,
2016년 한반도에 지진공포를 가져온 경주지진, 2018년 강원도 고성산
불 등의 문제를 다루었다. 고도의 기술발달에도 여전히 우리 사회의
주요 문제로 여겨지는 자연재난 및 사회재난 대응과 시민사회 역할 등
에 대해 많은 세미나를 진행하였다.

　2005년 2월 28일, "재난재해와 해외자원봉사운동: 쓰나미 피해를
계기로"라는 주제로 포럼을 개최했다. 윤현봉 한국해외원조단체협의
회 사무총장과 육광남 재해극복범시민연합 이사장이 발제하였다. 조
현 외교통상부 국장, 성기환 대한적십자사 회장, 장성용 한국서비스
포피스 회장이 토론을 맡았다.

2008년 4월 18일부터 19일까지 양일간 충남 태안군 홍익대 연수원에서 "서해안 살리기 자원봉사활동의 의의와 과제"라는 주제로 특별포럼을 진행하였다. 염형철 환경운동연합 국토생태본부 처장과 최희천 희망제작소 재난관리연구소 연구원, 이상훈 여수 YMCA 사무총장, 성기환 서일대 교수, 김진홍 충청남도 자원봉사센터 사무국장, 김종생 한국교회봉사단 사무처장 겸 목사, 김영선 파주시자원봉사센터 소장이 발제하였다. 이은애 전국재해구호협회 구호팀장과, 김성기 한국자원봉사센터협회 1365 중앙봉사단장이 토론을 진행하였다.

2013년 5월 31일부터 6월 1일까지 양일간 "123만 자원봉사자 보은 및 자원봉사 활성화 방안: 태안유류피해 극복기념 자원봉사 세미나"라는 특별포럼이 충남 태안군 한양여대 강당에서 진행되었다. 김경동 서울대 명예교수와 구자행 한국중앙자원봉사센터장, 성기환 서일대 사회복지학과 교수가 발제를 맡았다. 김범수 전 평택대 사회복지대학원장과 김대경 아산시자원봉사센터장, 김윤정 한서대 노인복지학과 교수가 패널토론자로 참석했다.

2015년 4월 17일 "4·16 세월호 참사가 시민사회 자원봉사에 던지는 질문과 성찰"이라는 제137회 정기포럼이 진행되었다. 김경동 교수가 기조강연을 했고, 이혜령 세월호수습지원단 기록담당이 발제를 맡았다. 장옥주 4·16 세월호 참사 안산시민대책위 집행위원장과 박윤애 서울시자원봉사센터장, 권미영 한국자원봉사관리협회 운영위원, 이창호 남서울대 교수가 토론을 진행하였다.

(위) "4·16 세월호 참사가 시민사회 자원봉사에 던지는 질문과 성찰" 세미나 후
　　안산시 4·16 기억전시관 시찰(2015. 4. 17)
(아래) 2007년 태안기름유출사고 현장에서의 기름제거 자원봉사활동(2007. 12)

2) 노블레스 오블리주: 나눔을 통한 국격제고

2007년 10월 22일 "노블레스 오블리주 자원봉사 실천, 어떻게 활성화할 것인가?"라는 특별포럼이 개최되었다. 이어령 전 문화부 장관 겸 중앙일보 고문이 기조강연을 했다. 한국 매니페스토실천본부 상임공동대표 강지원 변호사가 발제하였고, 이창호 중앙일보 시민사회연구소 전문위원과 현택수 고려대 사회학과 교수가 토론을 진행하였다.

2011년 8월 26일 "사회통합과 노블레스 오블리주"라는 주제로 제75회 정기포럼이 열렸다. 이제훈 한국자원봉사협의회 상임대표 겸 전 중앙일보 사장이 기조강연을 했고, 한동철 서울여대 교수 겸 한국부자학연구학회 회장이 발제하였다. 손원익 한국조세연구원 연구위원과 박성호 YTN 보도국 부국장이 토론을 진행하였다.

2012년 11월 21일 "사회갈등 치유를 위한 나눔과 봉사 정책토론회"라는 특별포럼이 개최되었다. 이배용 전 이화여대 총장 겸 국가브랜드위원회 위원장이 기조강연을 했다. 서울대 명예교수인 김경동 한국자원봉사포럼 회장과 김동배 연세대 사회복지전문대학원 교수가 발제를 맡았다.

2015년 3월 27일 나눔기본법 제정 관련 정책토론회가 진행되었다. 이재란 보건복지부 사회서비스 일자리과장이 발제하였다. 정무성 숭실대 사회복지학과 교수와 국무총리실 자원봉사진흥위원인 송민경 경기대 교수, 정구창 행정자치부 민간협력과장, 김현옥 한국자원봉사협의회 사무총장, 정현곤 시민단체연대회의 정책위원장, 김희정 NPO 공동회의 사무국장이 토론을 맡았다.

3) 기타 이슈

2002년 3월 29일 "자원봉사 인증제 어떻게 봐야 하나?"란 주제로 제31회 정기포럼이 열렸다. 김동배 연세대 사회복지학과 교수와 김성경 한국성서대 사회복지학과 교수가 기조강연을, 김영호 강남대 사회복지학과 교수가 발제를 맡아 자원봉사활동 인정에 대한 정부의 제도적 관여를 논했다.

2003년 12월 1일 "대학입시에서 봉사활동의 반영현황과 과제"라는 제37회 정기포럼이 개최되었다. 최일섭 서울대 사회복지학과 교수와 김성이 이화여대 사회복지학과 교수가 발제했다. 이창호 중앙일보 시민사회연구소 부소장, 이해숙 수원농생명과학고 교사, 황인성 한국대학교육협의회 책임연구원, 김정배 청소년자원봉사센터 소장이 토론에 참여했다.

2014년 3월 21일 "통일시대, 남북한 사회통합을 위한 자원봉사계의 역할 모색"이라는 제130회 정기포럼이 진행되었다. 이우영 북한대학원대학교 교수가 기조강연을 했고, 박상필 성공회대 NGO 대학원 초빙교수와 김일한 연구원이 발제를 맡았다. 구자행 중앙자원봉사센터장과 이창호 남서울대 사회복지학과 교수, 홍상영 우리민족서로돕기운동본부 사무국장이 토론을 진행하였다.

2016년 3월 22일 "월드프렌즈 청년중기봉사단 발전방안: 특성화와 경쟁력 강화를 위한 봉사활동 콘텐츠 개발"이라는 제목으로 연구용역 세미나가 개최되었다. 대사협 전문위원인 이성철 남서울대 교수와 김한겸 고려대 의대 교수, 송민경 경기대 청소년학과 교수가 발제하였다. 최홍석 고려대 행정학과 교수와 안양호 한국자원봉사포럼 수석부회장, 송진호 부산 YMCA 사무총장, 박종민 코이카 월드프렌즈 총괄팀장, 신재은 국제개발협력민간협의회 부장이 토론을 진행하였다.

제12장

동아시아 시민사회·자원봉사 국제포럼

1. 동아시아 국제포럼의 창립 배경

2005년 10월 18일, 한국자원봉사포럼은 한국프레스센터에서 창립 10주년 기념식을 가졌다. 이때 일본과 중국의 주요 민간단체가 창립 10주년을 축하하기 위해 참석했다. 당시 한국자원봉사포럼의 이제훈 회장은 이들과 함께 동북아 공동번영과 시민사회 역할을 논의하기 위해 '한중일 시민사회 · 자원봉사 국제포럼'을 3국이 돌아가면서 개최하기로 의견을 모았다.

일본은 일본자원봉사국제연구소(JIVRI, 소장: 아오키 토시유키), 중국은 중국국제민간조직협력촉진회(CANGO, 이사장: 황하오밍)가 참여하였다. 이들은 동북아시아 3국의 자원봉사와 NGO · NPO 협력체계 구축을 위한 방안 모색을 비롯하여 동아시아 시민사회의 공통이슈를 논의하고 상시적 네트워크를 구축하기로 약속했다.

2009년 10월 첫 번째 '한중일 자원봉사 국제포럼'을 개최한 이래 동아시아 국제포럼은 한중일 3국이 함께 참여하여 이끌어가고 있다.

이후 한국자원봉사포럼은 연 1회씩 동아시아 3국의 사회적 가치 창출 현황과 트렌드를 비교하고, 글로벌 기반의 사회적 가치 창출을 위한 협업(*collective impact*) 네트워크를 구축하며, 사회변동에 따라 진화하는 동아시아 시민사회조직의 역할을 강화하고, 동아시아 지역 비영리 부문에서 사회적 가치 생태계를 구축하기 위해 자원봉사 국제포럼을 개최하였다.

UN은 2015년부터 SDGs를 설정하여 개발의제를 발전시켰다. 동아시아, 특히 한중일 3국이 세계적 관점에서 그 영향력과 비중이 커짐에 따라 민간 NPO의 협력을 통한 국제사회 문제 해결이 절실히 요청된다. 이런 상황에서 한중일 시민사회 네트워크를 통해 글로벌 이슈에 공동 대응하기 위한 동아시아 국제포럼의 방향이 제시되었다.

2011년부터 동아시아 시민사회·자원봉사 국제포럼은 한중일 3국이 번갈아가며 현재까지 개최하고 있다.

2. 동아시아 시민사회·자원봉사 국제포럼(2011~2019)

2011년 11월 16일 첫 번째 포럼은 한국에서 개최되었다. "동북아의 조화로운 삶을 위한 시민사회 자원봉사의 과제"를 주제로 내세웠다. 기조강연은 김경동 한국자원봉사포럼 회장 겸 서울대 명예교수, 황하오밍 칭화대 교수 겸 CANGO 부이사장, 아오키 토시유키 JIVRI 대표가 맡았다. 재난구호활동 시 한중일 자원봉사 네트워크 협력방안을 주제로 한 트랙에서는 김동배 연세대 교수가 좌장을 맡았다. 권태호 세명대 교수와 장왕청 베이징사범대 교수, 야마오카 요시노리 일본법정대 교수 겸 일본 NPO 센터 대표가 발제를 맡았다. 한중일 볼런티어리즘 의 콜래보레이션 현황과 과제를 중심으로 한 트랙에서는 최일섭 한국 자원봉사학회 회장이 좌장을 맡았다. 서진석 SK텔레콤 사회공헌팀 장, 칸케이와이 월드비전 차이나 국제협력처장, 이치카와 히토시 샨 티국제볼런티어회 사무차장이 발제를 맡았다. 임태형 한국사회복지 협의회 사회공헌정보센터 소장이 토론을 함께했다.

2012년 8월 21일에 "사회변동에 따라 진화하는 시민단체의 역할"을 주제로 2012 한중일 자원봉사 국제포럼이 개최되었다. 2013년 11월 19일에는 "자원봉사 발전을 위해 시민사회 역량을 어떻게 강화할 것 인가"라는 주제로 2013 한중일 시민사회 · 자원봉사 국제포럼이 개 최되었다. 2014년 10월 30일, "동아시아 기업자원봉사 현황과 발전 과제"를 주제로 2014 동아시아 시민사회 · 자원봉사 국제포럼이 개최 되었다.

한중일 국제포럼에 여러 나라에서 관심을 보임에 따라 2014년부터 '동아시아 시민사회 · 자원봉사 국제포럼'으로 명칭을 바꾸어 더 많은 나라가 참여할 수 있도록 문호를 넓혔다. 또한 자발적으로 타인과 공 익을 위해 활동하는 자원봉사 네트워크의 협력과 강화를 도모했다.

2015년 10월 7일 "기업의 사회적 책임과 자원봉사정신"을 주제로 2015 동아시아 시민사회 · 자원봉사 국제포럼이 개최되었다.

2016년 11월 15일에는 "시민에 의한 소셜 이노베이션"을 주제로 2016 동아시아 시민사회 · 자원봉사 국제포럼이 개최되었다. 기조연 설은 니카무라 요이치 릿교대 교수와 이인우 한국협동조합연구소 사 회적경제센터장, 황하오밍 중국국제민간교류촉진회 부이사장이 맡았다. '소셜 이노베이션의 성취를 향하여' 세션에서 미야기 하루오 ETIC 대표와 코바야시 타츠야키 일본 공공정책연구소 연구위원, 이은경 희망제작소 사회의제팀장, 이의헌 (사)JUMP 이사장, 린란 광동시 시장, 자오티앙송 사회복지서비스센터 이사가 발표를 진행하였다.

2017년 8월 24일에는 "새로운 지역공동체 복원 및 자원봉사 마을 만들기: 재난재해와 커뮤니티의 재생"을 주제로 경상북도 경주시에서 동아시아 시민사회·자원봉사 국제포럼이 개최되었다. 미야사다 아키라 인정 NGO 법인 마찌커뮤니케이션 대표이사와 최양식 경주시장이 기조강연을 했다. 오니시 켄스케 공익사단법인 Civic Force 대표이사가 "사회변혁을 위한 도전: 분쟁지의 인도지원에서 마을 만들기까지", 나카오 코이치 히로시마현립대 국제센터 동북대학박사연구원이 "NPO는 지진재난 이후 커뮤니티 재건에 어떻게 공헌했나", 니시카와 타다시 Hands on 사이다마 이사가 "시민사회와 커뮤니티: 만남과 상생에 의한 지역 만들기"란 주제로 발표하였다. 오창섭 한국중앙자원봉사센터장이 "재난재해 피해지역에서의 자원봉사 협업사례: 자원봉사센터를 중심으로", 최현수 안산시사회적경제지원센터장이 "사회적 연대를 통한 지역공동체 복원 사례: 세월호 참사 이후 지역재생운동을 중심으로", 이인우 경기도 공유시장경제 정책보좌관이 "현대사회에서의 커뮤니티 복원과 플랫폼 사용: 사례를 통한 공동체 복원의 이론적 함의"를 주제로 발표를 진행하였다.

2018년 10월 24일에는 중국 장쑤성 강남대에서 "자원봉사와 지역공동체 재구축"을 주제로 2018 동아시아 시민사회·자원봉사 국제포럼이 개최되었다. 김필두 한국지방행정연구원 자치분권연구센터장이 "한국 지역재생의 흐름과 과제: 지속가능 공동체 재건을 위한 시민의

동아시아 시민사회·자원봉사 국제포럼 (2018)

자발성 확대방안"을 주제로 기조강연을 했다. 진희선 경희대 공공대학원 연구교수가 "주민이 함께 만드는 커뮤니티 리빌딩: 전북 진안의 사례를 중심으로", SK 사회공헌팀이 "기업사회공헌(CSR)과 시민사회 자원봉사의 접점: SK 하이닉스의 중국 사회공헌 및 자원봉사", 이인우 사회적경제지역화연구소장이 "다양한 공동체운동과 자원봉사의 새로운 흐름: 공동체의 현대적 정체성을 찾아서"를 주제로 발표를 진행하였다.

2019년 10월 28일에는 일본 도쿄 JICA 회관에서 "고령화사회와 시민사회조직의 역할"을 주제로 2019 동아시아 시민사회·자원봉사 국제포럼이 개최되었다.

3. 동아시아 시민사회·자원봉사 국제포럼(2020)

한국자원봉사포럼은 "팬데믹 시대, 시민사회조직의 역할과 책무"를 주제로 2020년 11월 20일 2020 동아시아 시민사회·자원봉사 국제포럼을 개최했다. 전 세계적으로 누구도 예측하지 못했던 코로나19 상황을 마주하면서 한중일 3국이 이 감염병에 대한 대응 현황과 향후 예방과제들을 논의하고 기록하기 위해 SNS 시스템을 활용한 국제포럼을 진행하였다.

남영찬 한국자원봉사포럼 회장의 개회사로 시작해 왕시안이 CANGO 부이사장 겸 실행위원장과 야마오카 요시노리 동아시아 국제포럼 실행위원회 위원장 겸 공익재단법인 조성재단센터 이사장이 인사말을 맡았다. 기조강연은 유종일 KDI 국제대학원장, 쉬지아리앙 상하이교통대 교수, 우치야마 타카시 특정비영리활동법인 숲만들기 포럼 대표이사가

표 12-1 동아시아 시민사회·자원봉사 국제포럼 개최 현황

회차	개최시기	개최장소	주제
파일럿	2005. 10	한국 서울	동북아의 공동번영과 시민사회의 역할
1	2009. 10	일본 도쿄	동북아 3국의 자원봉사와 NGO·NPO 협력체계 구축
2	2011. 11	한국 서울	동북아의 조화로운 삶을 위한 시민사회 자원봉사의 과제
3	2012. 8	중국 베이징	사회변동에 따라 진화하는 시민단체의 역할
4	2013. 11	일본 도쿄	시민사회 자발적 부문의 역량강화 어떻게 할 것인가
5	2014. 10	한국 전주	동아시아 기업자원봉사 현황과 발전과제
6	2015. 10	중국 우시	기업의 사회적 책임과 자원봉사정신
7	2016. 11	일본 도쿄	시민에 의한 소셜 이노베이션
8	2017. 8	한국 경주	재난재해와 커뮤니티의 재생
9	2018. 10	중국 우시	자원봉사와 지역공동체 재구축
10	2019. 10	일본 도쿄	고령화사회와 시민사회조직의 역할
11	2020. 11	온라인	팬데믹 시대, 시민사회조직의 역할과 책무

진행했다.　시민사회·자원봉사계의 코로나19 대응사례에 대해서는 사공정규 동국대 의대 정신의학과 교수가 "대구 의료자원봉사 사례 및 멘탈데믹"이란 특별보고를 했다.　이어 리우페이 청도이유시오페라공동체개발센터, 조강 동북대 가족연구기관 학장, 키시모토 사치코 공익재단법인 퍼블릭리소스재단 대표이사·전무이사가 발표했다.

　동아시아 시민사회·자원봉사 국제포럼은 한중일 3국의 민간자원봉사단체가 네트워크를 형성하고, 지속적으로 글로벌 지역사회 문제를 해결할 뿐만 아니라, 동아시아의 시민사회 성장과 발전에 기여한다는 목적을 추구하며 발전하고 있다.

제13장

"재능을 나눕시다" 캠페인

1. 재능나눔운동 캠페인의 추진 배경

2010년 1월 7일, 한국자원봉사협의회가 주축이 되고 사회복지공동모금회와 〈조선일보〉가 연대하여 "재능을 나눕시다" 캠페인을 시작하면서 우리나라 자원봉사운동은 새로운 페이지를 쓰기 시작했다.

당시 '왜 재능나눔인가?'라는 화두는 자원봉사운동의 환경적·사회적 맥락에서 매우 유효하고 시의적절했다. 우리 사회의 새로운 문제와 과제에 접근하고 해결하려면 기존의 자원봉사활동 방식만으로는 산적한 인간적·사회적 문제에 도전하고 실질적 변화를 가져오는 데한계가 있었기 때문이다.

오늘날 우리 사회는 가치관, 생활수준, 생활양식, 가족, 저출산·고령화, 인간관계 등에서 복잡한 변화가 발생했다. 뿐만 아니라 지구온난화로 생태계 파괴와 공동체 붕괴가 가속화되는 위기적 상황을 맞았다는 것을 누구나 체감하고 있다. 바로 이런 이유로 '재능나눔운동'

은 위험사회의 과제를 사회 전체의 모든 부문이 동참하여 감당해야 한다는 시대적 요청에 의한 것으로 볼 수 있다. 따라서 지금 이후에도 재능나눔운동은 우리 사회에서 매우 타당한 주제임에 틀림없다.

어떤 이는 재능나눔운동이 노블레스 오블리주 정신의 한 가지 발현형식이라고 보기도 한다. 2006년 민간자원봉사계에서 시도한 사회지도층의 나눔과 봉사 실천을 강조하는 '노블리스 오블리주 추진운동'은 자원봉사계의 재능나눔운동에 도화선이 되었다. 이를 기점으로 일각에서는 노블레스 오블리주 실천운동의 연장선에서 한국의 재능나눔이 범국민적 운동으로 번져 나가기 시작했다고 본다.

이처럼 재능나눔캠페인의 시작은 '우리가 지향하는 사회를 위한 변화'를 도모했다. 그리하여 이런 변화를 촉진하는 행위자, 즉 자원봉사자의 요구와 권리로부터 시작된 운동으로도 볼 수 있다.

당시 자원봉사계에서 재능나눔운동과 관련하여 회자되는 몇 가지 쟁점이 있었다. 용어 개념에서부터 자원봉사운동의 본질적 가치수호 차원까지 시간을 두고 토의하고 합의해야 하는 대목들이 눈에 띈다. 이를 정리하면 표 13-1과 같다.

표 13-1 재능나눔운동 관련 쟁점

- 재능의 범주가 모호하다. 이것을 누가 규정하는가?
- 모든 자원봉사활동은 재능나눔이다.
- 전문자원봉사활동과 재능나눔이 어떻게 다른지 구분할 수 없다.
- 재능나눔 속에 금전적 기부도 포함이 되는 것인가?
- 한국의 역사적 뿌리를 이은 재능나눔의 새로운 정의와 범위 설정이 필요하다.
- 자원봉사계에서 합의하여 모두가 공감할 수 있는 개념 정리를 해야 한다.
- 재능나눔의 개념 정의가 굳이 필요한가?(이미 서구의 프로보노라는 개념이 있다)
- 재능나눔이나 프로보노는 반드시 사회적 지위가 높은 특권층만 참여하는 것인가?
- 단순 노력봉사는 가치가 없는 것인가?

이외에도 여러 다른 의견들을 제기하는 사람들이 있다. 하지만 우선 '현재의 자원봉사운동은 한국 사회에서 새롭게 대두되는 사회문제 해결에 기여하는가?'라는 질문에 답할 수 있어야 한다. 질보다 양에 치우친 자원봉사가 팽창하고 있다. 그에 따라 자원봉사 목적의 상실, 자원봉사 자원의 수도권 집중 현상, 낮은 기여도 등이 당면 과제로 떠올랐다. 또한 실적 중심의 몇 가지 부실한 성과는 간과할 수 없는 지점까지 왔다고 할 수 있다.

2. 재능나눔의 개념

재능나눔은 기능·지식기반 자원봉사(*skill-based volunteering*) 또는 기능·지식공유(*skill sharing*)로 정의된다. 주로 개인을 돕는 멘토링, 집짓기, 스포츠 코칭 같은 일종의 숙련기능의 활용에서 법률, 의료, 컨설팅, 디자인과 같이 고도의 전문적 지식과 기술을 이용하여 봉사하는 것, 나아가 각종 시민단체 위원회나 이사회 임원으로 참여하는 일까지 넓은 범위의 다양한 활동을 포함한다.

특히 기업체에서 봉사활동 효율을 높이는 방법으로 단순한 노력봉사보다 전문적 기능에 기반한 봉사활동에 주력하는 경우가 두드러진다. 이는 실제로 효율을 높일 수 있는 장점이 있다. 물론 재능나눔은 전문직 종사자들에게 국한해 적용되는 것이 아니다. 누구나 특수한 재능이 있으면 전문지식이나 정보뿐만 아니라 기술, 기능 등을 나누는 봉사에 참여할 수 있다(Musick & Wilson, 2008; 이강현, 2010; 이만식, 2010; 국무총리실, 2010; 한국자원봉사협의회, 2012).

표 13-1 재능나눔 · 프로보노 · 전문자원봉사활동의 정의

용어	출처	개념 정의
재능나눔	시사 상식사전	• 단체 및 기업이 가진 재능을 통해 사회에 기여하는 새로운 형태의 기부 • 자신의 역량을 마케팅이나 기술 개발에만 사용하지 않고 기부를 통해 적극적 사회활동을 벌임으로써 사회에 기여하는 것 • 변호사, 회계사뿐 아니라 일반 회사의 개인도 참여하며, 높은 수준의 임금으로 교환, 환산 가능한 직무들로 한정되어 있음
	위키 백과	• 개인이 가진 재능을 개인의 이익이나 기술 개발에만 사용하지 않고 이를 활용해 사회에 공헌하는 새로운 기부형태 • 일반 봉사활동과 구분되는 재능기부의 특징이 있음 • 기부를 받아야 할 대상이 다양한 만큼 기부할 수 있는 재능도 다양함 • 금전기부나 단순 노력봉사는 대부분 일회성인 데 비해, 재능기부는 각자의 전문성과 지식을 바탕으로 한 지속적 기부형태라는 점에서 한 단계 진화한 기부모델임
	한국자원봉사 협의회	• 자신의 재능과 기술, 특기로 나눔을 실천하는 새로운 봉사활동의 형태 • 자원봉사의 뉴 트렌드로 노블레스 오블리주, 프로보노 활동을 포함함
	김경동 서울대 명예교수	• 누구나 참여할 수 있지만, 특히 어떤 재능을 중심으로 봉사와 나눔 활동을 하는 것 • 대개 전문직에 종사하는 사람들의 자원봉사활동으로 전문직 종사자들이 사회적 기대에 부응하는 의미에서 사회를 위해 봉사하는 활동이란 특징을 가짐 • '재능'이란 어떠한 직업적 능력, 특별한 역량, 개인의 재주, 각자가 터득한 특수한 지식, 습득한 기술 같은 것을 의미함 • 프로보노, 기능기반 자원봉사, 기능공유운동이라고 부를 수 있음 • 구체적으로 개인이나 조직 수준의 기업사회공헌 차원에서 사회가 시급히 요구하는 각종 봉사활동에 참여하는 것은 물론이고, 전문직 종사자들이기 때문에 특별한 사회·문화적 기대에 부응할 것을 요구받음
	이명현 전 교육부 장관	• 기부와 자원봉사는 어떻게 구분하는가 하면, 일반적으로 기부란 금전으로 환산될 수 있는 물질적 재화를 개인이나 단체가 그것을 필요로 하는 개인이나 단체에게 무상으로 양도하는 것을 말함 • 최근 '재능기부'란 말이 나오면서 물질적 재화 이외에 인간이 지닌 재능을 통해 도움이 필요한 자에게 무상으로 베푸는 것을 의미함
프로보노	시사 상식사전	• 라틴어 'pro bono publico'의 줄임말로, 영어로 해석하면 'for the public good', 즉 '공익을 위하여'라는 의미를 가짐 • 전문적 지식이나 서비스를 공익을 위해 자발적으로 대가 없이 제공하는 것을 의미함 • 처음에는 변호사를 선임할 여유가 없는 개인이나 단체에 보수를 받지 않고 법률 서비스를 제공하던 것에서 유래하여, 현재는 다양한 분야의 전문가들이 공익활동을 위해 무료봉사하는 것을 의미함 • 미국, 유럽에서도 지식재능나눔 봉사활동이라고 하고, 일본에서는 재능기부라고 함
전문자원 봉사활동	시사 상식백과	• 미국의 경우, skill-based volunteer를 의미함 • 즉, 일반 자원봉사와 달리 특수한 기술이나 기능을 활용한 자원봉사라는 개념으로 쓰임

나눔은 공유와 분배의 형태를 갖는데, 이 중 자원봉사와 나눔을 통해 공유를 도모할 수 있다. 그리고 이런 나눔의 형태 중 하나가 바로 재능나눔이다. 소박한 재능이더라도 함께 나누어 더 많은 사람이 자원봉사활동에 참여할 수 있도록 하는 것, 이 변화를 이루어내는 것이 바로 자원봉사계의 역할이자 사명이다.

이런 취지에서 요즘에는 사회적 가치의 성과를 기대하는 기업이나 만족과 보람을 중시하는 자원봉사자가 증가하고 있다. 더불어 부가가치가 높은 민간자원에 대한 정부의 기대치도 커지고 있다. 이 같은 변화의 트렌드를 이끄는 것이 바로 재능나눔운동이라 할 수 있다. 따라서 지금은 재능나눔이라는 워딩이 옳으냐, 그르냐 따지는 것을 넘어 '무엇을 어떻게 나눌 것인가?'를 숙의해야 할 시점이다.

3. 캠페인 추진체계

2010년 1월부터 5년간 한봉협에서 진행한 재능을 나눕시다 캠페인은 기존의 여러 형식적인 캠페인의 한계를 극복하고자 했다. 전 국민의 지속적 자원봉사 참여를 유도하고, 전국적 규모의 기관 간·개인 간 자원봉사 네트워크의 활성화를 모색했다.

재능을 나눕시다 캠페인의 핵심 기저는 첫째, 기관 간 네트워크 형성을 위한 직능별·활동영역별 연계방안 구상과, 둘째, 개인의 재능 및 지식을 나누기 위한 프로젝트화 및 활동 우선순위 선정에 의한 참여 활성화 방안 모색이다.

재능을 나눕시다 캠페인은 한국자원봉사협의회, 〈조선일보〉, 사

한국자원봉사협의회·〈조선일보〉·사회복지공동모금회가 재능나눔 기간 중에
주최한 "기부와 재능나눔 활성화 방안" 포럼(2010. 2. 10)

회복지공동모금회가 주축이 되어 운영했다. 캠페인의 추진체계, 즉
공동주최기관을 살펴보면, 한봉협은 총체적 관리 및 주관, 연계, 프
로그램 개발과 관리를 맡았고, 기업 및 모금회는 기금 마련 및 재정
을, 〈조선일보〉를 비롯한 언론기관은 홍보를 주요 역할로 담당했다.
　구체적으로 한봉협은 재능나눔캠페인을 위한 '봉사와 나눔 운동본
부'(이하 '운동본부' 또는 '재능나눔운동본부')를 설립해 캠페인을 조직적
으로 관리, 운영하는 역할을 담당했다. 주요 역할은 첫째, 기관 간 네
트워크 형성 및 강화 방안 마련, 둘째, 개인과 기관 간 자원봉사 연계
를 통한 자원봉사 네트워크 구축, 셋째, 실행감독 및 목적달성에 대한
평가체계 수립, 평가결과의 환류 및 방향 제시 등이다. 한봉협은 재능
을 나눕시다 캠페인을 하나의 국가사업 단위로 보고 한봉협 내에 운동
본부를 설립해 캠페인을 지휘·관리했으며, 캠페인 전담인력을 별도
로 두었다.

〈지속가능한 재능나눔운동의 발전모형 연구:
"재능을 나눕시다" 캠페인을 중심으로〉(2010)

　사회복지공동모금회는 선봉에서 캠페인에 소요되는 비용을 조달함
으로써 성공적 캠페인을 위한 안정적 추진체계 구성 및 운영을 담당하
였다. 공동주최기관인 〈조선일보〉는 전국 규모의 자원봉사캠페인을
위한 홍보를 책임졌다.

　재능을 나눕시다 캠페인의 추진방향 중에서 가장 중요한 업무는 봉
사자와 수요자의 연계이다. 즉, 캠페인의 요체는 자원봉사자와 자원
봉사 수요자의 성공적 연계라고 할 수 있다. 자원봉사자의 연계는 기
존의 프로그램을 활용하거나 새로운 프로그램(프로젝트)을 만들어 활
용하였다. 이는 재능기부자와 재능기부 수혜자 간 일대일 연계에서부
터 재능기부자를 자원봉사단체와 센터, 복지기관 등의 협력단체에 이
관해 주는 연계작업까지 포함했다. 협력단체는 신청봉사자를 자신의
단체에서 자원봉사자로 활용하거나 관련 단체를 수용하는 단체를 의
미한다.

또한 기존의 자원봉사센터 및 단체들의 네트워크화(연계화)를 추진하였다. 이를 위해, 재능을 나눕시다 캠페인에서는 자원봉사계와 사회복지계의 일선 센터 및 복지관들이 함께 참여하였다. 이런 연계망의 형성 배경은 한봉협이 한국사회복지협의회를 회원으로 둔 범자원봉사계를 아우르는 대표단체이며, 사회복지계에서도 노인·청소년·장애인 복지관 등 지역사회 중심 자원봉사가 사회복지활동의 핵심 콘텐츠로 부상하고 있었던 것이다.

따라서 운동본부를 중심으로 전국의 자원봉사센터와 각 복지관 간의 역할분담과 협력을 강화할 필요가 있었다. 운동본부와 협력단체는 업무와 관련한 긴밀한 관계를 형성해야 원활한 소통과 정보교류로 캠페인을 성공적으로 이끌 수 있기 때문에 협력단체마다 담당자를 두고 운동본부와의 지속적 교류를 활성화하고자 했다. 운동본부는 협력단체에 캠페인 및 관련 이벤트에 참여할 기회를 제공하고, 필요시 전국의 협력단체를 네트워크화해 줌으로써 이들 단체 및 기관들이 자원봉사자를 원활히 제공받을 수 있도록 하였다.

4. 캠페인의 실행모형 및 직능별 활동방향

자원봉사 홍보를 위해 전국적으로 많은 하부단체 및 기관을 거느린 대한의사협회, 한의사협회, 약사회 등의 직능단체의 참여가 이루어졌다. 이들 협력단체와의 연계활동은 수천 명 이상의 자원봉사자들과 단체들을 캠페인에 참여시키는 것과 같은 효과가 있었다.

직능단체 및 기관의 참여 시, 양해각서(MOU)를 체결해 책임 있는

그림 13-1 재능나눔캠페인의 5개 프로젝트 마스코트

왼쪽부터 슈바이처 프로젝트, 오드리 헵번 프로젝트, 헤라클레스 프로젝트,
마더 테레사 프로젝트, 키다리 아저씨 프로젝트 관련 마스코트.

활동을 유도하였다. 협력단체가 아니더라도 캠페인에 도움을 줄 수 있는 기관, 단체, 지방자치단체 등에 폭넓게 동참할 수 있는 기회를 제공하였다. 이들 다양한 협력단체 및 기관이 요청하는 자원봉사 수요는 향후 자원봉사 진흥에 필요한 정책이나 프로그램, 이벤트 개발 등을 위한 기초자료로 활용할 수 있었다.

재능을 나눕시다 캠페인은 5개 프로젝트로 자원봉사활동 영역을 구분하여 진행하였다. 첫째, 슈바이처 프로젝트는 의료·보건·건강과 관련된 자원봉사활동 영역이다. 둘째, 오드리 헵번 프로젝트는 문화·예술과 관련된 자원봉사활동 영역이다. 셋째, 마더 테레사 프로젝트는 사회복지 관련 시설봉사 및 후원, 독거노인 및 소년소녀가장, 그룹홈, 쉼터 등 요보호대상을 지원하는 자원봉사활동 영역이다. 넷째, 키다리 아저씨 프로젝트는 멘토링, 상담교육, 결연활동과 관련된 자원봉사활동 영역이다. 다섯째, 헤라클레스 프로젝트는 체육활동이나 집수리, 운전, 배송, 기술제공 등의 자원봉사활동 영역이다.

한봉협의 운동본부의 주요 역할은 5개 프로젝트를 구상하고, 지역별 자원봉사센터, 사회복지기관 및 시설 등과 연계하여 5개 프로젝트별로 지원한 자원봉사자를 배치하는 것이었다.

5. 캠페인의 한계와 과제

한봉협은 2014년까지 재능나눔운동 시즌 1을 마무리했다. 2015년에 들어서는 일본의 프로보노 전문가를 초청하여 순회강연을 하는 등 활발한 재능나눔 문화를 꽃피울 수 있도록 적극적 지원을 펼쳤다. 이러한 흐름을 타고 각 지방자치단체의 자원봉사센터는 '전문봉사단'을 본격적으로 발족하고 일선 현장에서의 재능나눔으로 승화시켜 나갔다.

이제 10여 년의 세월을 뛰어넘어 지난 10여 년간 들불처럼 일어났던 재능나눔운동을 되돌아보는 시간을 갖겠다. 재능나눔은 10여 년 전의 캠페인을 계기로 지금은 사회적 가치 확산운동으로 넘어가고 있다고 할 수 있다. '사회적 가치'는 일회성 자원봉사가 아니라 지속적 선순환 효과를 유발한다는 점에서 주목할 만한 모델이다.

큰 틀에서 사회적 가치라는 맥락을 가진 재능나눔운동이 다시 불붙으려면 관련 단체 간의 촘촘한 네트워크와 사업추진 역량의 강화, 체계적 사업컨설팅이 장기사업으로 지속가능하게 이루어져야 한다. 특히, 재능나눔운동의 현장성을 강화하려면 지역자원봉사센터나 지역협의회의 역량을 강화할 필요가 있다. 또한 재능나눔 전문가를 양성하고, 이들에게 다각적이고 체계적인 컨설팅을 제공해야 한다.

이에 대해 김경동 서울대 명예교수는 "일종의 시민사회 차원의 자발적 기여가 필요해지는 것 또한 전에 볼 수 없었던 현상이며, 자원봉사운동과 나눔운동은 이러한 시대적 변화에 발맞추어 그에 걸맞은 변신을 요구받고 있는 셈"이라고 말한다(김경동, 2007). 그는 또 "자원봉사로서 재능나눔운동은 자원봉사의 근본적 원칙으로 돌아가서 자원봉사자가 무엇을 가지고 자원봉사활동에 어떻게 참여할 것인가에 대한 해

답을 제시한 것"이라고 본다.

즉, 기존의 자원봉사활동은 자원봉사자의 재능이나 관심과 무관하게 자원봉사 수요자의 요구에 한시적으로 대처하는 방식으로 진행했다. 그러나 재능나눔운동은 자원봉사자가 자발적 참여의지를 가지고 관심 있는 분야나 활동을 자신의 능력에 따라 지속적으로 실천해 나갈 수 있도록 자원봉사활동의 분야와 방법을 매칭하는 것이다.

근본적으로, 재능나눔운동은 우리 사회의 일반적 자원봉사와 기부 문화를 포함하는 나눔을 확산시키고, 진정한 나눔의 문화가 깊이 뿌리내리는 차원까지 승화시키는 일이 중요하다. 그러나 재능나눔운동을 펼치는 주체는 비단 전문가 집단에 국한시킬 필요가 없다. 사회적 책무감을 가진 개인이나 집단이면 누구나 직업과 무관하게 동참할 수 있고 또 해야만 한다. 즉, 자원봉사와 나눔은 반드시 사회적 지위가 높은 특권층의 전유물이 아니라 누구나 참여하는 것이 바람직하고 또 권장해야 마땅한 일이라고 할 수 있다.

제14장 자원봉사운동의
지적 토대 강화 프로젝트

1. 자원봉사 창의 아카데미

1) 봉사와 나눔 최고지도자 과정(2016)

한국자원봉사포럼은 2016년 자원봉사운동의 내실화를 위해 자원봉사 전문가와 리더가 바로 설 수 있도록 자원봉사와 관련된 더 깊은 근간을 제공하는 '자원봉사 창의 아카데미'를 설립했다. 자원봉사 창의 아카데미는 총 10주·30시간 과정으로, '김경동 교수의 자원봉사 창의 아카데미'라고 브랜드네이밍을 하고, '봉사와 나눔 최고지도자 과정'이라는 부제로 자원봉사에 대한 인문학적 접근을 시도했다.

출발할 때의 동기는 민간자원봉사운동 20년을 맞아 자원봉사 패러다임을 재구축하는 것이었다. 즉, 인간 중심의 자원봉사활동 회복, 자원봉사 리더의 전문성 강화를 목적으로 개설했다. 구체적으로 봉사와 나눔의 철학, 가치, 용어 등의 재해석과 이슈 진단이 필요함을 제기했다.

김경동 교수의 자원봉사 창의 아카데미: 봉사와 나눔 최고지도자 과정(2016)

또한 조직과 관리 중심이 아니라 인간 중심의 자원봉사운동을 통해 자발적으로 공동체성을 회복해야 한다고 강조했다. 이는 자원봉사 리더의 전문역량 강화를 통해 올바른 자원봉사운동을 견인해야 한다는 사명감을 바탕으로 하였다.

자원봉사 창의 아카데미는 사회 각 분야의 리더들에게 봉사와 나눔의 뉴패러다임에 대한 품격 있는 강의를 제공했다. 리더의 변화를 통해 시민사회와 자원봉사 관점을 재구성하며, 영리 속 비영리를 담당하는 기업사회공헌의 역할을 바로잡고 공유가치를 확대하는 것을 목표로 삼았다. 봉사와 나눔 분야 단체장 또는 해당 분야에서 10년 이상의 경력을 지닌 자원봉사 리더를 대상으로 추진하였다. 프로그램을 이끈 주 강사는 서울대 사회학과 명예교수이자 대한민국학술원 회원겸 한국자원봉사포럼 명예회장인 김경동 교수였다.

자원봉사의 인문학적 상상력과 역사적 자리매김, 사회변동의 추세와 미래사회의 비전, 시민의 책무와 사회혁신은 물론이고 나눔의 활성화를 위한 마음의 프레임과 문화조성, 민관관계의 성찰과 제도의 메커니즘, 시민사회 역량강화, 자원봉사계 개선 등을 주제로 강의가 진행되었다. 이배용 한국학중앙연구원장 겸 전 이화여대 총장, 하야세 노보루 일본 NPO 센터 이사장 겸 오사카 볼런티어협회 상임이사, 장석준 전 한국자원봉사포럼 회장 등이 특강을 진행하였다.

첫 강좌에 각계 리더 33명이 등록하여 자원봉사활동의 재생산을 위해 필요한 수준 높은 과정들을 수료했다. 이것이 좋은 반응을 얻어 참여자 욕구 재조사에서 차기 연도에도 자원봉사 창의 아카데미를 개설할 필요성이 높다는 평가를 받았다.

2) 봉사와 나눔 최고지도자 과정(2017)

2016년에 진행한 자원봉사 창의 아카데미 과정이 좋은 성과를 얻음에 따라 2017년에도 자원봉사 창의 아카데미 사업을 진행하게 되었다. 자원봉사운동의 활성화 및 리더 양성을 위해 나눔과 봉사의 철학과 본질을 탐색하고, 사회변동에 따라 봉사 가치를 재해석하고 새로운 패러다임을 제시하는 것을 목표로 삼았다. 제목은 '2017 김경동 교수의 자원봉사 창의 아카데미: 봉사와 나눔 중간지도자 과정'이었다. 지향점은 사회양극화 완화와 통합의 대안으로서 시민의 배려와 나눔의 습관을 내재화하고, 고품격 자원봉사 창의 아카데미 운영을 통해 자원봉사생태계의 질을 제고하는 것이었다.

교육은 2017년 9월 26일부터 11월 28일까지 총 9주의 일정으로 진행되었다. 전국 시민사회, 자원봉사, 사회복지, 기업사회공헌 분야에서 3년 이상 활동한 경력자와 NGO·NPO 지도자, 관리자, 5년 이상 활동한 자원봉사자를 대상으로 했다. 이번에도 김경동 서울대 사회학과 교수가 주 강사를 맡아 프로그램을 이끌었다.

3) 봉사와 나눔 최고지도자 과정(2018)

2018년 5월 제3차 '자원봉사 창의 아카데미: 봉사와 나눔 지도자 과정'이 개설되었다. 이 과정은 2016년에 처음 시행된 이래, 교육 참가자와 프로그램 운영자를 대상으로 실시한 참가자 만족도 평가에서 깊이 있고 격조 높은 강좌이며, 프로그램을 통해 자원봉사지도자로서 갖춰야 할 역량과 자원봉사활동의 효과적 재생산 방안을 설계하는 데 큰 도움이 되었다는 반응을 얻었다.

자원봉사 창의 아카데미를 개설하는 데 멘토 역할을 한 김경동 전 한국자원봉사포럼 회장은 "근대 사회에서 가족과 공동체가 수행한 복지 수요에 비해 더 늘어난 현대의 복지 수요에 대한 재정적 부담이 큰 문제로 대두되어 복지 수요 수행의 주체가 다시 시민사회로 돌아오는 유턴현상이 일어나고 있다"고 말했다. 그는 이를 해결하는 방안의 하나로 여러 사람이 함께 어울리는 자원봉사활동이 공동체 복원의 핵심으로 떠오르는 상황에서 창의 아카데미는 중요한 의미를 가질 것으로 내다보았다.

한국자원봉사포럼은 이러한 맥락에서 자원봉사계가 당면한 과제인 자원봉사자 수의 정체, 자원봉사 관리자의 질 저하, 자원봉사 가치와 원칙의 퇴색 등의 문제를 해결하기 위한 방법으로 자원봉사 창의 아카데미를 제시하였다.

　제3차 창의 아카데미 교육은 9월 13일부터 11월 22일까지 총 9주의 일정으로 진행되었다. 철학과 가치로 돌아보는 시민사회와 자원봉사, 사회갈등 완화와 국격제고, 노블레스 오블리주, 자원봉사의 제도적 메커니즘은 물론이고, 에드보카시·사회참여·자원봉사운동, 사회적 가치 구현을 위한 사회적 금융생태계 조성, 4차 산업혁명과 자원봉사 등의 주제로 강의가 진행되었다. 특강은 사람 중심의 자원봉사와 놀이, 자원봉사와 행복, 커뮤니티 리빌딩 등의 내용으로 진행되었다.

2. 자원봉사 인문학 포럼

1) 추진 배경

한국자원봉사포럼은 2005년 한국자원봉사활동기본법 제정으로부터 10년이 지난 상황에서, 자원봉사 참여율 증진에 성과를 거두었다. 그러나 자원봉사 가치의 훼손, 목적의 수단화 등으로 우리나라 자원봉사가 실적관리주의와 도구주의에 함몰될 우려가 고조되고 있다는 문제의식을 갖고 '자원봉사 인문학 포럼'을 시작했다. 지역사회 문제해결자로서 시민의 자발적 참여가 절실했고, 기존의 틀로 규정되지 않는 새로운 형태의 자원봉사활동을 통해 지역공동체의 정체성과 자원봉사의 본질을 찾는 노력이 필요한 시점이었다. 이에 성숙한 시민의식의 구현 방법과 자원봉사의 길을 성찰하고자 한 것이 '자원봉사 인문학 포럼'을 시작하는 계기가 되었다.

2) "인문학은 어떻게 자원봉사자를 키우는가?"

첫 번째 인문학 포럼은 2015년 9월 23일 경기도 안양시청 강당에서 600여 명이 모인 가운데 시작되었다. 이필운 안양시장이 환영사를, 장석준 한국자원봉사포럼 회장이 개회사를 맡았다. 송호근 서울대 사회학과 교수는 기조강연을 통해 "나는 시민인가: 시민의 길을 묻는다"라는 내용으로 자원봉사의 중요성을 역설했다. 이어 "인문학은 어떻게 자원봉사자를 키우는가?"라는 주제의 토론회에서 김찬호 성공회대 교수가 주제발표를 했고, 홍성호 전 중앙일보 기자와 박윤애 서울시 자원봉사센터장이 패널로 토론에 참여했다. 정후교 정다운마을 총무와 박상우 충남 홍성군 홍동마을 주민이 "마을 만들기는 인문학이다"라는 제목으로 현장사례를 발표했다.

두 번째 인문학 포럼은 이듬해 2016년 6월 23일 목포시에서 1박 2일의 일정으로 진행하였다. 김경동 서울대 명예교수는 "자원봉사, 중심은 사람이다"라는 제목의 기조강연으로 포럼의 시작을 열었다. 그리고 김호남 전라남도자원봉사센터 이사장이 개회사를, 장석준 회장이 인사말을 했고, 이낙연 전남도지사가 환영사를, 박홍률 목포시장이 축사를 맡았다. 이어서 "삶과 하나 되는 자원봉사 인문학 포럼: 자원봉사, 예술을 품다" 세션에서는 이승필 GS칼텍스재단 사무국장 겸 예울마루 관장이 "삶에서 만나는 자원봉사와 예술"을 발제하였다. 노명우 아주대 사회학과 교수는 "호모루덴스적 인간의 삶과 자원봉사와 예술의 놀라운 공통성"이라는 내용을 발제하였다. 오창섭 한국중앙자원봉사센터장과 장일권 화가가 토론에 참여했다. 이후 이성태 전라남도자원봉사센터 사무국장이 "세월호 참사에서 자원봉사는 예술로 피어났다: 참혹한 '죽음'의 현장에서 만난 봉사의 진정성을 예술의 방식으로 승화시키다'라는 제목으로 사례보고를 진행하였다. 다음 날에는 자원봉사현장 및 유달산, 팽목항, 울돌목, 운림산방 등 지역문화 탐방을 통해 인문의 향기에 심취하는 프로그램을 진행하였다.

3) "자원봉사는 존엄이다"

2019년 5월 31일에는 "현재성을 논하다"라는 제목으로 자원봉사 콜로키움을 진행하였다. 이인우 사회적경제지역화연구소 대표 겸 한국자원봉사포럼 이사가 "자원봉사는 존엄이다"라는 주제에 대해 발표하였다. 이어 홍성호 어쩌다인문도서관장, 문유미 경기대 초빙교수 겸 한국자원봉사포럼 이사, 신성국 사회적기업 허그인 대표가 패널토론에 참여하였다.

11월 29일부터 30일 양일간 안동시에서 "선비정신과 자원봉사운동: 자원봉사의 유가적 이해와 현대적 실천"이라는 제목으로 자원봉사 인문학 포럼을 진행하였다. 참가 대상은 전국자원봉사센터 및 단체, 사회적경제·지역재생 및 마을 만들기 관계자, 시민사회, NGO·NPO 단체, 학계, 정부관계자 등이었다. 자원봉사의 주요 목적이자 큰 축인 인간의 존엄과 가치가 상대적으로 빈약해지는 최근 흐름 속에서 자원봉사를 통해 인간 존엄을 고취하고 삶의 품격과 사회적 가치를 구현하는 자원봉사의 필요성을 강조했다. 유교의 본고장인 경북 안동에서 면면히 이어온 유교 정신의 정수인 인(仁)의 사상과 사람과 세상을 바라보는 혁신적 사고를 통해 현재의 굴절되고 지체된 자원봉사정신을 재정립하며, 나아가 안동의 정신문화와 자원봉사의 가치를 온 국민이

자원봉사 인문학 포럼 "선비정신과 자원봉사운동"(2019. 11. 29 ~ 11. 30)

공유할 수 있도록 승화시켜 나가는 것이 포럼의 목적이었다.

　남영찬 한국자원봉사포럼 회장이 인사말을, 권영세 안동시장이 환영사를 맡았고, 김경동 교수가 "선비정신과 자원봉사운동"이라는 제목으로 기조강연을 했다. "자원봉사의 유가적 이해와 현대적 실천"이라는 주제로 진행된 토론회에서는 정순우 한국학중앙연구원 명예교수가 발제하였고, 김성준 제주대 교수가 토론을 맡았다. 유가적 전통을 살린 안동시의 자원봉사 사례를 다룬 제2세션에서는 고운자 안동시자원봉사센터 소장이 발제하였고, 오창섭 서라벌대 사회복지학과 교수와 이동욱 경상북도자원봉사센터장이 토론했다.

　둘째 날에는 안동 하회마을, 병산서원, 도산서원 등 안동 지역문화 탐방이 진행되었다.

3. "나눔과 꿈" 프로젝트

1) 추진 배경

2015년 통계청 자료에 따르면 서울시의 378만 4,490가구 중 저소득·취약계층은 16만 3,107가구이며, 대부분 편부·편모·조손·소년소녀·장애인 가구였다. 이들 가구는 예술활동과 문화기반 시설이 가장 집중된 서울에서 더 큰 문화적 소외감과 상대적 박탈감을 느끼는 것으로 나타났다.

이에 한국자원봉사포럼은 저소득·취약계층의 여가문화생활이라는 사회문제 해결에 기여하고, 가족공동체 욕구를 확대하여 삶의 질을 높일 수 있도록 삼성과 사회복지공동모금회의 후원으로 "나눔과 꿈" 프로젝트를 출범했다. 3년 사업으로 진행된 이 프로젝트는 저소득·취약계층이 문화예술 분야에서 느끼는 소외감과 상대적 박탈감을 완화하고자 했다. 또한 지역 커뮤니티 내 자생적·직능별 프로보노봉사단(전문봉사단)을 구성하여, 지역의 문화예술 관련 인적 인프라 구축을 통해 가족의 기능회복과 지역공동체 복원에 기여하고자 했다. 즉, 나눔과 꿈 프로젝트 추진을 통해 사회안전망의 기본 단위인 가족공동체 복원을 꾀하고, 다양한 문화예술 전문단체 및 NPO 조직과의 지속가능한 연대와 확장성, 지속가능한 사업진행 가능성을 강화하길 기대했다.

2) 추진 내용

나눔과 꿈 프로젝트 대상은 참여가정의 초등학생에서 중학생까지의 아이들과 학부모, 음악·미술 등 예술분야의 전문가, 멘토봉사단, 각 지역의 중간거점기관으로 구분하였다. 참여가정 선정기준은 서울·경기 지역에 거주하는 저소득·취약계층 가정으로, 한부모가정·다문화가정·탈북민가정·조손가정 등을 포함하고 3년간 꾸준히 사업에 참여 가능한 가정이었다. 멘토봉사단 선정기준은 서울·경기 지역에 거주하는 만 17세 이상의 청소년, 대학생 및 성인 중에서 자원봉사활동이 가능하고, 프로그램에 지속적으로 참여 가능하며, 멘토·멘티 활동에 적극적으로 참여 가능한 사람이었다.

표 14-1 나눔과 꿈 프로젝트의 연차별 사업 계획

	1차 연도
특징	• 저소득 취약계층 가족의 문화예술여가 지원을 통한 문화격차 해소와 삶의 질 제고 • 서울·경기 지역의 참여가족, 프로보노, 퍼실리테이터 간의 소통·교류를 통한 서울·경기 지역의 '나눔과 꿈 플랫폼' 구축
핵심 내용	• 여가와 문화생활에 대한 욕구조사 및 상담, 효과적 여가문화지원(관람, 교육) 프로그램 제공 • 예술치료 활동과 문화예술 분야 전문가 연계를 통한 자녀의 재능발견을 위한 티칭클래스 운영
	2차 연도
특징	• 문화예술 체험활동을 통한 '행복한 가족 만들기' 심화활동 지속 • 각 직능별 전문자원봉사 활성화와 플랫폼 네트워크를 통한 혁신적 협업 강화
핵심 내용	• 여가문화 프로그램 지속 지원과 '우리 가족 행복 시간표 만들기' 활동의 강화 • 지속가능한 티칭클래스 운영과 함께 전문자원봉사자 역량강화를 위한 퍼실리테이터 양성교육 및 각 문화영역별 네트워크 활성화
	3차 연도
특징	• 참여가족의 정서적 안정과 긍정적 사회참여 활동 정착 • 성공 스토리 발굴을 통해 새로운 사회적 가치와 공동체 복원의 선도적 모델 제시
핵심 내용	• 참여가족 자녀들의 끼와 재능을 펼치는 장으로서 '나눔과 꿈: 가족 콘서트'를 개최하여 성과를 공유하고 저소득층 자녀의 꿈을 실현하는 데 기여 • 지역거점별 나눔과 꿈 플랫폼 확산

표 14-2 나눔과 꿈 프로젝트의 지역 연계기관 협력 계획

기관명	세부 사업명	계획	내 용
영등포구 자원봉사센터	사업 전반	서울시 영등포구 중간거점기관	• 재능발굴 & 티칭클래스 진행과 지역 연계·협력 • 가족여가문화활동 프로그램, 가족 프로그램 기획 및 준비 • 멘토봉사단 운영 • 진행 및 관리
(사)한국지역복지 봉사회	사업 전반	경기도 광명시 중간거점기관	• 재능발굴 & 티칭클래스 진행과 지역 연계·협력 • 가족여가문화활동 프로그램, 가족 프로그램 기획 및 준비 • 멘토봉사단 운영
빛과사랑	사업 전반	경기도 수원시 중간거점기관	• 재능발굴 & 티칭클래스 진행과 지역 연계·협력 • 가족여가문화활동 프로그램, 가족 프로그램 기획 및 준비 • 멘토봉사단 운영 • 진행 및 관리
(사) 큰샘	사업 전반	서울시 강남구 중간거점기관	• 재능발굴 & 티칭클래스 진행과 지역 연계·협력 • 가족여가문화활동 프로그램, 가족 프로그램 기획 및 준비 • 멘토봉사단 운영
한국자원봉사 협의회	멘토봉사단 역량강화 프로그램	프로보노 및 멘토, 자원봉사자 지원 및 홍보 등의 협력기관	• 자원봉사자 지원 및 홍보
영등포구	사업 전반	서울시 영등포구 참여 가정 모집 협력 등의 협력기관	• 영등포구 참여가정 홍보
서울 대동초등학교	재능발굴& 티칭클래스	장소 협력	• 영등포구 재능나눔 & 티칭클래스 운영 협력 (장소 제공, 대상가정 홍보 및 안내)
경기교육자원봉사 단체협의회	멘토봉사단 역량강화 프로그램	경기도 지역 멘토봉사자 연계	• 경기도 수원지역 멘토봉사단 홍보 및 협력
한국NGO신문	사업 전반	언론보도 담당 협력기관	• 사업에 관한 언론보도 협력
(사)만원의행복	사업 전반	전체 사업 진행 시 촬영 담당 협력기관으로 협약	• 사업에 관한 촬영 및 홍보협력
뿌리패예술단 경기도지회	재능발굴& 티칭클래스	프로보노 협력 및 사업진행 장소 제공	• 재능나눔 & 티칭클래스 운영 (프로보노 활동, 장소 제공 등)
국민석사경호 체육관	재능발굴& 티칭클래스	프로보노 협력 및 사업진행 장소 제공	• 재능나눔 & 티칭클래스 운영 (프로보노 활동, 장소 제공 등)
광명 다솜지역아동센터	사업 전반	프로보노 협력 및 사업진행 장소 제공	• 재능나눔 & 티칭클래스 운영 (프로보노 활동, 장소 제공 등)
광명시 광명2동	사업 전반	장소 협력	• 사업 전반에 걸친 장소 제공

참여자 모집은 여러 가지 통로로 진행되었다. 첫째, 한국자원봉사포럼 개인과 단체회원, 협력기관에 공지 및 모집활동, 둘째, 홍보 포스터 및 모집 안내문, 셋째, 한국자원봉사포럼 및 협력기관 홈페이지와 SNS를 활용한 모집활동, 넷째, 각 운영지역별 대학 및 자원봉사센터 연계를 통한 모집활동, 다섯째, 자원봉사단체 홈페이지 모집 안내문, 여섯째, 〈중앙일보〉, 〈한국 NGO 신문〉 등 언론매체를 통한 모집 홍보 등이었다.

나눔과 꿈 프로젝트의 세부 사업 내용을 살펴보면, 첫째, 재능발굴 & 티칭클래스, 둘째, 가족여가문화활동 프로그램, 셋째, 가족치유 프로그램, 넷째, 멘토봉사단 역량강화 프로그램, 다섯째, 네트워크 구축 등이다. 특히 재능발굴 & 티칭클래스를 통해 저소득 · 취약계층 가정의 아동 및 청소년들에게 문화예술교육을 제공하고, 끼와 재능을 발굴할 수 있는 기회를 제공하고자 하였다.

한국자원봉사포럼은 원활한 프로젝트 수행을 위해 표 14-2와 같이 지역 연계기관과의 협력을 계획하였다.

3) 추진 성과

재능발굴 & 티칭클래스에서는 참여가족의 재능을 발굴하기 위해 음악, 미술, 국악, 체육 등 문화예술 분야 전문가와 참여가족을 매칭하여 각 분야별 재능 실현 및 기량 향상 티칭프로그램을 실시하였다. 수원 지역에서는 북과 태권도를, 광명 지역에서는 연극, 강남 지역에서는 미술, 영등포 지역에서는 음악 프로그램을 운영하였다. 1월과 2월의 준비 작업을 거쳐 3월부터 클래스를 운영하였고, 종료 시점에 5개

문화예술 재능나눔을 통한 행복한 가족 만들기 "나눔과 꿈" 성과평가 세미나
"자원봉사를 통한 문화복지모델 개발 및 현장적용"(2018. 1. 17)

클래스, 총 68명이 참여하였다.

수업 종료 후에는 성과공유회와 발표회를 진행하였다. 참여가족과 중간거점기관, 협력기관, 후원기관, 지원기관, 지역네트워크기관 관계자 등 총 300명을 대상으로 영등포아트홀에서 3년 장기사업의 성과를 공유하였다. 그 결과, 나눔과 꿈 프로젝트가 추구했던 가족 결속력의 강화, 자아존중감의 향상, 자원봉사 전문역량 강화 등의 목표를 모두 달성하였다. 문화예술 프로그램 참여를 통한 가족 결속력은 가족 의사소통 척도와 가족 적응성 및 응집성 평가척도를 중심으로 한 설문조사에서 10% 향상했다. 문화예술교육을 통한 자아존중감은 자아존중감 척도를 중심으로 한 설문조사에서 10% 상승했다. 지역사회 재능나눔·프로보노 발굴을 통한 자원봉사 전문역량, 즉 각 영역 프로보노의 사회적 책임감은 사회적 책임감 척도 중심 설문조사에서 20% 향상한 것으로 나타났다.

나눔과 꿈 프로젝트는 삶의 성장 과정에서 중요한 가족의 역할과 기능을 안정화하였다. 특히 취약계층 가족과 지역사회 시민들에게 가족의 역할과 기능을 보완하는 연결고리를 동시에 제공하였다. 종래의 단발적이고 파편화된 성과 위주의 가족관계 회복 프로그램에서 벗어나 다년간 프로젝트를 실행하여 안정적인 가족관계 회복 프로그램을 제공함으로써, 이후 재능나눔을 프로그램의 연결고리로서 재구성할 수 있었다. 더 나아가 나눔과 꿈 프로젝트 결과를 기초 지방자치단체와 자원봉사단체에 기초자료로 제공함으로써 자체적으로 가족의 재발견 및 재능나눔 자원봉사활동을 조직할 수 있는 경험과 지식을 공유하는 계기를 마련했다는 점에서도 그 의미가 크다.

4. 월례포럼 "책과 토론이 있는 수요일"

1) 추진 배경

2019년 4월 12일 (사) 한국자원봉사포럼 임시총회를 통과하여 재출범한 정책위원회는 콜로키움 형식의 개방형 정책위원 모임을 개최했다. 자원봉사와 관련된 이론과 현장 모두 사회환경 변화를 이해하고 이에 적응할 필요가 있다는 취지에서였다. 월례포럼은 자원봉사 현안과 관련된 도서를 선정하여 참고도서의 주요 내용을 중심으로 자유발언대를 여는 형식으로 진행되었다. 책에 수록된 내용을 바탕으로 서로 의견을 공유하고 토론하는 자리를 통해 한국 자원봉사의 발전에 관심을 가진 이들의 발언과 지혜를 모으는 것을 목표로 하였다. 주제와 관련하여 가능한 한 많은 의견을 취합하기 위해 회원과 비회원 여부에 관계없이 모두 참석할 수 있게 하였다.

첫 시작으로 2019년 5월 31일 강원도 홍천의 어쩌다인문도서관에서

"자원봉사는 존엄이다"라는 주제로 포럼을 열었다. 이인우 사회적경제 지역화연구소 대표 겸 한국자원봉사포럼 이사와 홍성호 한국자원봉사 포럼 이사가 발제를 맡았다. 문유미 경기대 일반대학원 초빙교수 겸 한국자원봉사포럼 이사와 신성국 사회적기업 허그인 대표가 패널토론자로 참여하여, 인간 존엄 (human dignity) 의 자원봉사와 그 현재성을 논하는 방향에서 자원봉사의 가치와 철학에 대한 의견을 나누었다.

2019년 7월 24일에 열린 제170회 월례포럼에서는 독일의 신경생물학자이자 뇌과학자인 게랄트 휘터가 저술한 《존엄하게 산다는 것》을 참고도서로 지정하여 인간의 존엄한 삶과 자원봉사에 대하여 논의하였다. 이인우 사회적경제지역화연구소 대표가 좌장을 맡고, 자유발언대 형식으로 참석자 15명이 모두 토론에 참여하였다.

2) 추진 내용

"책과 토론이 있는 수요일"은 국가 주도의 제도와 조직으로 자원봉사의 시야가 좁아지는 한계 상황에서 자원봉사의 본질적 주제인 '사람 중심의 자원봉사'를 화두로 지정토론자 없이 월 1회 자원봉사의 순수성과 미래를 논의하는 자유토론회를 지향하였다.

2019년 8월 21일에 열린 제171회 월례포럼은 진희선 한국자원봉사포럼 이사의 저서 《가치를 만드는 사람들》을 중심으로 저자와의 대화 형식으로 진행되었다. 저자인 진희선 경희대 공공대학원 객원교수가 발제를 맡았다. 한국의 사회혁신기업 및 사회적 경제조직, 관계자들이 만들어가는 사회적 가치에 대하여 논의하는 자리였다.

9월 18일, 제173회 월례포럼에서는 김상근 연세대 교수의 저서 《천재들의 도시 피렌체》를 참고도서로 지정하여 창조의 시대와 시대적 요구, 공동체의 믿음에 대하여 논의하였다. 선정도서와 관련한 영상 시청, 자유토론의 형식으로 진행되었다.

10월 16일, 제174회 월례포럼에서는 앤 그루브(Ane Grubb)와 라스 코프 헨릭슨(Lars Skov Henriksen)이 2019년에 발표한 논문 "덴마크의 공민환경 변화와 공민행동의 영향"(On the Changing Civic Landscape in Denmark and Consequences for Civic Action)을 지정하여 자원봉사와 공민적 행동 간 관계의 변화에 대한 국가별 사례분석을 살펴보았다.

11월 13일, 제176회 포럼에서는 최일섭 서울대 명예교수가 지은 《사회복지개론》을 참고도서로 선정하였다. 제174회 월례포럼에 이어 스칸디나비아 제반 국가들을 살펴보고, "복지국가의 세계적 동향과 한국의 시사점"을 주제로 복지국가의 위기와 재편과정을 알아보았다. 한국자원봉사포럼 초대 회장인 최일섭 교수의 발제로 자유토론회 형식으로 진행되었다.

2020년 1월 15일, 제179회 월례포럼에서는 한국자원봉사포럼 명예 회장인 김경동 서울대 명예교수가 발제를 맡아 그의 신간 《사회적 가치: 문명론적 성찰과 비전》을 텍스트로 선정하고 특강 및 저자와의 대화를 진행했다.

2020년 5월 20일, 제180회 월례포럼에서는 스티븐 포스트와 질 니마크가 지은 《왜 사랑하면 좋은 일이 생길까》를 참고도서로 선정하여 자원봉사를 통한 헬퍼스 하이(Helper's High)의 영향력에 대해 논의하였다. 코로나 19로 인해 줌 클라우드 미팅 방식으로 온라인상에서 진행되었다. 조기원 한국자원봉사포럼 이사 겸 캐나다 크리스찬칼리지 코칭학과 교수가 발제를 맡았다.

3) 월례포럼의 의의

한국자원봉사포럼은 월례포럼 "책과 토론이 있는 수요일"을 통해 자원봉사의 가치와 철학, 글로벌 이슈 및 자원봉사 동향에 관해 심도 있는 토론을 지향하였다. 특히 인간 중심의 자원봉사, 일상의 존엄성 회복, 창조의 시대에 필요한 시대정신과 공동체적 믿음, 사회적 가치와 관련한 자원봉사의 가치에 대해 철학적 담론을 나누었다. 나아가 월례포럼은 빠르게 변화하는 한국 사회에서 자원봉사 이론과 현장이 사회 변화를 어떻게 이해하고 어떤 방식으로 적응해야 하는지 방향을 제시하고자 했다. 이를 위해 인문학적 통찰과 현안 과제, 장기 비전에 대한 새로운 질문을 생산하고 대안을 모색하는 자유토론장의 역할을 했다.

제 4 부

한국자원봉사포럼의
연구사업 및 출판·홍보활동

제15장 　　　　　　　　한국 자원봉사
　　　　　　　　　　　　발전을 위한 연구사업

1. 1기 연구사업(2007~2010)

1) 서울지역 자원봉사센터의 지역사회
네트워크 실천모델 구축 방안 연구(2007)

자원봉사 지역사회 네트워크 구축에 있어 자치구 자원봉사센터가 지역사회 네트워크의 중심에서 다양한 자원봉사활동의 공급과 수요를 지역단위별로 조정하고 관리할 수 있는 네트워크 거버넌스 차원의 관리자로서의 역할수행이 매우 시급하다. 이에 자치구 자원봉사센터를 중심으로 한 지역사회 네트워크의 현황을 파악하고, 자치구 자원봉사센터가 지역사회 네트워크의 허브로서 자율적인 지역사회 네트워크를 구축하며, 이를 조율하고 지원할 수 있는 자치구 자원봉사센터의 지역사회 네트워크의 실천적 모델방안을 모색하는 데 목적을 두고 연구를 진행하였다.

서울시 25개 자치구 자원봉사센터 및 5개 우수센터 그룹과 네트워크를 맺은 대표적 기관에 대해 구조화된 설문조사를 실시하였다. 또한 네트워크 관련 문헌과 선행연구를 분석하였고 포커스그룹 인터뷰, 우수그룹의 부문별 수요기관 심층인터뷰 등을 실시하였다.

자원봉사센터의 네트워크는 구청, 보건소, 사회복지부문, 중고등학교, 개신교, 언론과의 접촉이 높은 것으로 드러났다. 한편 교육청, 여성회관, 대학교, 초등학교, 천주교, 불교와는 접촉 빈도가 낮았다. 이 기관들로부터 실제로 도움받은 부분은 대부분 봉사자 모집, 연계, 자원발굴과 관련 있었으며, 공공부문은 예산과 사업개발에서 도움을 받았다. 네트워크를 방해한 요인은 센터에 대한 이해와 인력 부족으로 나타났다. 또한 각 부문별 다양한 네트워크 형성, 자원봉사센터의 직원 수, 센터장의 마인드, 자치구 자원봉사센터의 조직효과성, 자원봉사센터 역할의 이해도가 지역사회 네트워크에 영향을 끼치는 것으로 나타났다.

연구책임자는 최일섭 성신여대 심리복지학부 교수였다. 공동연구자는 송민경 경기대 청소년학과 교수, 유길준 전주기전대 사회복지과 교수, 신정애 한국자원봉사포럼 사무국장, 정희선 서초구자원봉사센터 소장이었다. 연구보조는 김윤민 한국자원봉사포럼 간사가 참여했다.

2) 자원봉사 인정프로그램 실태조사 및 모형개발 연구(2008)

자원봉사 인정보상의 의미와 범위, 기준과 방법의 상이성에 따라 자원봉사관리 조직 간 또는 자원봉사자 간에 형평성의 문제가 제기되었다. 따라서 공식적 인정보상을 시행하려면 자원봉사활동 경력인증의 방법과 기준에 대한 합의된 내용이 필요함을 인식한 것이 연구의 계기가 되었다.

한국자원봉사포럼은 이 연구를 통해 자원봉사 인정프로그램 관련 규정을 분석하고 유관단체의 자원봉사 인정프로그램 시행실태를 조사했으며, 자원봉사자를 대상으로 인정의 경험을 조사하였다. 전국 규모로 238개 자원봉사센터와 70여 민간단체, 사회복지기관 300여 곳, 자원봉사자 1,250여 명을 대상으로 조사를 실시하였다.

그리고 '자원봉사 인정보상 시행 가이드라인'과 '자원봉사활동 시간 인증을 위한 가이드라인'을 제안하였다.

책임연구원은 정진경 광운대 행정학과 교수였다. 공동연구원은 남기철 동덕여대 사회복지학과 교수, 신정애 한국자원봉사포럼 사무국장, 권은선 서울대 박사 수료였다. 연구보조원은 한세리 한국자원봉사포럼 간사 등이 참여했다.

3) 노인자원봉사활동 실태조사 및 활성화 방안 연구(2009)

노인인구가 증가하고 평균수명이 늘어나면서 고학력의 건강하고 경제적 여유가 있는 노인들이 증가하여 자원봉사활동 참여인구 중 노인자원봉사자가 차지하는 비율 역시 점차 증가하는 추세이다. 향후 이러한 현상은 지속될 것으로 전망되므로, 현시점에서 노인자원봉사활동의 참여 현황과 지원 현황 등에 대한 종합적이고 전체적인 실태조사가 필요하다. 이에 연구진은 현황 조사를 통해 노인자원봉사활동 관리ㆍ지원체계 현황과 문제점을 파악하고, 노인자원봉사활동 활성화를 위한 중장기적 발전방안을 제시하고자 하였다.

이를 위해 문헌분석과 질적 조사를 진행하고, 노인 관련 기관 205개와 노인 1,300여 명을 대상으로 설문조사를 실시하였다. 그리고 노인 자원봉사활동 활성화 전략으로 노인봉사 참여 확대 방안의 맞춤형 추진, 정부와 민간의 기능 구분과 내용상의 파트너십, 노인자원봉사활성화 추진 거점조직의 육성 등을 제시하였다.

세부적으로 살펴보면, 노인자원봉사활동에 대한 긍정적 사회인식을 확산하고, 공·사 기관 퇴직자 프로그램에 자원봉사교육 및 정보를 제공하며, 전문직과 퇴직자 중심의 봉사단을 발굴하고 지원하는 것이 필요하다고 밝혔다. 또한 정부의 노인자원봉사 체계를 조직화하고, 관리자 역량을 강화하는 것의 중요성을 강조하였다.

책임연구원은 정진경 광운대 행정학과 교수였다. 공동연구원은 박화옥 강남대 사회복지학부 교수, 이창호 남서울대 사회복지학과 교수, 권은선 서울대 사회복지학과 박사과정이었다. 연구보조원은 이현미 한국노인인력개발원 연구원, 한세리 한국자원봉사포럼 간사가 참여하였다.

4) 지속가능한 재능나눔운동의 발전모형연구: "재능을 나눕시다" 캠페인을 중심으로(2010)

연구의 목적은 재능을 나눕시다 캠페인을 기반으로 한 지속가능한 전문자원봉사활동의 활성화를 위해 재능나눔운동의 정착 방안을 마련하는 데 있다. 이를 위해 기관 및 프로젝트별 자원봉사 네트워크 운영현황을 파악하고, 재능을 나눕시다 캠페인에 대한 전반적 평가분석을 실시하며, 지속가능한 전문자원봉사활동 활성화를 위한 재능나눔운동의 발전모형과 정착방안을 제시하고자 하였다. 연구방법으로는 재능을 나눕시다 캠페인의 현황 파악을 위해 내용분석을 진행하였고, 캠페인에 참여한 기관 및 개인을 대상으로 설문조사와 면접조사를 실시하였다.

연구 결과, 재능나눔운동본부는 한국자원봉사협의회 산하기구로 운영되었음을 확인했다. 그러므로 한국자원봉사협의회는 더 확고한 정체성을 확립하여 전국의 자원봉사센터 및 민간단체와의 유대관계 강화를 통해 민간단체들의 허브가 되어야 할 것이다. 또한 한국자원봉사협의회는 정부, 한국자원봉사센터중앙회, 민간자원봉사단체, 시민운동계와의 관계를 정립할 필요가 있다. 지속가능한 재능나눔운동으로 발전하려면 재능나눔운동이 우리 사회의 긍정적 성장을 도울 수 있도록 중장기적 관점에서 생산적 방향을 모색하는 것이 중요하다. 현재는 협력운영 모델이나, 단기적으로 한국자원봉사협의회 중심모델로 가되, 장기적으로는 독립적 운영모델로 자리매김해야 할 것이다.

책임연구원은 송민경 경기대 청소년학과 교수였다. 공동연구원은 김서용 아주대 행정학과 교수, 김선희 경기복지재단 책임연구원, 신정애 한국자원봉사포럼 사무총장, 왕재선 아주대 공공정책대학원 교수, 조남억 광운대 상담복지정책대학원 교수였다. 연구보조원은 경기대 청소년학과의 유현미, 한세리 한국자원봉사포럼 대리가 참여했다.

5) 국격제고를 위한 한국의 자원봉사 활성화 방안 연구(2010)

'나눔과 봉사'의 정신이 중요해지면서 일상 속 실천을 통해 양극화 해소 및 사회통합을 이루어 나가야 한다는 공감대가 형성되었다. 이는 결과적으로 대한민국의 문화 수준과 품격을 한 단계 업그레이드함으로써 선진강국이 되기에 앞서 '지속발전 가능한 대한민국'을 만드는 새로운 원동력이 되었다.

그러나 이러한 작업은 충분히 성과를 거두지 못하였다. 자원봉사의 경우 법 제정 이후 정부 부처 및 지방자치단체에서 오히려 관변화, 제도적 무관심, 지원 축소 등과 같은 다수의 부정적 사례가 속출했다. 현 제도에 대한 전반적 평가, 수정, 보완 등이 필요한 상황에 이르렀다.

이에 나눔과 봉사활동 전반에 대한 조사·연구를 바탕으로 국가 차원의 새로운 중·장기 전략 수립의 필요성이 제기되었다. 따라서 민간주도의 나눔과 자원봉사 문화운동을 더 활성화함으로써 대한민국의 국격을 제고하기 위한 새로운 전략과 방향을 제시하고자 하였다. 이를 위해 선행연구 문헌조사와 자문회의를 통해 한국자원봉사활동과 정책의 현황을 분석하고 제도적 문제점과 개선방향을 살펴보며 국가 차원의 활성화 모델을 제시하였다.

연구 결과, 민간주도의 자원봉사 활성화를 위해 자원봉사의 민간 인프라와 정부의 지원 인프라를 확립하고, 공무원 자원봉사 전문인력 양성 및 자원봉사 프로그램을 개발하며, 중고교 봉사학습을 도입하고, 재난구호 국가봉사체계를 확립해야 함을 확인했다. 또 앞으로 정부는 민간자원봉사계와 국가 5개년 기본계획안 및 시행상황을 점검해야 하며, 민간자원봉사계와 적절한 관계를 설정하는 것이 중요함을 강조했다.

책임연구원은 김경동 KDI 국제정책대학원 교수 겸 한국자원봉사포럼 회장이었다. 공동연구원 이창호 남서울대 사회복지학과 교수, 주성수 한양대 공공정책대학원 교수, 구혜영 한양사이버대 사회복지학과 교수였다. 연구보조원은 홍만희 한국자원봉사협의회 부장, 한세리 한국자원봉사포럼 대리가 참여했다.

2. 2기 연구사업(2011~2015)

1) 안산시 자원봉사 활성화를 위한 환경 조사연구(2011)

자원봉사센터는 유기체적 조직으로 제도적 환경, 경제적 및 사회적 환경이 자원봉사센터 운영 특성에 영향을 미치며, 자원봉사센터 활성화는 지역 자원봉사 활성화와 직결된다. 이 연구는 안산시 지역사회 및 제도적 환경, 안산시자원봉사센터의 조직구조와 기능을 파악해 자원봉사센터 운영모델을 제시하는 것이 목적이다. 연구방법으로는 안산시 및 안산시자원봉사센터 보고서와 자료, 국내외 문헌을 분석하고, 안산시민 자원봉사 의식조사 및 센터 관계자 포커스그룹 인터뷰를 실시했다.

연구 결과, 안산시 자원봉사 활성화를 위해 자원봉사센터는 사단법인으로서의 정관과 센터운영 지침의 세부내용을 마련해야 한다. 또한 부서별·업무별·지위별 직무설계를 세분화하고, 지역사회 자원봉사 수요조사 확대와 일감을 마련하는 것이 필요하다. 자원봉사 관련 단체의 욕구조사와 네트워크 자원을 활용하고, 신규 잠재적 자원봉사그룹 참여를 위한 이벤트를 마련하는 것도 필요하다.

연구진으로는 책임연구원 정진경 광운대 행정학과 교수, 공동연구원 신정애 한국자원봉사포럼 사무총장, 연구보조원 한수진 광운대 행정학과 박사수료, 연구보조원 한세리 한국자원봉사포럼 대리가 참여했다.

2) 사회통합을 위한 나눔과 배려문화 제고 방안 연구:
   노블레스 오블리주 실천과 재능나눔을 중심으로(2011)

한국자원봉사포럼은 자원봉사를 근간으로 사회적 약자에 대한 보살핌과 사회지도층의 노블레스 오블리주 실천이 사회갈등을 완화하고 시민공동체적 관계를 회복하는 유의미한 범국민적 나눔활동이라고 보았다. 사회를 통합하고 국민인식을 개선하기 위해 노블레스 오블리주 실천운동은 앞으로 확대, 지속되어야 할 것이다. "사회통합을 위한 나눔과 배려문화 제고 방안 연구"는 이러한 맥락과 맞닿아 있다.

이 연구는 사회통합에 관한 이론적·실천적 접근을 분석하고, 나눔과 배려문화 제고를 위한 자원봉사운동의 사회적 의의와 역할을 강조했다. 또한 사회통합을 위한 자원봉사의 주요 정책과제를 진단하고, 공생발전의 초석으로서 민간자원봉사 역량을 강화하는 민관산학 자원봉사 협력운영 모형을 제안하였다.

민간영역의 시민사회, 기업, 언론, 학계 등이 자원봉사활동에서 자생력을 강화시켜 공동체자본주의 실현에 한발 더 다가가고, 이로써 사회적 갈등을 완화하고 나눔과 배려문화를 생활화하는 데 연구의 목적이 있다.

연구진으로는 책임연구원 김경동 KAIST 경영대학 초빙교수 겸 대한민국학술원 회원, 공동연구원 이창호 남서울대 사회복지학과 교수, 송민경 경기대 청소년학과 교수, 신정애 한국자원봉사포럼 사무총장, 연구보조원 한세리 한국자원봉사포럼 간사가 참여했다.

3) 농어촌 재능나눔 활성화를 위한 민관산학 협력모형 개발연구(2012)

한국자원봉사협의회가 주최하고 한국자원봉사포럼이 주관한 재능나눔운동은 2010년부터 2015년까지 5년간 진행되었다. 이 운동의 반향이 전국적으로 확산되자 농어촌 지역의 유관기관에서도 재능나눔에 관심을 보이기 시작함에 따라 농어촌 재능나눔운동은 다양한 사회 주체, 즉 민관산학이 참여하는 운동으로 확산되는 계기를 마련했다.

수직적 연대와 수평적 연대가 공존하는 운동, 공급자 중심이 아닌 지역주민의 자발적·자생적 역량을 강화하는 운동으로 기본방향을 정한 것도 이러한 배경이 작용했기 때문이다. 지금까지의 관주도에서 탈피하여, 농어촌 주민들의 삶의 질을 향상시키고 행복한 삶에 대한 다양한 환경적 조건을 어떻게 충족시킬 것인지가 핵심이다. 이를 위해 농어촌 재능나눔운동을 통해 진정한 마을공동체를 회복하고 활성화하며, 지역주민자치를 실현하는 것이 이 연구의 목적이다.

농어촌 재능나눔운동 구축의 주요 내용별 실천전략은 첫째, 정부조직과의 협력관계 구축, 둘째, 주민참여의 활성화, 셋째, 정보공유를 위한 정보통신망 구축이다. 현재 한국의 현실에서는 지역주민의 적극적 참여와 민관 지역복지 전문가의 주도적 활동, 그리고 지역자원을 가진 기업의 참여가 동시에 이루어질 때 시너지를 낼 수 있다. 여기에 지역사회 내의 연구소나 대학을 플랫폼으로 하여 민관산학이 협력모형의 구심점 역할을 수행하고, 다양한 연구기관들의 협력적 역학구조에서 나올 수 있는 갈등구조를 조정할 뿐만 아니라, 지역의 어젠다를 이끌어내어 지속적 발전을 추구하는 방향으로 연구가 추진되었다.

연구진으로는 책임연구원 김경동 서울대 명예교수 겸 한국자원봉사

포럼 회장, 공동연구원 송민경 경기대 청소년학과 교수, 신정애 한국자원
봉사포럼 사무총장, 주경희 한신대 사회복지학과 교수, 김선희 서원대 행
정학과 교수, 연구보조원 이향선 한국자원봉사포럼 간사가 참여했다.

4) 교회와 지역자원봉사센터 연계활성화를 위한
   협력모형 개발연구(2012)

오늘날 개신교 교회는 한국뿐만 아니라 전 세계적으로 위기적 상황에
직면하고 있다. 이런 인식 아래 한국 개신교회가 과연 어떤 모습으로
존재해야 하고, 무엇을 어떻게 해야 하는지 성찰하면 지역사회의 바
람직한 공동체 문화에 기여해야 한다는 명제에 맞닥뜨리게 된다. 풍
부한 자원을 확보한 지역사회 교회와 전문성과 체계성을 갖춘 자원봉
사센터 간의 연대와 협력을 통해 지역사회 공동체의 요구에 응답할 수
있는 계기를 마련하는 것이 연구의 목적이다.

　지역의 교회가 자원봉사센터와 네트워크화하여 지역사회의 필요에
따른 자원봉사를 공동 관심사로 공론화하고 스스로 앞장서 봉사활동
을 생활화함으로써 공공성의 복원과 지역사회 삶의 질을 향상시키는
데 연구의 필요성이 있다.

　연구진으로는 책임연구원 김경동 한국자원봉사포럼 회장 겸 서울
대 명예교수, 부책임연구원 이금룡 상명대 가족복지학과 교수, 공동
연구원 이범성 실천신학대학원대학교 교수, 정재영 실천신학대학원
대학교 교수, 이화옥 강남구자원봉사센터장, 김종생 한국교회희망봉
사단 사무총장, 신정애 한국자원봉사포럼 사무총장, 연구보조원 한
세리 한국자원봉사포럼 대리가 참여했다.

5) 재능나눔운동 활성화를 위한 컨설팅사업 및 운영모델 개발(2012)

한국자원봉사협의회가 재능나눔캠페인을 모체로 성공적인 전국 차원의 재능나눔운동으로 확산하고 내실을 기하려면 재능나눔 네트워크 관련 단체의 조직과 사업역량을 강화하고, 체계적 사업컨설팅이 제공되어야 한다는 점에서 운영모델 개발의 필요성이 대두되었다.

특히 재능나눔운동의 현장성을 강화하려면 지역자원봉사센터의 역량이 강화될 수 있도록 재능나눔 전문인력의 양성 및 역량강화, 이들에 대한 다각적이고도 체계적인 재능나눔 사업컨설팅이 제공될 필요가 있다.

연구진으로는 책임연구원 송민경 경기대 청소년학과 교수, 공동연구원 김선희 서원대 정치행정학과 교수, 신정애 한국자원봉사포럼 사무총장, 안승화 충남자원봉사센터장, 이향선 한국자원봉사포럼 간사가 참여하였다.

6) 농도교류형 재능나눔운동 성공모델 개발연구(2013)

농도교류형 재능나눔은 농어촌지역의 마을공동체를 회복함으로써 마을경제의 활성화, 현실적으로 낙후된 농어촌 마을의 복지향상, 지역공동체 형성을 통한 마을의 활성화 등을 목적으로 한다. 그러나 실제로 이러한 목적을 달성하려면 농어촌 지역마을만의 노력으로는 한계가 있다. 지역적으로 고립되어 있는 마을 주민들이 지역발전을 위해 얻을 수 있는 정보와 자원에 한계가 있기 때문이다.

이에 한국자원봉사포럼은 지역단위 재능나눔운동의 실태를 파악하고, 마을 만들기 사례분석을 통한 성공 및 저해요인은 무엇이며, 향후 지역단위를 중심으로 지속가능한 농어촌 재능나눔운동의 성공모델은 무엇인지에 대한 심층분석을 실행하고자 했다. 연구방법으로는 지역단위 농어촌 마을 만들기 운동의 의미와 농어촌 활성화 및 농어촌공동체의 복원을 위한 농어촌 재능나눔운동의 의의와 과제를 중심으로 문헌고찰을 하였다. 또 농도교류형 재능나눔운동 실태조사 및 실증사례 분석을 위해 FGI 분석, 관계기관의 내부자료 활용 및 현황 파악을 실시했다.

연구 결과, 도농교류 재능나눔 실행모델 사례의 성공요인은 다음과 같다. 첫째, 지역발전 비전 설정, 테마 발굴, 활성화 방향 및 추진전략의 수립, 둘째, 지역주민들의 주체역량 강화 및 긍정적 마인드 형성, 셋째, 마을의 언론홍보를 활용한 농촌체험관광 등 사회경제 활성화 전략 추구, 넷째, 농촌영향평가를 통해 마을에 투자되는 사업들의 종류별 영향평가 및 우선순위 선정별 추진방향 설정, 다섯째, 주민들의 역량 강화로 다양한 정부사업 수주 시행, 여섯째, 지역주민의 정부정책의 성공적 추진 및 신뢰도 향상, 일곱째 다양한 농특산물의 개발, 여덟째, 지역사회 거버넌스 형성 등이다.

연구진은 연구자문 장석준 한국자원봉사포럼 회장 겸 한서대 부총장, 책임연구원 송민경 경기대 청소년학과 교수, 공동연구원 신정애 한국자원봉사포럼 사무총장, 김선희 서원대 행정학과 교수, 왕재선 아주대 행정학과 교수, 연구보조원 이향선 한국자원봉사포럼 간사가 참여했다.

7) 자원봉사 및 나눔 활성화를 위한 법·제도 개선연구(2015)

시민사회의 성숙과 경제발전에 따라 자원봉사와 나눔의 중요성이 부각되고 양자의 효율적 융합의 필요성이 대두되고 있다. 이에 자원봉사활동 주체, 방식 및 영역 다양화 요구 증대, 시민사회 문제해결과 자원봉사 진흥에 기여할 수 있도록 자원봉사 지원조직의 기능과 역할을 재정립할 필요가 있다. 또한 범국민적 자원봉사 문화의 확산과 활성화를 위해 현행 법·제도의 개선과 인프라 확대의 필요성이 제기되고 있다. 전통적 자원봉사 영역 및 관주도 지원체계가 한계에 다다름에 따라 새로운 자원봉사 패러다임으로의 전환이 필요하다는 인식을 바탕으로, 자원봉사 및 나눔 활성화를 위한 정책개선 방안을 제시하고, 자원봉사활동기본법 개정안을 마련하고자 했다.

연구방법으로는 선행연구 문헌 및 관련 자료 검토 후 시사점을 도출하고, 연구자문단 운영, 해외 및 국내 관련 자료를 수집하고 분석했다. 전문가 간담회 및 주요 이해관계자 FGI를 진행하고, 자원봉사센터 및 관계기관 간담회 실시와 성과 세미나를 통해 민간자원봉사계 합의를 도출하였다. 이를 토대로 법·제도 및 인프라, 운영체계를 구축하였다.

연구 결과, 분야별 개정 방안으로, 자원봉사 개념 정의와 기본원칙을 수정하고, 자원봉사활동기본법 명칭을 변경해야 한다. 자원봉사활동 범위를 확장하고, CSR 활동과 연계해야 한다. 자원봉사 진흥위원회의 역할과 기능을 강화하고, 기존의 법 17조에 명시된 기능을 충실히 하기 위해 한국자원봉사협의회의 기능을 강화하며, 활동을 수행할 수 있도록 필요한 경비의 전부 또는 일부를 보조해야 한다.

연구진으로는 책임연구원 이성철 남서울대 교수, 공동연구원 송민경 경기대 교수, 김선아 숭실대 교수, 신정애 한국자원봉사포럼 사무총장, 연구보조원 서은혜 한국자원봉사포럼 간사가 참여했다.

3. 3기 연구사업(2016~2018)

1) 자원봉사의 NEW 패러다임 연구(2016)

2015년 한국자원봉사포럼 창립 20주년을 맞으며 민간자원봉사운동 20년 역사를 뒤돌아보고 향후 자원봉사 재도약의 방향을 제시하기 위해 "자원봉사 종합혁신을 위한 패러다임 재구축 방안 모색" 연구를 시도하였다. 이는 한국자원봉사포럼 회원을 비롯한 시민사회 자원봉사계의 집단지성을 한데 모으는 작업이었다.

그리고 2016년 초에 총 13명의 저자가 참여해 그간의 논의들을 《자원봉사의 NEW 패러다임》이라는 한 권의 책으로 엮는 작은 결실을 맺었다. 이 책은 지난 20여 년간의 자원봉사활동을 성찰하고 향후 방향을 설정하는 데 중간 정리의 기능을 한 것이 큰 의미가 있다는 평가를 받았다.

연구진은 김경동 서울대 명예교수 겸 대한민국학술원 회원, 송민경 경기대 교수 겸 한국자원봉사포럼 이사, 김성준 제주대 교수 겸 한국자원봉사학회장(연구총괄), 민기 제주대 교수 겸 헌법재판소 제도개선위원, 정희선 한국자원봉사문화 사무총장, 주성수 한양대 교수 겸 한양대 제3섹터연구소장, 홍성호 한국자원봉사포럼 감사 겸 어쩌다

인문도서관 관장, 이금룡 상명대 교수, 박정수 이화여대 교수 겸 국민경제자문위원, 김재구 명지대 교수 겸 한국기업경영학회장, 정무성 숭실사이버대 부총장 겸 한국 NPO 학회 회장, 김도영 CSR 포럼 대표 겸 SK 브로드밴드 팀장, 민영서 스파크 대표 겸 한국자원봉사협의회 미래기획위원장이다.

2) 월드프렌즈 청년 중기봉사단 발전방안 연구: 특성화와 경쟁력 강화를 위한 봉사활동 콘텐츠 개발을 중심으로(2016)

대한민국 해외봉사단원 파견사업은 1990년 9월 아시아 4개국에 40명을 유네스코 한국위원회를 통해 파견하면서 시작되었다. 월드프렌즈 청년 중기봉사단 사업은 2014년에 출발하여 1기 104명을 파견하였고 2015년에는 2기 154명을 파견하였다.

이 연구는 청년 중기봉사단의 해외파견 발전방안을 모색하기 위해, 월드프렌즈 청년 중기봉사단의 현황진단 및 국내외 유사 프로그램과의 비교분석을 통해 현안과제와 시사점을 도출하고, 봉사활동 콘텐츠를 개발하는 작업이 기획되었다. 또한 월드프렌즈 청년 중기봉사단 운영방안을 마련하고 봉사단 선발, 교육, 봉사활동 콘텐츠 특화 방향, 봉사활동 콘텐츠 개발을 위한 협력방안을 제시하는 것이 연구의 목적이다.

이를 위해 문헌조사 외에 중기봉사활동 현황분석과 봉사단원 및 관계자 대상 설문조사 및 해외봉사현장 방문조사를 실시하였다. 또한 국내 유사 중기봉사활동 단원 및 운영자, 봉사활동 전문가들을 대상으로 FGI와 세미나를 개최하여 의견을 수렴하였다. 이를 통해 파악된 시사점 및 발전방안을 요약하면 다음과 같다.

단원들의 역량강화와 전문성 강화를 위한 교육 및 공급자와 수요자 모두를 만족시키는 현지봉사활동 프로그램이 요구된다. 이 연구에서는 파견국별 중기봉사단 활동을 SDGs를 기반으로 분석했으며, SDGs에 근거한 중기봉사활동의 성과관리 논리모델을 제안했다. 또한 중기봉사활동 중 SDGs에 근거한 현지수요맞춤형 봉사활동 콘텐츠의 우수 사례를 발굴하고, 현지개발사업과 연계한 BLfG 관련 봉사활동 콘텐츠 등을 개발했다. 마지막으로 중기봉사단의 운영발전을 위해 한국대학사회봉사협의회의 지향과 역할, 중기봉사단 운영인력관리, 단원선발, 사전교육, 단기봉사단과의 연계방안, 평가체계 전환, KOICA와 현지진출 기업의 CRS 활동과 연계운영 등의 방안을 제안했다.

연구진은 책임연구원 이성철 남서울대 교수 겸 기획실장, 공동연구원 김한겸 고려대 의대 교수, 송민경 경기대 부교수, 이은승 남서울대 부교수, 신정애 한국자원봉사포럼 사무총장, 신주혜 서울대 글로벌 사회공헌단 선임전문위원, 연구보조원 서은혜 한국자원봉사포럼 간사가 참여하였다.

3) 지역사회 자발적 네트워크 맥락으로 본 프로그램 평가연구(2017)

이 연구는 2017년 한국자원봉사포럼이 개발한 "재능나눔을 통한 저소득 취약계층 가족의 문화예술 활동 및 여가문화지원 프로그램" 참가자들의 프로그램 참여 과정과 프로그램의 효과성을 평가하기 위해 프로그램에 참여한 다양한 주체들의 경험을 질적 사례연구로 접근하여 파

〈지역사회 자발적 네트워크 맥락으로
본 프로그램 평가연구〉(2017)

악하고자 했다. 이를 위해 한국자원봉사포럼, 재능나눔 프로그램에
참여한 아동·청소년, 학부모, 중간거점 실무책임자, 멘토봉사단 등
총 42명을 대상으로 개별 심층면담과 FGI를 수행하여 분석하였다.

분석 결과, 아동·청소년 개별 심층면담은 44개의 개념, 11개 하위
범주, 4개 범주, 중간거점기관 실무책임자 FGI는 62개 개념, 13개 하
위범주, 4개 범주, 학부모 FGI에서는 57개 개념, 13개 하위범주, 4개
범주를 도출했다. 참여자들의 프로그램 만족도 조사에서 아동·청소
년은 평균 4. 1, 학부모 집단은 평균 4. 6의 높은 점수가 나타났다.

참여자들의 참여경험에 대한 질적 평가를 구체적으로 살펴보면 다
음과 같다. 참여자들의 참여동기는 "한 문이 닫히면 다른 문이 열린
다", "지역사회 가족기능 복원의 첫 삽을 뜸", "문화 빈곤이라는 경계
허물기", "담쟁이넝쿨처럼 더불어 사는 삶을 위하여" 등으로 나타났
다. 참여자들의 프로그램 평가는 "호모루덴스처럼 놀면서 배우고 성

장함", "지역문화예술 인프라를 구축함", "상상이 현실이 되는 변화를 마주함", "작은 울림이 큰 변화를 창출하다", "가족관계가 향상되면서 삶의 만족도가 높아짐", "자녀의 꿈을 이룰 수 있는 마중물이 됨", "세상을 변화시키는 작은 밀알의 힘" 등이었다. 프로그램에 대한 기대 및 제언은 "꿈이 현실이 되길 기대함", "지역네트워크에 기반한 중간플랫폼 구축과 협업을 기대함", "쉼표가 있는 가족힐링 프로그램을 기대함", "멘토링을 통한 지역사회의 변화를 기대함" 등이었다.

이러한 연구 결과를 토대로 사회복지 실천현장에서 저소득 취약계층 삶의 질을 향상하기 위한 문화예술 활동 및 지역문화 프로그램 활성화와 효과성 향상 방안을 제언하였다.

연구진으로는 연구자문 최일섭 서울대 명예교수, 책임연구원 김은재 중앙대 사회복지대학원 외래교수, 공동연구원 신정애 한국자원봉사포럼 사무총장, 연구보조원 우현영 한국자원봉사포럼 프로젝트매니저가 참여하였다.

4) 저소득·취약계층 가족의 삶의 질 향상을 위한 여가문화지원 프로그램 효과성 평가 연구(2018)

이 연구는 2017년 한국자원봉사포럼이 3년 장기사업으로 기획한 "나눔과 꿈 사업, 재능나눔을 통한 저소득 취약계층 가족들의 문화예술 활동 및 여가문화지원 프로그램: 가족의 재발견" 2차 연도 프로그램의 효과성을 평가하기 위한 질적 사례연구이다. 연구방법으로는 프로그램에 참여한 아동·청소년, 학부모, 중간거점 실무책임자를 참여자로 선정하여 개별 심층면담을 수행하였다.

〈저소득·취약계층 가족의 삶의 질 향상을 위한
여가문화지원 프로그램 효과성 평가 연구〉(2018)

　분석 결과, 아동·청소년 개별 심층면담은 44개 개념, 11개 하위범주, 4개 범주, 중간거점기관 실무책임자 개별 심층면담은 62개 개념, 13개 하위범주, 4개 범주가 도출되었다. 학부모 참여자들의 개별 심층면담은 57개 개념, 13개 하위범주, 4개 범주를 도출되었다. 나눔과 꿈 프로그램에 참여한 전체 아동·청소년 및 학부모 참여자들의 프로그램 만족도를 조사한 결과 아동·청소년은 평균 4. 20, 학부모 집단은 평균 4. 30의 높은 점수가 나타났다.

　참여자들의 경험에 대한 질적 평가를 구체적으로 살펴보면 다음과 같다. 아동·청소년들의 참여경험의 핵심범주는 "호모루덴스처럼 놀면서 배우고 성장하고", "가족과 함께하는 여가문화생활의 힘"으로 나타났다. 학부모 참여자들의 핵심범주는 "자녀를 성장시키는 문화예술의 저력을 실감함", "여가문화를 통한 가족의 재발견", "다다익선이 된 가족여가문화 프로그램"으로 나타났다. 프로그램을 진행한 중간거점기관 책임자들의 프로그램 진행경험, 즉 중간거점기관 참여자들의 참여경험의 핵심범주는 "변화를 추동하는 문화예술의 파워", "가족여가문화활동을 통한 가족의 재발견", "가족단위 여가문화프로그램 다지기", "가족여가문화지원 멘토역할 모티브를 형성함"으로 나타났다.

이러한 연구 결과를 토대로 사회복지 실천현장에서 저소득 취약계층 삶의 질을 향상하기 위한 문화예술 활동 및 여가문화프로그램 활성화와 효과성 향상 방안을 제언하였다.

연구진으로는 연구자문 최일섭 서울대 명예교수, 책임연구원 김은재 중앙대 사회복지대학원 외래교수, 공동연구원 신정애 한국자원봉사포럼 사무총장, 연구보조원 우현영 한국자원봉사포럼 프로젝트매니저가 참여하였다.

제16장

한국 자원봉사 문화 확산을 위한 출판·홍보활동

1. 한국자원봉사포럼 창립 기념자료집 발간

1) 자원봉사포럼 창립 7주년 기념자료집(2001)

한국자원봉사포럼은 1995년 10월 18일 "자원봉사 진흥을 위한 정부의 과제"란 주제로 창립포럼을 개최한 후 격월간, 연 6회 정도 정기포럼을 운영해왔다. 포럼 주제는 자원봉사법 및 선진국의 제도 등에서부터 청소년, 센터, 기업, 재난재해 등 한국 자원봉사계가 당면한 자원봉사 정책·제도 및 활동 이슈들을 모두 포함했다. 예를 들어, 제2회 (1995. 12. 4) 주제는 "중고교 자원봉사활동, 대학입시에 어떻게 반영하나?", 제5회(1996. 7. 1) 주제는 "지역자원봉사센터, 서로 어떻게 조정할 것인가?" 등이다. 특히 1996년 11월 21일에는 창립 1주년 기념행사와 더불어 "96 한국 자원봉사에 대한 회고와 전망"이란 주제로 포럼을 개최하였다.

2) 자원봉사포럼 창립 10주년 기념자료집(2005)

창립 이래 10년간 한국자원봉사포럼의 최대 업적은 물론 총 56회에 걸친 각종 포럼의 실시이다. 또한 포럼 실시 때마다 발표된 발표자와 토론자들의 논문도 중요한 의미를 지닌다. 한국자원봉사포럼은 10년 동안에 그 발표자와 토론자들의 글들을 두 차례에 걸쳐 자료집으로 묶어냈다.

포럼의 첫 논문 자료집은 조해녕 회장 당시인 창립 7주년 기념식 때 펴냈다. 2001년 12월 17일 서울 프레스센터 19층에서 포럼은 송년회 겸 자료집 출판기념회를 갖고 총 767페이지에 달하는 포럼 자료집을 펴냈다. 이 자료집은 제1회 포럼에서부터 제27회 포럼까지 7년간의 주제 발표 논문들을 모두 담았다.

제2차 포럼 자료집은 2005년 10월 18일 프레스센터 국제회의장에서

〈자원봉사포럼 창립 7주년 기념자료집〉(2001)

192

열린 한중일 국제포럼 및 10주년 기념식장에서 배포되었다. 2차 자료
집은 제28회부터 제47회까지의 포럼 발표들을 모은 것으로 총 875쪽
에 달한다. 포럼은 이 두 권의 자료집을 전국의 자원봉사센터 및 단체
에 소정의 비용을 받고 배포하여, 한국 자원봉사계의 10년 역사를 담
은 유용한 자료로 활용토록 돕고 있다.

한국자원봉사포럼 창립 7주년과 10주년 기념자료집에 수록된 주요
포럼에 관한 제반 사항을 정리하면 표 16-1과 같다. 격월간으로 진행
하는 정기포럼의 주된 장소는 서울이었으나, 1997년부터 정기포럼 중
일부는 지방에서 실시한다는 방침하에 틈틈이 지방포럼을 개최해왔
다. 2000년 이후부터는 봄·가을 포럼을 정기적으로 지방에서 실시키
로 하고, 그동안 대구, 부산, 강릉, 안동, 광주, 청주, 춘천 등의 장
소에서 지방 자원봉사센터, 지방자치단체, 언론사들과 함께 지역포
럼을 개최해왔다.

〈자원봉사포럼 창립 10주년 기념자료집〉(2005)

표 16-1 창립 7주년·10주년 기념자료집 수록 주요 포럼

구분	주제	발표자	협력단체	일시 및 장소
창립포럼	자원봉사 진흥을 위한 정부의 과제	이창호 (중앙일보 전문위원)	〈중앙일보〉 삼성사회봉사단	1995. 10. 18
2주년 기념세미나	96 한국 자원봉사에 대한 회고와 전망	성민선 (가톨릭대 교수)	〈중앙일보〉 삼성사회봉사단	1996. 11. 21
제14회 정기포럼	자원봉사활동 지원법의 방향과 과제	이창호 (중앙일보 전문위원)	후원: 국회민주주의실천협의회 행정자치부 한국자원봉사단체협의회 협찬: 삼성사회봉사단	1998. 7. 21 국회의원회관 소회의실
3주년 기념세미나	제2건국과 시민자원봉사	이대순 (호남대 총장)	〈중앙일보〉 삼성사회봉사단	1998. 12. 8 의료보험회관 지하강당
제16회 정기포럼	민간사회안전망 무엇이 문제인가?	최일섭 (서울대 교수)	후원: 삼성사회봉사단	
제22회 정기포럼	IYV 2001 어떻게 대비해 나갈 것인가?	이윤구 (인제대 총장)	후원: 인제대	2000. 12. 1 인제대
제25회 정기포럼	2001 월드컵 자원봉사활동 어떻게 준비해 나갈 것인가?	황인평 (월드컵조직위원회 부장) 김선기 (월드컵문화시민 중앙협의회 과장)	주최: 한국자원봉사포럼 주관: 울산시자원봉사센터 후원: 행정자치부, 울산광역시 삼성사회봉사단	2001. 6. 28 울산광역시 청신관 3층 대회의실
제26회 포럼	SOS(Save Our Sea) 운동과 자원봉사	윤홍복 (SOS 운동본부 사무국장)	주최: 한국자원봉사포럼 주관: 한국바다살리기 자원봉사대행진본부 후원: 강릉시자원봉사센터 행정자치부 삼성사회봉사단	2001. 8. 10 한국통신 강릉전화국 5층 회의실

표 16-1 계속

구분	주제	발표자	협력단체	일시 및 장소
제27회 정기포럼	2001 한국위원회 사업평가 및 자원봉사 정책토론회	서성윤 (한국자원봉사센터협의회장) 정귀옥 (대한적십자사 봉사국장) 박현경 (북부여성발전센터 소장) 임성규 (경기도자원봉사단체협의회 사무처장) 조영진 (울산시자원봉사센터 소장)	주최: IYV 한국위원회 주관: 한국자원봉사포럼 후원: 행정자치부 전국경제인연합회 삼성사회봉사단	2001. 10. 29 전국경제인연합회 3층 제3회의실
제29회 정기포럼	자원봉사 인증제 어떻게 봐야 하나?	김종승 (한국사회복지협의회 부장) 김철휘 (여성부 협력지원과장)	후원: 삼성사회봉사단	2002. 3. 27
제35회 정기포럼	자원봉사 진흥법의 제정과 향후과제	이일하 (굿네이버스 회장) 이재정 (새천년민주당 의원) 이병석 (한나라당 의원)	후원: 삼성사회봉사단	2003. 6. 3
제37회 정기포럼	대학입시에서 봉사활동의 반영현황과 과제	김성이 (이화여대 교수) 황인성 (대학교육협의회 책임연구원)	후원: 삼성사회봉사단	2003. 12. 1
제42회 정기포럼	지원봉사진흥법 제정에 관한 100인 전문가 초청포럼	이창호 (중앙일보 전문위원) 구자행 (한국자원봉사센터협회 사무처장) 이성철 (남서울대 교수)	후원: 삼성사회봉사단	2004. 10. 15~16 오색그린야드

2. *VOLUNTAS* 뉴스레터 발간

1) 창간 배경과 취지

2007년 11월 한국자원봉사포럼은 창립 12주년을 맞아 자원봉사계의 현안과 시의성 있는 정책과제들을 다루는 뉴스레터 *VOLUNTAS*를 발간하였다. *VOLUNTAS*는 자발·자주·자유의지를 의미하는 라틴어로서 '의무감이 아닌 자발적으로 행하는 활동'을 의미하고, 자원봉사(*volunteer*)의 어원이다.

자원봉사운동은 삶의 질 향상과 각종 사회문제를 풀어 나가기 위한 이른바 뉴거버넌스(*new governance*)의 3대 축 중 하나로 자리 잡았다. 그리하여 정부와 지방자치단체로부터 자율성과 순수성, 내실화와 업그레이드의 과제, 봉사자들과 봉사단체, 봉사 관련 기관들과의 시너지 효과 증대라는 과제에 직면했고, 당면 과제를 해결하는 방안으로 *VOLUNTAS*를 제시했다.

*VOLUNTAS*는 전국 자원봉사계의 지도자, 관리자, 자원봉사자와 정책 당국자들에게 자원봉사계의 소식 및 정책제언 등의 정보를 제공하는 기능을 했다. 주요 내용은 한국자원봉사포럼의 활동 소식, 칼럼과 제언, 회원논단, 자원봉사 관련 학계 동향과 저서 소개 등이었다.

2) 오프라인 뉴스레터 발행

2007년 11월, 창간호에는 창간을 기념하여 이제훈 한국자원봉사포럼 회장의 창간사가 실렸고, 한국자원봉사포럼 창립 12주년을 기념하여 "노블레스 오블리주 자원봉사 실천, 어떻게 활성화할 것인가?"라는 주제로 열린 특별포럼과 이어령 전 문화부 장관의 특강 내용이 소개되었다. 또한 이창호 중앙일보 시민사회연구소 전문위원의 칼럼 "자원봉사센터의 관변화를 경계한다", 송현 한글문화원장의 회원논단 "자원봉사란 말은 박물관에 보내야 한다", 구자행 한국자원봉사협의회 사무국장의 "자원봉사활동 진흥을 위한 국가기본계획", "약속은 깨지라고 있는 것이다?" 쟁점 제시 등이 수록되었다.

2008년 2월, 제2호에는 전문가 초청포럼, 제언, 회원논단 등이 실렸다. "새 정부의 자원봉사 정책을 듣는다: 국민통합 차원에서의 자원봉사 정책과 자원봉사운동의 방향"이라는 주제로 이병석 한나라당 경북 포항 북구 의원을 초청하여 전문가 초청포럼을 진행하였다. 플로어 Q&A에서는 새 정부 정책과제에 자원봉사 영역이 빠져 있다는 의견이 제시되었다. 이제훈 전 한국자원봉사포럼 회장은 태안기름유출 사고 이후 시민들의 자발적 참여로 이루어진 '태안의 기적'을 자원봉사 기념관 건립으로 이어가자는 내용을 제언하였다. 회원논단에서는 고진광 학교를사랑하는학부모모임 공동대표가 "우리는 너무 비싼 대가를 치렀다"라는 제목으로 민관합동 재해예방대책기구 마련을 제안하였고, 유흥근 강서자원봉사단 리더십센터 소장이 "진정한 지역자원봉사센터가 아쉽다"라는 제목으로 지방자치단체장으로부터 자유로운 지역자원봉사센터의 필요성을 주장하였다.

2008년 5월, 제3호에는 서해안 살리기 자원봉사 특별포럼, 제58회 정기포럼, 회원논단 등이 실렸다. 서해안 살리기 자원봉사 특별포럼은 "서해안 살리기 자원봉사활동의 의의와 과제"를 주제로 진행되었다. 태안 자원봉사활동과 관련한 언론보도가 본질은 외면하고 자원봉사활동만 부각하는 문제점이 있음을 지적하였다. 제58회 정기포럼은 이명박 정부의 출범과 자원봉사 핵심과제를 주제로 진행되었다. 회원 논단 역시 이명박 정부의 출범과 관련하여 새 정부의 자원봉사 정책방향에 관한 의견을 제시하였다.

2008년 8월, 제4호에는 대구포럼의 주제발표 요약, 지정토론 및 플로어 Q&A, 로버트 슈머 박사를 초청한 국제포럼 등이 실렸다. 대구자원봉사포럼 설립 5주년 기념 제20차 정기포럼은 한국 자원봉사 정책진단 및 방향모색을 주제로 진행되었다. 중고생 봉사활동, 자원봉사센터, 법·제도, 5개년 기본계획 등과 관련하여 자원봉사 정책운용이 숨고르기가 필요한 상황이라는 의견이 제시되었다. 국제포럼에서는 로버트 슈머 박사가 "청소년 자원봉사활동의 문제점과 대안으로서의 봉사학습"이라는 주제로 봉사학습의 철학적 기초와 사례, 정책에 대한 강연을 진행하였다.

2008년 10월, 제5호에는 제60회 정기포럼, 제2회 전국자원봉사컨퍼런스, 자원봉사 관련 학위논문 소개 등이 실렸다. 제60회 정기포럼에서는 자원봉사진흥위원회 폐지와 관련하여, 자원봉사진흥위원회가 폐지되면 국가기본계획의 추진 주체는 누가 될 것인가 등의 문제가 제기되었다. 제2회 자원봉사컨퍼런스에서는 자원봉사 민간중앙조직의 효과적 운영방안과 자원봉사 인정보상 현황 및 모형 개발과 관련한 주제발표와 지정토론, 플로어 토론 등이 진행되었다.

2009년 1월, 제6호에는 자원봉사활동기본법 개정을 위한 공청회, 발행인 칼럼, 자원봉사전문가 집담회 등이 실렸다. 공청회에서는 지방자치단체에 의한 자원봉사활동의 관변화·정치화 경향이 심각한 상황에서 자원봉사 일각의 문제의식이 결여되었다는 의견이 제시되었다. 이제훈 한국자원봉사포럼 회장 겸 한국자원봉사협의회 공동대표

VOLUNTAS 창간호(왼쪽)와 *VOLUNTAS* 제7호(오른쪽).

는 "자원봉사계의 단합과 협력이 시급하다"라는 제목으로 칼럼을 게재하였다. 집담회는 자원봉사 민간 리더십 강화 방안을 위한 네트워킹을 주제로 진행되었고, 법 개정과 관주도의 문제, 센터와 단체 간 네트워크 문제 등을 다루었다.

2009년 3월, 제7호에서는 노블레스 오블리주 자원봉사 특별포럼, 김경동 한국자원봉사포럼 회장의 취임사, 이제훈 전 한국자원봉사포럼 회장의 특별기고 등이 실렸다. 경제위기 극복과 사회통합을 위한 노블레스 오블리주 특별포럼에서는 '가진 자'들이 사회적 책무를 외면하는 한 '노블레스 오블리주'는 사어(死語)에 불과하다는 의견이 제기되었다. 지도층 인사들이 나눔과 봉사를 바탕으로 경제위기 극복과 사회통합을 다짐한 실천결의 선포식 등이 소개되었다.

2009년 5월, 제8호에는 제16회 전국자원봉사대축제 특별포럼, 장석준 한국자원봉사포럼 수석부회장 취임사 등이 실렸다. 특별포럼에서는 자원봉사 전국진흥기구의 설립모형과 운영방안, 자원봉사 지원조례 분석과 운영의 자율성 연구 등을 다루었다.

2009년 9월, 제9호에는 자원봉사활동기본법 개정을 위한 토론회, 제63회 정기포럼 등이 실렸다. 토론회에서는 최일섭 한국자원봉사학회 회장이 "자원봉사활동기본법 개정과 과제 그리고 전망"이라는 제목으로 발표하였다. 김준목 한국자원봉사센터중앙회 회장은 "자원봉사 공동모금회 설립추진의 방향과 과제"라는 발표를 진행하였다. 정기포럼에서는 대학입학사정관제 시행에 따른 자원봉사계의 역할과 과제를 주제로, 입학사정관제 시행에 따른 자원봉사계의 역할, 비교과영역 전형방법의 질적 향상 방안 등의 발제가 진행되었다.

2009년 12월, 제10호에는 제65회 정기포럼과 제66회 정기포럼 등이 실렸다. 제65회 정기포럼은 "한국교회 봉사와 지역사회 변화"를 주제로, 교회와 지역사회 자원봉사의 만남을 강조하였다. 한국교회 사회봉사의 전문성 강화, 한국교회 사회봉사의 공적 체계 구축, 교회와 자원봉사센터의 연계방안 등의 발제가 진행되었다. 제66회 정기포럼에서는 고령화사회 인구변화와 자원봉사를 주제로, 고령화사회와 자원봉사프레임, 지방자치단체 자원봉사의 기능과 자원봉사센터의 역할, 노인자원봉사활동 추진실태와 활성화 방안 등을 다루었다.

2010년 2월, 제11호에는 "기부와 재능나눔 활성화 방안" 포럼 등이 실렸다. "기업 기부문화의 새로운 패러다임을 위하여"와 "왜 재능나눔 (프로보노 운동)인가?"라는 주제로 발제가 진행되었다. 김경동 회장은 발행인 칼럼에서 자원봉사운동에 획기적 도약이 절실하다는 의견을 제시하였다.

2010년 5월, 제12호에는 2010 춘계 전국자원봉사 학술세미나, 중앙자원봉사센터 설치의 과제와 전망 토론회 등이 실렸다. 학술세미나는 "자원봉사관리자의 전문직화 가능성에 관한 고찰"이라는 주제로 열렸고, 자원봉사관리자 자격증 제도의 내용과 실현 방안에 대한 발제가 진행되었다. 토론회에서는 행정안전부가 추진 중인 중앙자원봉사센터 설치와 관련하여 중앙자원봉사센터의 설치가 자원봉사의 관변화를 강화할 가능성이 크다는 의견이 제시되었다.

2010년 7월, 제13호에는 제17회 전국자원봉사대축제 특별포럼, 제70회 정기포럼 등이 실렸다. "사회적기업과 자원봉사"를 주제로 열린 특별포럼에서는 "사회적기업가 정신과 착한 가게" 발제가 진행되었고, 공동체자본주의 정신에 입각한 사회적기업의 필요성이 대두되었다. 정기포럼에서는 "자원봉사와 시민운동, 어떻게 시너지를 낼 것인가?"라는 주제로 공동세미나를 했다. "자원봉사와 시민운동은 원래 하나다"라는 기조발제 아래, 한국 자원봉사와 시민운동의 당면 과제 세션에서 "자원봉사활동의 운동성 확장을 위하여", "한국의 시민운동, 위기인가, 전환기의 과도기적 상황인가?" 발제가 진행되었다. 자원봉사와 시민운동, 융합의 방향과 전략 세션에서 "자원봉사의 관점에서 본 융합의 방향과 전략", "작은 발걸음으로 큰 울림을 낼 수 있는 시민운동과 자원봉사활동의 융합의 길은?" 발제가 있었다.

2010년 11월, 제14호에는 한국자원봉사포럼 15주년 기념 100회 특별포럼, 제4회 전국자원봉사컨퍼런스 등이 실렸다. 특별포럼은 "국제화와 농어촌 다문화 자원봉사"라는 주제 아래, "농어촌 다문화 자원봉사, 어떻게 지원할 것인가?", "국제화와 농어촌 다문화 자원봉사 활성화 방안"에 대한 발제가 진행되었다. 전국자원봉사컨퍼런스에서는

"뉴거버넌스와 자원봉사"에 대한 기조강연, "2011년 자원봉사의 도전과 이슈" 특별강연이 진행되었다. 한국자원봉사학회는 "자원봉사와 뉴거버넌스의 실행방안"을 발제했고, 한국대학사회봉사협의회는 "대학입학사정관제와 중등교육과정: 현황과 과제", 해외원조단체협의회는 "단기 해외봉사활동의 의미와 발전방향", 한국청소년진흥센터는 "청소년 자원봉사활동과 창의적 체험활동", 한국자원봉사포럼은 "지속가능한 재능나눔운동의 현황과 과제: '재능을 나눕시다' 캠페인을 중심으로", 한국자원봉사센터중앙회는 "은퇴 지식인의 자원봉사 활성화 방안", 한국자원봉사관리협회는 "자원봉사 활성화 MOU 전략과 방법", 볼런티어 21은 "우리 시대 자원봉사의 가치를 말하다: 자원봉사의 이념과 가치에 대한 재정립"을 발제하였다.

2010년 12월, 제15호에는 "자원봉사 인정·보상 법제화의 쟁점과 과제" 정책토론회 등이 실렸는데, 자원봉사에 물질적 보상을 제시하거나 과도한 인정·보상을 제도화하는 것을 경계할 필요가 있다는 주장이 제기되었다. 또한 2010년에 발표된 자원봉사 관련 석박사 학위논문 목록을 제시하였다.

2011년 5월, 제16호에는 제1차 자원봉사지도자 해외연수와 그 후기가 담겼다. 국내 자원봉사 관리자 및 단체리더, 사회공헌 담당자, 학자 등으로 구성된 해외연수단은 도쿄, 요코하마, 오사카, 고베 등에서 일본 자원봉사활동을 지원하는 정책기관 및 NPO 센터, 기업의 사회공헌활동 및 볼런티어협회 등을 방문하고, 일본의 자원봉사 정책과 민관 파트너십 현황, 기업사회공헌활동 지원체계 등을 살펴보았다. 해외연수단에 참가한 서진석 SK 텔레콤 사회공헌팀 매니저는 고베를 통해 태안을 떠올렸고, 일본의 자원봉사가 원칙에 충실하다는 사실을 확인한 것이 뜻깊었다고 밝혔다.

2011년 9월, 제17·18 합병호에는 제102회 포럼, 제103회 포럼, 제104회 포럼, 제106회 포럼, 제107회 포럼, 제109회 포럼과 전국 대학생 자원봉사 토론대회 등이 실렸다. 102회 포럼은 2011년 한국 자원봉사의 도전과 이슈를 주제로, 자원봉사 인정·보상의 대안마련을 위한 현장관리자 대토론회를 개최하였다. "자원봉사 인정보상, 관의 개입 어디까지인가?"와 "자원봉사자 사기진작을 위한 인정방법의 대안"을 주제로 발제가 진행되었다. 103회 포럼은 '세계자원봉사자의 해' 선포 10주년을 맞아 제18회 전국자원봉사대축제 특별포럼으로 진행되었다. "아시아 태평양 지역의 자원봉사 네트워크 협력방안"을 주제로, "아시아 지역을 향한 자원봉사의 현황과 과제"와 "국제자원봉사대회 성공적 개최를 위한 연계·협력 방안: 제13차 IAVE 아태대회를 중심으로" 발제가 이루어졌다. 104회 포럼에서는 자원봉사운동의 현안에 대한 자원봉사지도자 끝장토론을 진행하였다. 주요 의제는 첫째, 센터 민영화, 둘째, 인정·보상제도 법제화 논란, 셋째, 자원봉사진흥위원회 활성화, 넷째, 한봉협과 중앙자원봉사센터의 관계 및 역할, 다섯째, 센터 운영평가, 여섯째, 교육훈련 및 자원봉사관리사 자격증, 일곱째, 1365 전산문제 해결안, 여덟째, 국가봉사단(가칭 Korea Guard) 추진 및 운영방법, 아홉째, 자원봉사기금모금회 설립추진 등이었다. 106회 포럼은 "자원봉사 활성화를 위한 민관 협력 정책토론회"로 진행되었다. "민관 협력을 통한 자원봉사 활성화", "자원봉사 1차 국가기본계획의 수행 현황과 과제" 등을 주제로 발제가 진행되었다. 107회 포럼은 "자원봉사센터 민영화 추진실태와 과제"라는 주제의 세미나가 진행되었다. 김진학 강서구청 주민생활지원과 팀장은 "자원봉사센터 민영화 추진실태와 과제"를 발제하면서, 원칙이 훼손되지 않는 센터 역할을 위해 민영화를 추진해야 한다고 주장했다. 109회 포럼은 사회통합과 노블레스 오블리주 세미나로 진행되었으며, 노블레스 오블리주의 실천 없이는 사회통합이 불가능하다는 지적이 제기되었다. 전국 대학생 자원봉사 토론대회는 "청소년 자원봉사 인정보상제도는 국격제고와 시민사회 발전에 기여하는가?"라는 주제로 진행되었다.

2012년 2월, 제19호에는 제6회 자원봉사자의 날 기념 자원봉사 유공자 청와대 오찬 초청, 한중일 자원봉사 국제포럼이 실렸다. 제6회 자원봉사자의 날 기념 자원봉사 유공자 청와대 오찬 초청에서는 자원봉사자 및 관계자 200여 명을 초청하고, 개인 19명과 단체 5개에 훈장과 포장, 대통령표창 등을 시상하였다. "동북아의 공동번영과 조화로운 삶을 위한 시민사회 자원봉사의 과제"를 주제로 서울에서 열린 2011 한중일 자원봉사 국제포럼은 '국가적 재난재해 시 자원봉사계가 어떻게 기금을 조성하고 피해지역을 지원하는가'에 대한 내용으로 진행되었다.

2012년 4월, 제20호에는 자원봉사전문가 집담회와 신간안내, 해외 자원봉사 동향, 제19회 전국자원봉사대축제 특별포럼, 2012 여수엑스포와 함께하는 자원봉사 특별포럼 등이 실렸다. 자원봉사전문가 집담회에서는 자원봉사 정책 관련 주요 현안과 자원봉사 민간역량과 응집력 강화 방안 등이 논의되었다. 김경동 회장의 신간 《자발적 복지사회》(2012)를 김한내 자원봉사리포터가 리뷰한 내용이 실렸다. 이강현 IAVE 회장은 〈세계 자원봉사 상태보고서(SWVR by UNV) : 지구 안녕을 위한 보편적 가치〉를 번역하여 해외자원봉사 동향을 알렸다. 제10회 전국자원봉사대축제 특별포럼에서는 자원봉사 제2차 국가기본계획 수립의 방향과 과제에 대해 논하였다. 2012 여수엑스포와 함께하는 자원봉사 특별포럼은 해양환경의 재생과 자원봉사를 주제로 개최되었다.

2012년 8월, 제21호에는 IAVE 이강현 회장 초청포럼, 해외자원봉사 동향, 2012 전미자원봉사대회 참가후기 등이 실렸다. 이강현 회장은 자원봉사는 내재적으로 정치적 개념임을 제시하며 세계자원봉사의 뉴트렌드와 시사점을 제시하였다. 이유빈 한국자원봉사포럼 인턴은 중국의 시민사회와 자원봉사 현황에 대한 글을 통해 해외자원봉사 동향을 알렸다. 천희 한국자원봉사관리협회 사무처장은 2012 전미자원봉사대회 참가후기에서 "시민이 된다는 것은 오늘날 우리에게 무엇을 의미하는가?"에 관해 고찰했다.

2013년 3월, 제22호에는 장석준 한국자원봉사포럼 신임회장의 취임 소식과 취임사, 새 정부와 시민사회·자원봉사포럼 개최 소식, 제22차 런던 세계자원봉사대회 및 영국 기관방문 후기, "나눔기본법, 자원봉사 위축 우려" 칼럼이 실렸다. 새 정부 출범을 앞둔 상황에서 "새 정부와 시민사회·자원봉사"를 주제로 제123회 포럼을 개최하였다. 이강현 회장은 세계자원봉사 흐름을 통해 대한민국 자원봉사계의 과제를 살펴보고, 제2기 자원봉사 국가기본계획 수립에 대한 평가를 남겼다. 박윤애 서울시자원봉사센터장은 제22차 런던 세계자원봉사대회 및 영국 기관방문 후 변화하는 환경 속에서 세계인의 보편적 가치로 존재하는 자원봉사에 대한 고찰을 남겼다. 김순택 전국자원봉사센터중앙회장은 나눔기본법이 자원봉사의 영역을 제한하여 오히려 자원봉사를 위축시키는 결과를 낳을 수 있다고 주장하였다.

2013년 7월, 제23호에는 태안유류피해 극복기념 자원봉사 세미나,

제20회 전국자원봉사대축제 특별포럼, 중국의 자원봉사 현황, 중국의 재능나눔, 서평 등이 실렸다. "123만 자원봉사자 보은 및 자원봉사 활성화 방안"이라는 제목으로 열린 태안유류피해 극복기념 자원봉사 세미나에서는 2007년 태안기름유출사고에 따른 자원봉사활동의 의미와 성과를 짚어 보고, 그 정신을 계승하기 위한 향후 방안, 자원봉사활동의 정신과 철학을 어떻게 구현할 것인가에 관한 논의가 진행되었다. 제20회 전국자원봉사대축제 특별포럼에서는 다가올 10년의 한국 자원봉사 미래전망을 다루면서 한국 자원봉사의 시장화와 세속화에 어떻게 대처할 것인가에 관한 논의가 진행되었다. 이수진 한국자원봉사포럼 인턴은 "중국 공민자원행위 연구: 현황, 특징, 그리고 정책제안"을 번역하여 중국 자원봉사 현황 및 실태조사를 제시하였다. 특히, 중국의 대표적 재능나눔 단체(Beijing Huizeren Volunteering Development Center) 소개를 통해 중국 재능나눔 현황을 보여 주었다. 조기원 한국자원봉사포럼 운영위원은 스티븐 포스트와 질 니마크가 지은 《왜 사랑하면 좋은 일이 생길까》를 소개하면서 "왜 봉사하는 사람들에게는 좋은 일이 생길까?"를 주제로 글을 남겼다.

2013년 11월, 제24·25 합병호에는 2013 한중일 시민사회·자원봉사 국제포럼, 안양호 한국자원봉사포럼 수석부회장 취임사, 정책토론회, 해외자원봉사 동향, 자원봉사시간 실적관리에 대한 칼럼 등이 실렸다. 일본 도쿄에서 열린 2013 한중일 시민사회·자원봉사 국제포럼에서는 "자원봉사 발전을 위해 시민사회 역량을 어떻게 강화할 것인가?"에 대한 논의가 진행되었다. 교회와 지역자원봉사센터 연계·협력 방안을 주제로 열린 정책토론회에서는 군산시 세광봉사단과 전라북도 기독교연합회 '전통시장 활성화 운동본부'의 사례연구 발표가 이루어졌다. 해외자원봉사 동향란에서는 도쿄볼런티어 시민활동센터, 일본 NPO 센터, SERVICE GRANT, 메이지학원대학교 NPO 센터 등 일본 자원봉사 관련 기관 현황을 제시하였다. 박미혜 서울시자원봉사센터 협력사업부장은 자원봉사시간 실적관리에 대해 시간적립을 기반으로 하는 자원봉사센터 평가가 바뀌어야 함을 주장하였다.

2014년 6월, 제26호에는 "민간자원봉사운동 20년, 성찰과 과제" 특별포럼, 6·4 지방선거와 자원봉사 정책포럼, 해외자원봉사 동향, 2013 자원봉사·사회공헌 관련 석박사 학위논문 소개, '2014 재능나눔 코치 양성교육' 심화과정 안내 등이 실렸다. "민간자원봉사운동 20년, 성찰과 과제" 특별포럼에서는 양적 성장에 매몰되어 봉사의 질은 여전히 미비한 상황이라는 성찰이 이루어졌다. 6·4 지방선거와 자원봉사 정책포럼에서는 자원봉사의 제도적 정비가 시급한 상황임을 지적하였고, 자원봉사의 질적 성숙을 위한 공약 제안과 함께 '지방자치와 자원봉사 정책'이 논의되었다. 전종숙 한국자원봉사포럼 운영위원은 일본 유일의 자원봉사대학 '공익사단법인 가나자와 볼런티어대' 소개를 통해 해외자원봉사 동향을 알렸다.

2015년 3월, 제27호에는 2014 자원봉사지도자 해외연수, 2014 동아시아 시민사회·자원봉사 국제포럼 소식이 실렸다. 2014 자원봉사지도자 해외연수는 유네스코 창조도시로 등록된 일본 가나자와시의 자원봉사 선진지 견학 및 '도시재생과 마을 만들기' 현장 스터디 투어 위주로 이루어졌다. 2014 동아시아 시민사회·자원봉사 국제포럼은 동아시아 기업자원봉사활동 현황과 발전과제를 주제로 개최되었고, 동아시아 시민사회와 자원봉사 중간지원조직의 현황을 파악하고 기업 사회공헌의 역할 등을 논의하였다.

2015년 5월, 제28호에는 전문가 초청포럼, 4·16 세월호 참사 안산 포럼 등이 실렸다. 전문가 초청포럼은 '나눔기본법 제정 관련 정책포럼'으로, 나눔기본법에 관한 열띤 토론과 공방이 이어졌다. 제137회 토론회는 "4·16 세월호 참사가 우리나라 시민사회·자원봉사에 던지는 질문과 성찰"이라는 제목으로, 자원봉사의 진정성과 순수성 등을 논하였다.

3) 온라인 뉴스레터 발행

제28호 이후로 발행이 중단되었던 오프라인 뉴스레터 *VOLUNTAS*가 2020년 5월 제29호부터 웹매거진 형태로 재창간되었다. 월 1회 웹매거진 발행을 통해 포럼 소식과 자원봉사 이슈, 칼럼, 회원 동정, 사무국 소식 등을 공유하는 형태로 변화하였다.

제29호에는 2015년부터 2019년까지 발표된 자원봉사 관련 석박사 학위논문 목록, 포럼개최 안내, 사무국 소식, 회원 및 회원단체 동정, 신임 임원 소개 등이 실렸고, "책과 토론이 있는 수요일" 월례포럼이 《왜 사랑하면 좋은 일이 생길까》를 선정하여 열릴 계획임을 안내했다. 또한 2020 동아시아 시민사회·자원봉사 국제포럼이 행정안전부 2020년 비영리민간단체 공익활동 지원사업에 선정된 것과 2020 SK SOVAC(Social Value Connect)의 본 행사 일정의 지연, 세션운영 참여단체 발표 연기, 포럼창립 25주년 기념 심포지엄 개최 예정, 제7차 한국자원봉사포럼 25년사 편찬위원회 회의, 홈페이지 재구축, 로고타입 및 타이포그래피 교체작업 등 사무국 소식을 공유하였다.

2020년 6월 제30호에는 해외자원봉사 동향, 2015년부터 2019년까

한국자원봉사포럼 온택트 송년회(2020)

지 기업사회공헌(CSR) 관련 석박사 학위논문 목록, 한국자원봉사포럼 창립 25주년 기념 기고문, 회원 기고문, 사무국 소식 등이 실렸다. 미국에서 수천 명의 자원봉사자들이 효과적 백신을 찾기 위해 코로나 19 감염에 자원하고 있다는 소식을 변호재 서울대 치의학대학원 자원봉사자가 공유하였다. 주성수 한국자원봉사포럼 초대 총무는 "한국자원봉사 25년, 한국자원봉사포럼 25년" 기고문을, 김성준 부회장은 "포럼과의 인연, 그 속에서 나의 변화"라는 기고문을 게재하였다. 양정성 경남대 화학과 명예교수는 "나는 매사에 헌신적으로 살고 있는가?"라는 제목의 글을 기고하였다.

2020년 7월 제31호에는 해외자원봉사 동향, 2015년부터 2019년까지 사회적 가치(SV) 관련 석박사 학위논문 목록, 한국자원봉사포럼 창립 25주년 기고문, 회원 기고문, 사무국 소식 등이 실렸다. "코로나 19로부터 살아남은 생존자가 혈장 기부를 통해 2~3명의 환자를 구하는 데 도움을 줄 수 있는가"에 관한 글을 통해 해외자원봉사 동향을 공유하였다. 김통원 한국자원봉사포럼 2대 총무는 "포럼의 초창기 총무로 불태웠던 열정, 미래 세대를 위한 작은 흔적"이라는 글을 기고하였다. 김창준 운영위원은 "포스트 코로나 속에 숨어 있는 기회의 신을 찾아라!"라는 글을 기고하여 코로나 19 위기를 기회로 바꾸는 방법, 새로운 프레임과 전략, 그리고 절대 긍정의 리더십의 필요성을 주장하였다.

3. 《자원봉사의 NEW 패러다임》 발간

1) 추진 배경

2016년 4월 25일, 한국자원봉사포럼은 한국자원봉사학회와 공동작업으로 《자원봉사의 NEW 패러다임》을 발간하였다. 2015년, 한국자원봉사포럼 창립 20주년과 함께 민간자원봉사운동 20년을 맞이하여 민간자원봉사운동의 역사를 되돌아보면서 향후 자원봉사 재도약의 방향을 제시하기 위한 "자원봉사 종합혁신을 위한 패러다임 재구축 방안 모색" 연구가 진행되었다. 《자원봉사의 NEW 패러다임》은 그 연구의 성과물이자 포럼 회원을 비롯한 시민사회 자원봉사자계 집단지성의 결과물이다.

《자원봉사의 NEW 패러다임》은 크게 4부로 구성되었으며, 13편의 논문이 수록되었다. 제1부는 '학문으로서 자원봉사학'으로, 자원봉사학이 갖는 의의와 과제를 통합과학적 인식의 패러다임 모색이라는 측면에서 서술한 글을 포함하였다. 제2부는 한국 자원봉사의 현황과 평

《자원봉사의 NEW 패러다임》(2019)

가에 관한 4편의 논문을 실었다. 제3부는 한국 자원봉사의 현재를 성
찰하는 내용의 논문 2편을 개재하였다. 제4부는 한국 자원봉사가 가
야 할 방향과 미래 대안을 모색하는 논문 5편을 수록하였다.

2) 1~2부 주요 내용

김경동 교수는 "자원봉사의 학문적 가치와 의의"에서 자원봉사학을 기
초학문과 응용학문 두 가지 성격으로 나누었다. 그리고 기초학문으로
서의 자원봉사학 분야에서 자원봉사의 개념적 특징, 자발성과 봉사의
개념 규정을 둘러싼 쟁점, 시민사회 운동으로서의 자원봉사, 자원봉
사의 가치론적 의의, 자원봉사 연구의 방법론적 고려 등을 다루었다.
실천적 응용학문으로서의 자원봉사학 분야에서는 자원봉사의 효과에

관한 연구와 자원봉사와 국가의 관계에 대한 성찰과 담론이 필요하다는 제언을 남겼다.

송민경 교수는 "자원봉사 패러다임과 개념 정의, 제도적 접근에 관한 소고"에서 자원봉사의 근본 쟁점을 제도와 원칙 측면에서 접근하였다. 자원봉사주의와 자원주의, 봉사주의와 자선·기부의 관계를 제도의 관점에서 서술하고, 자발성, 무급성·비대가성, 자원봉사활동 주체 및 영역과 관련된 자원봉사 기본원칙을 국내외 문헌의 시각에서 조망하였다.

김성준 교수는 "자원봉사 진흥을 위한 국가기본계획의 성과 및 과제"에서 국가기본계획의 방향과 비전, 정책과제 수행 정도와 예산집행 등을 바탕으로 성과를 분석하고 그 결과와 해석을 제시하였고, 국가기본계획의 향후 방향성에 대한 제언을 남겼다. 민기 교수는 "지방자치단체 자원봉사활동지원 조례의 현황 및 발전방안"에서 광역자치단체를 중심으로 한 자원봉사활동기본법의 법적 성격과 조례의 영향, 현황 등을 분석하였다. 이를 바탕으로 지방자치단체는 자원봉사활동의 성격에 부합하는 조례를 제정해야 하며, 자원봉사활동 지원 조례의 동형화 현상을 극복해야 한다는 의견을 남겼다. 정희선 한국자원봉사문화 사무총장은 "실태조사를 통해 본 자원봉사 이슈와 대안"에서 정부, 기업, 시민사회의 제도적 측면과 한국 자원봉사운동을 엮어 서술하였다. 주성수 교수는 "자원봉사, 시민사회, 시민참여"에서 자원봉사는 시민사회와의 관계뿐만 아니라 정부·기업·시민사회 파트너십이라는 새로운 관계 설정이 필요하다는 의견을 제시하였다.

"자원봉사정신의 재해석"에서 홍성호 감사는 자원봉사정신이 자원봉사 자체가 아니라 외부성에 갇혀 있는 상태에서 벗어나 사람과 정

212

신, 현장에서 자원봉사와 자원봉사정신을 다시 찾아내는 '탈자원봉사운동'을 펴야 한다고 주장하였다. 이금룡 교수는 "한국 자원봉사계의 구조지체와 과제"에서 한국 자원봉사 이론과 제도가 지체 상태에 처해 있고, 따라서 적절한 이론과 제도를 재정립할 필요가 있다고 주장하였다.

3) 3~4부 주요 내용

박정수 교수는 "빅 소사이어티와 좋은 거버넌스"에서 좋은 사회의 형성 요건으로서 좋은 정치, 좋은 행정과 정책, 좋은 경제를 제시하며, 빅 소사이어티와 좋은 거버넌스의 여러 가교 중 하나로 자원봉사를 지목하였다. 김재구 교수는 "한국에 있어서 사회적 경제의 위상과 방향"에서 시장실패와 정부실패로 등장한 사회적 경제를 설명하고, 시민사회의 자발성에 의거해 복지를 비롯한 사회서비스를 제공·혁신해야 한다고 주장하였다.

정무성 교수는 "기업사회공헌과 NPO 중간지원조직"에서 지속가능한 나눔환경 조성과 사회적 신뢰관계 형성을 위해 중간지원조직의 중요성이 높아지고 있다고 주장하며, 나눔생태계에서 중간지원조직 NPO의 현황, 관련 법·제도 현황 등을 살펴보았다. 김도영 CSR 포럼 대표는 "기업사회공헌활동의 새로운 방향: 정부·기업·NPO의 역할 및 파트너십 모델"에서 문헌조사를 통해 새로운 방향 설정과 각 영역이 취해야 할 전략과 방안을 제시하였다. 민영서 스파크 대표는 "소셜 이노베이션과 자원봉사 패러다임 전환"에서 소셜 이노베이션을 통한 자원봉사 패러다임 전환을 한국 자원봉사 위기의 돌파구로 제시하였다.

제 5 부

한국자원봉사포럼과 나

한국자원봉사포럼 25년을 돌아보며

김경동
서울대 명예교수

한국자원봉사포럼이 어느덧 스물다섯 돌을 맞이하였다니 참으로 대견하고 나 자신이 그런 모임의 일원이라는 사실이 더없이 뿌듯하고 자랑스럽기 그지없다. 충심으로 축하해 마지않는다. 우리나라 민주주의 역사가 아직 일천한 가운데 특히 시민사회의 성숙도가 자못 미진하다는 아쉬움을 떨쳐 버리기가 어려운 현실 속에서도 시민의 자발적 의지에서 추진하는 자원봉사운동의 중요한 한 축을 이루는 한국자원봉사포럼(이하 포럼)을 이만큼 지속적으로 개회해오면서 운동의 미래를 향한 발전의 기틀을 마련하고자 열정적으로 동참해온 포럼의 모든 동료들의 노고에 한없는 찬사를 보낸다.

지난 25년을 돌아보면서 크게 세 가지 주제를 중심으로 생각을 정리해 보았다. 첫째, 이 기간에 포럼이 중점적으로 논의했던 주요 주제와 쟁점을 개략적으로 살펴보겠다. 둘째, 그동안 포럼이 자원봉사운동의 고충을 해소하려고 노력했던 쟁점을 집중적으로 성찰하기 위해 그 내용을 요약해 본다. 셋째, 자원봉사운동의 장래를 전망하며 포럼이 추진해야 할 앞날의 과제를 제시하겠다.

첫째, 포럼이 다루었던 주제를 시기별로 개관하며 그 특징을 살펴 보겠다. 시작 초기인 1990년대 후반의 주제는 정부의 역할과 민관관계(2회) 및 자원봉사 관련 법령의 제정(1회) 등 정부를 둘러싼 쟁점과 청소년 자원봉사가 3회, 이어 시민사회의 민간자원봉사의 위상과 활성화(2회)와 지역 내지 풀뿌리 차원에서 자원봉사운동의 활성화(1회), 지역자원봉사센터의 역할과 과제(1회) 등 지역 이슈가 각 2회였다. 새로이 전개되는 시민사회의 성장과정에서 정부의 역할이나 지역단위 자원봉사와 관계있는 주제가 우선했음을 알 수 있다. 그 가운데 초기부터 글로벌 자원봉사(2회)와 재난 및 국가위기 대처(2회), 그리고 기업자원봉사(1회)에도 관심을 보였다.

다음으로 새천년을 여는 2000년대의 첫 번째 10년 동안(2000~2009)에는, 빈도순으로 나열하면 다음과 같은 주제와 쟁점을 다루었다. 국가의 자원봉사 정책(7회)과 법령제정 문제(7회), 정부와 민관관계 속의 시민 주도 자원봉사 이슈(4회)가 도합 18회로 역시 가장 두드러졌다. 이어 지역단위(풀뿌리) 자원봉사운동의 활성화(4회), 지역자원봉사센터의 역할과 과제(4회), 자원봉사운동의 평가와 과제(4회), 자원봉사활동 인정(인증) 및 보상 문제(4회), 시민사회 민간자원봉사의 위상과 활성화(1회) 등 운동 내부의 쟁점을 논의한 사례가 17회였다. 아울러 한국 자원봉사운동의 지향점(8회)과 자원봉사운동의 활성화(6회)라는 운동 자체 관련 주제가 14회로 뒤를 이었다. 초기에 이미 고찰한 주제는 글로벌 자원봉사(6회), 재난과 국가위기 대처(5회), 청소년 자원봉사(4회) 기업자원봉사(3회) 등이다. 여기에 새로운 주제나 쟁점으로 사회문제와 자원봉사, 노인자원봉사를 각 2회 다루었다. 그리고 환경자원봉사, 종교단체 자원봉사, 지역공동체 자원봉사운동, 사회적 경제와 자원봉사, 남북통일과 자원봉사, 여성 자원봉사 활성화, 자원봉사의 가치와 철학(인문학), 자원봉사학의 과제, 자원봉사의 동기, 재능나눔의 활성화, 중앙자원봉사센터의 역할과 과제, 자원봉사 관리자의 역할, 자원봉사에서 SNS의 활용 등을 각각 1회씩 주제로 삼았다.

마지막 시기인 2000년대의 두 번째 10년간(2010~2019)에는 집중과 확대의 양면이 두드러지며 활동영역을 넓히는 동시에 내용의 충실화에도 힘쓴 흔적이 명백하다. 우선, 이때도 법령의 개정 등 국가시책과 민관관계 문제(15회)가 계속 주요 쟁점으로 떠올랐고, 국제적 활동과 주제를 다룬 빈도가 상승하여 15회에 이르렀다. 특히 주목할 내용은 자원봉사의 가치와 철학 또는 인문학적 성찰(10회)에 관한 관심이 매우 높아졌다는 것이다. 그 밖에 한국 자원봉사운동의 회고와 전망(5회), 자원봉사활동의 평가와 과제(4회), 한국 자원봉사운동의 지향점, 자원봉사 패러다임의 재구축, 시민사회 민간자원봉사의 위상과 활성화, 자원봉사활동의 인정 및 보상 등이 각각 2회, 그리고 지역자원봉사센터의 역할과 과제(1회)와 같이 운동 내부의 문제를 다룬 것이 있다. 다음으로 재능나눔(5회), 기업자원봉사(4회), 재난과 국가위기(2회) 및 청소년 자원봉사(1회) 등 기존의 주제를 다루었다. 새로운 내용으로 사회적 경제와 자원봉사(2회), 문화복지와 자원봉사(2회), 사회문제와 자원봉사, 노인자원봉사, 환경자원봉사, 종교단체 자원봉사, 지역공동체 자원봉사, 통일과 자원봉사, 생애주기와 자원봉사, 그리고 자원봉사학의 정립이 각 1회씩 논의의 대상이었다.

이러한 내용을 살펴보면서 한 가지 다행이라고 생각한 것은 회장직을 수행하던 시기에 한두 가지 새로운 주제나 쟁점을 추가적으로 도입하려 했다는 점이다. 가령 서울시자원봉사센터에 관계하던 때부터 자원봉사는 무너져 가는 공동체 살리기 운동의 주체라는 점을 강조하기 시작하여 포럼에서도 이 문제를 여러 번 다루었다. 자원봉사의 가치와 철학 및 인문학적 요소의 중요성을 부각시키는 데 포럼이 중요한 개척의 장을 마련한 것 또한 다행으로 여긴다. 최근에는 자원봉사운동이 사회적기업과 사회적 가치의 영역으로까지 관심의 범위를 넓히기 시작한 것도 매우 중요한 일이라 생각하면서 큰 보람을 느낀다.

둘째, 이상에서 요약한 내용에서 특징적 현상을 지적하면, 무엇보다 시간의 흐름에 따라 주제와 쟁점의 종류가 계속 늘어났다는 점이 눈에 띈다. 다시 말해, 이런 현상은 사회변동의 추세에 따라 포럼이 논의해야 할 쟁점도 그만큼 증가하고 있다는 사실과 더불어 포럼 자체도 이러한 변화가 요구하는 시대적 소명을 감당할 역량을 점진적으로 쌓아왔다는 증거로 볼 만하다. 그 가운데서도 특히 주목할 점은 그러한 변천 과정 속에서 지속적 관심의 대상으로 떠올라 반복해서 토론하고 성찰할 주제나 쟁점이 있었다는 사실이다. 그것은 주로 국가시책과 자원봉사계를 포함하는 시민사회 부문을 바라보는 정부의 특별한 관점이다. 이는 한마디로 국가주의라는 특성으로 규정할 수 있다.

여기서 국가주의를 소상하게 설명할 필요는 없지만, 그 배경을 잠시 고찰하면 다음과 같다. 한국 정치문화 중에 매우 오랜 전통에 뿌리를 두고 좀처럼 변화를 허용하지 않는 이 국가주의적 사고와 시책은 한마디로 아직도 과거의 유교적·가부장적 국가관과 일제강점기의 군국주의적·권위주의적 관료주의 유산이 혼재하면서 우리 사회가 민주공화정치를 시작한 이래로 여태껏 극복하지 못한 전근대적 관존민비

의식과 관행으로 자리 잡은 것이라고 할 수 있다. 실제로 개인적 경험으로도 포럼 회장으로 봉사하는 시기에 정부 관계자들의 일관된 관료주의 벽에 부딪쳐 아무 일도 제대로 성사하지 못한 사례가 있었고 참으로 좌절감을 느껴야 했다.

가령 청와대의 간부, 국무총리 그리고 행정안전부 장관 중에 과거 대학의 동료, 사제 또는 선후배 관계로 친분이 있는 사람들이 있었다. 그런데 그들과 만나 주요 쟁점에 관해 설명하고 협조를 구하면 그들의 면전의 태도 자체가 매우 소극적일 뿐 아니라 면담 후에도 결국 아무런 행동도 실현되지 않는 무관심과 무시에 실망을 금치 못한 것이 일관된 경험이었다. 법령에 의거하여 정부의 지원을 받는 일에서도 지극히 인색한 수준인 것은 일반적 관료주의 탓일 것이다. 하지만 가령 정부 차원의 근본적 재정지원 마련이라는 문제에서 누구도 실행에 나설 의지가 없는 것이 기본적 관례임을 깨닫고 더 이상 기대하기가 무망하다는 절망감에 괴로웠다.

한두 가지 구체적 보기를 들면, 하나는 미국에서 클린턴 대통령 시절 실시했던 이른바 '자원봉사지도자 회의'라는 전 국민적 행사를 한 번 추진해 보자고 두 정부의 청와대를 향해 거듭 제안했지만 한 번도 실현해 보지 못했다. 참고로 이를 촉구하는 내용의 신문기사("'자원봉사지도자 회의' 열자", 〈중앙일보〉, 2010. 6. 16)를 여기에 소개한다. 그뿐 아니라 지역단위 자원봉사센터 수준에서도 기초단체 자체가 직영하는 비율이 절반 이상인 것은 물론, 위탁이나 법인화에 의해 운영하는 지역센터조차 선거가 끝난 뒤에 거의 반드시 센터장 인사를 하는 관행은 무어라 표현해야 할지 알 수 없는 현상이다. 자원봉사운동의 관료화, 정치화의 일면이다.

또한 자원봉사운동도 일상적 운영을 위한 기본재정이 필수적인데 정부가 법령을 핑계로 이를 허용할 수 없다는 경직성이 숨 막힐 지경이었다. 한 가지 비근한 예로, 서초구자원봉사센터에 관계하던 시절 위탁기관에서 구청에 예산을 청구했을 때 구의회에서 예산심의를 하던 중 모 구의원이 자원봉사활동에 왜 인건비가 이 정도로 필요하냐고 따졌다는 일화도 있다. 기본적으로 국가는 법령상 시민사회 분야 지원사업을 예산 항목 안에서만 집행할 수 있게 규정하고 있어 운영비 보조는 아예 열외 사안이다. 게다가, 사업비 지원도 수많은 시민사회 관련 단체의 용역사업 지원 경쟁에서 정부의 관련 부서 공무원의 입맛이나 인간적 연고 등이 작용하는 것을 완전히 배제할 수 없는 것이 현실이다.

이와 같은 재정지원 관련 한계로 정부뿐만 아니라 기업부문에서도 번번이 벽에 부딪쳐 한 발자국도 나가지 못하는 경험을 한 것이 거의 예외가 아니었다. 기업체들도 시민사회 부문의 재정지원은 자체적 사회공헌 사업이 있는 회사만이 가능하고 그 내용도 자신들의 사업과 직접적 연관성이 없는 한 부정적이라는 원칙이 가로막기 때문이다. 가령 기업체 대표와 개인적 연고가 있다고 해도 그 원칙을 핑계 삼아 정중히 거절하는 것이 상례이다. 그러다 보니 이 방면의 재정적 지원은 역시 프로그램을 위한 특정 예산 범위에서만 가능하고 혹 단체회원 자격으로 회비를 지출하는 수준에 머물 수밖에 없다.

셋째, 이러한 현실적 장벽을 앞에 두고 마지막으로 포럼이 좀더 적극적으로 추진해야 할 과제에 관한 생각을 몇 가지 언급하겠다. 위에서 지적한 난관을 타개하는 데에는 원칙적으로 포럼 회원이 자체적으로 재정을 마련하는 길이 최상의 방법이다. 다만 이 원칙을 고수하려면 회원 규모가 상당한 수준에 이를 만큼 커져야 한다는 과제가 우리 앞에 있다. 물론 지금까지 회원 수가 계속 증가해온 것도 사실이지만 그 정도로는 태부족인 것이 현실이다. 이제부터라도 포럼의 회원 증대 문제를 심도 있게 고민해 보고 실질적 해결방도를 찾는 자체적 노력이 더 있어야 한다. 이런 과제에 대처하려면 사회적 영향력이 있는 회원을 더 많이 확보할 필요가 있다. 그래야 기업부문의 지원을 확보하는 데 유리할 것이기 때문이다. 또 정부를 상대로 영향력을 발휘하는 일은 법령 개정이 필수적이므로 입법부를 움직일 수 있는 길을 더욱 적극적으로 개척하는 일이 급선무임을 인식하고 이를 실현해야 한다.

국가의 지원은 많은 선진국에서도 이미 기본적 시책으로 자리 잡았음은 주지하는 사실이지만, 우리나라의 국가주의적 의식과 관행을 시정하는 일은 결코 쉬운 일이 아니다. 그렇더라도 국가에 압력을 가하기 위한 방안을 좀더 실질적으로 강구할 필요가 있다. 그중 한 가지가 자원봉사운동을 특정하여 기금확보를 위한 모금활동을 가능케 하는 조치가 있어야 한다. 이런 뜻에서 전부터 특수재단을 설립하자고 제안한 바 있는데, 현재 정부가 이를 이미 추진 중이라니 이 문제에도 포럼이 적극 개입하여 올바른 방향으로 실현하도록 해야 한다.

결국 이 모든 일은 시민사회 자체, 특히 자원봉사운동 스스로의 역량을 하루속히 키우는 일부터 힘써야 한다. 우리나라의 시민사회는 1987년 민주적 이행과 사회적 자율화를 거치면서 그동안 주로 주창과 옹호를 위주로 하는 에드보카시 기능의 시민운동단체가 기선을 잡고 자못 활성화의 길을 열어가는 듯했다. 그러나 결과적으로 이들이 지나치게 이념지향적으로 정치화하여 마침내 특정 정권의 하수인으로 전락하는 불상사를 자아내고 말았다. 이에 비해 책무 중심의 시민사회의 자발적 부문을 주도하는 자원봉사운동 단체나 기구는 성장을 거의 멈춘 상태로 오늘에 이르렀음을 각성해야 할 것이다. 어쩌면 자원봉사운동도 언젠가 대대적 시민군집운동까지 벌여야 할지도 모른다는 극단적 생각마저 드는 현실이 안타까울 따름이다.

장황해졌지만, 무엇보다 이러저러한 어려움 속에서도 우리 포럼이 자발적 부문의 선도적 모임으로 시작해 벌써 25주년을 기념하게 되었다는 사실은 크게 상찬해야 할 일이다. 그 기간에 180회의 포럼 등 모임은 물론 각종 주요 현안에 관한 연구과제를 수행한 업적은 가상하다 해야 할 것이다. 진정으로 축하해 마지않는다. 돌이켜 보면 회장 재직 시, 2010년 가을에 창립 15주년을 기념하는 100회 특별포럼을 안산문화예술의전당에서 개최했던 일이 기억에 떠오른다. 그로부터 10년이 지난 오늘, 창의 아카데미를 포함하면 거의 200회 집회를 개최하였다니 괄목할 만한 발전을 해왔다고 칭찬해야 할 것이 분명하다. 이 모든 성취는 역시 회원 여러분의 적극적 참여 덕분이고, 잘 이끌어 주신 전임 회장님 여러분의 지도력과 임원분들의 협동이 만들어낸 것임을 다시 상기하며 감사와 치하를 꽃바구니가 넘치도록 듬뿍 안겨 드린다. 아울러 물심양면으로 후원해 주신 정부 및 기업체 그리고 개인 특별회원 여러분께도 심심한 감사의 뜻을 전하는 바이다.

끝으로 현실이 녹록하지 않은 점을 인정하더라도 스물다섯 돌을 맞은 우리 포럼은 이제 젊음의 기상과 장래 포부를 더욱 굳건히 다져야 한다. 다음번 스물다섯 해가 되는 날에는 한국 시민사회운동의 중심에 우뚝 서는 모범적인 자발적 결사체의 모본으로 거듭나리라는 간절한 희망을 걸어 본다.

민간자원봉사 활성화의 길

주성수

한양대 제3섹터연구소장

한국 자원봉사는 어디서 와서 어디로 가는가? 한국 자원봉사운동은 사반세기 전, 1990년대 중반에서 그 시발점을 찾을 수 있다. 지금부터 그 당시로 거슬러 올라가 보려 한다.

2019년 말, 정부예산으로 관변법인이 탄생했다. 정부 관료들은 이른바 '적극행정'으로 자원봉사 국정과제를 법인 설립으로 완수한 것이라 호도하지만 과연 그런가? 국정과제명은 '민간자원봉사 인프라 구축'인데, 법인은 지방자치단체들이 설치한 시도·시군구 자원봉사센터들의 중앙조직에 지나지 않으니, 민간자원봉사 인프라와 별 상관없는 조직이다. 사반세기 전, 한국자원봉사포럼이 창립하면서 '자원봉사 진흥을 위한 정부의 역할'을 강하게 주문했던 시대와는 전혀 다른 모습이다.

한국자원봉사포럼의 창립정신은 민간자원봉사운동에 뿌리를 둔다. 임원 모두가 시민사회, 학계, 복지계, 언론계 등 비정부 대표로, 민간

자율성을 중심으로 비정부·비영리 가치와 정신을 지켜왔다. 이 원칙들을 바탕으로 정부와 협력관계를 맺고 법과 제도를 갖추며 자원봉사 활성화를 지향해온 것이다.

사실 그릇된 '적극행정'의 관주도 흐름은 그간의 '소극행정'의 관주도와 매우 대조적이다. 돌이켜 보면, 자원봉사 활성화 지원을 목적으로 하는 자원봉사기본법은 그저 형식에 지나지 않았다. 법과 제도는 있지만, 재정도 행정도 거의 없다. 지방자치단체마다 사정에 따라 자원봉사센터를 운영할 정도의 지원에 머물러 있다. 법정기관(한국자원봉사협의회)은 외면하며 방치해 두고 대신 관변조직을 만들어 재정지원을 몰아주며 관의 입장을 잘 따르도록 지시하고 간섭해왔다.

주요 정책결정권은 관의 차지였고 민과의 공동생산이나 협의는 형식에 지나지 않았다. 말이 민의 자율이지 관의 입김이 없을 때가 없었다. 자원봉사 제도와 정책에 민간자문은 요식에 지나지 않았다. 법에 의해 설치된 자원봉사진흥위원회는 여러 해가 지나도 회의조차 하지 않고 주무부처(행정안전부) 맘대로 중요한 일을 결정하고 시행한다. 전국의 광역 및 기초 지방자치단체들도 인사와 재정 권한을 쥐고 휘둘렀으니, 자원봉사센터의 자율성은 어디에 있는지 짐작이 갈 것이다.

자원봉사진흥 국가기본계획에서 필자도 제2차 계획(2012~2017) 때 연구책임을 맡았지만, 계획 따로 시행 따로였다. 계획이 잘되었는지, 어떻게 제대로 시행할지 자원봉사진흥위원회가 검토하고 감독해야 하지만, 주무부서 자원봉사계가 알아서 하는 구조다.

전문성 없는 하나의 자원봉사계 중심의 국가자원봉사 정책구조를 바꿔야 하는 당위성은 국무총리실의 시민사회발전위원회에서 공식적으로 논의되었다. 국무총리실에 시민사회협력실을 신설해 자원봉사를 포함한 시민사회 업무를 총괄하여 전담하도록 하는 방안을 제안해 두고 있다. 시민사회발전위원회가 대통령령으로 승격되는 입법을 거쳐 자문위원회에서 심의위원회로 격상하면 새로운 변화가 있으리라고 기대한다.

자원봉사 법의 개정은 여러 기관들과 대표들의 폭넓은 의견을 수렴해 추진해야 하지만 최근까지 그렇지 못했다. 오히려 반목과 갈등만 거듭해왔다. 관료들과 관변인사들은 일방적인 법 개정을 2017년부터 집요하게 시도했지만 한국자원봉사포럼 중심의 민간 전문가들이 나서서 저지해왔다. 여러 명의 의원입법으로, 정부입법으로 바꿔가며 전략적으로 여러 차례 시도한 정부의 법 개정의 골자는 관변법인의 설립, 기존 한국자원봉사협의회의 유명무실화, 주무부서 재량권의 유지로 요약된다. 지난 8월에 자원봉사계 대표들과 주무부처가 만나 합의한 사항도 지켜지지 않는 현실은 너무나도 정치적이고 관료적이다.

지금의 자원봉사기본법이 2007년에 제정, 시행된 것은 한국자원봉사포럼의 전문가들이 10년 이상 공들인 끝에 얻은 결실이다. 민간자율성을 바탕으로 중앙정부와 지방자치단체의 법과 조례 제정, 예산 지원에 기반하는 민관 협력을 법의 기본정신으로 삼았다. 법 제정까지 민간 전문가들이 10년 이상 수많은 포럼 및 세미나와 토론회에서 토론하고 학습하며 소통하는 기나긴 과정을 거쳤다. 자원봉사를 이해하지 못하는 관료들을 설득하고 합심해 제도와 정책을 마련했다.

그런데 거의 모든 주요 정책결정의 열쇠는 민간이 아니라 관료들이 가져갔다. 민간 전문가들은 회의 참여자, 자문자에 불과했다. 민간전문기관은 소수에 지나지 않았고, 시민사회는 주창활동에 열중하느라 자원봉사에 관심을 갖지 않아, 민간자율의 역량을 모으는 데 역부족이었다.

자원봉사법이 만들어지고, 법에서 법정기관을 포함한 민간자율의 원칙들이 다행히 민간 전문기관들의 자율적 노력으로 유지될 수 있었다. 재정적 기반이 취약한 상황에서 관의 개입이나 간섭을 물리치는 지혜도 발휘했다. 그럼에도 시민들의 자발적 기부나 모금으로 자원봉사의 물적 기반을 갖추지 못한 실패의 책임은 민간기관들과 전문가들이 끌어안아야 할 것이다. 정부만 바라보고 재정지원을 요청하는 데만 열중했을 뿐, 시민들의 기부와 모금 체제로 재정적 독립성을 갖추는 데는 관심이나 지혜가 부족해서, '민간자원봉사 실패'를 맞은 것이다. 쥐꼬리만 한 정부지원비를 챙기는 데 급급했던 것이 현실이다.

민간자원봉사 실패의 원인 중 하나는 정부실패이다. 법이 시행되고 전국 시도 및 시군구에 자원봉사센터가 일제히 설치되는 등 제도와 정책이 완비된 것 같지만, 시민 자원봉사자 참여는 오히려 위축되고 있다. 이런 '자원봉사의 아이러니' 시대가 거의 10년 이상 지속되었다. 이 기간 동안에 주무부처는 관변조직을 만들어 전국 자원봉사센터를 통제하고, 자원봉사 포털을 만들어 통계수치의 정치에 몰두했다. 거의 모든 정부기관이 앞다투어 자원봉사자 활용 사업을 확대했지만 자원봉사 참여는 계속 내리막길을 향했다.

이제 자원봉사 참여율 20%는 10여 년 전, 옛날의 일이 되고 말았다. 자원봉사정신의 기본이 되는 자발성, 무급성 모두가 크게 위축되며 기본정신이 훼손된 것도 정부기관들의 무리한 유급활동, 일자리 지원사업 때문이다.

한국자원봉사포럼은 민간자원봉사운동의 시작을 알리며 출범했다. 1990년대 중반은 대형 사건·사고(성수대교 붕괴, 삼풍백화점 붕괴 등)가 잇달아 발생하며, 사회적으로 위기감이 고조되었다. 젊은층 X세대의 반인륜적 사건들이 속출하며, 이들에 대해 사회와 대학에서 무슨 일을 어떻게 해야 할지 각계의 논쟁이 뜨거웠다.

대학, 시민사회, 언론사 등의 전문가들이 '자원봉사'에서 답을 찾은 것은 결코 우연이 아니었다. 필자는 1994년 한양대에서 공동체발전위원회의 책임을 맡아 대학 최초의 '사회봉사 학점제'를 기획해 발표했고, 전국 대학들의 즉각적 호응을 얻어냈다. 마침 〈중앙일보〉도 '자원봉사캠페인'을 거의 동시에 시작했다. 1995년 봄부터 한양대 등 일부 대학에서 사회봉사 교과를 도입하고 사회봉사활동에 동참하면서 그 영향력은 각계에 미쳤다. 중고교가 학생봉사활동을 준비한 것도 이때의 일이다.

1995년에는 초대형 부정부패 사건, 항공기 추락과 선박사고로 수백 명의 인명이 희생되는 등 대형 사건·사고가 즐비했다. 또 젊은 세대와 관련된 반인륜 사건들이 이어지면서 한국 사회는 암담한 지경에 처했다. 자원봉사운동은 이런 현실에 대한 반작용으로 등장해 사회에 신선한 충격을 던지며 각계각층의 관심과 동참을 이끌어냈다.

이런 배경에서 한국자원봉사포럼의 민간 전문가들이 나서서 '사회적 처방'으로서 자원봉사운동을 제안했다. 1994년 〈중앙일보〉가 주최한 미국 대학 자원봉사연수에 참여한 교수들이 포럼의 공식 조직화에 나선 것이다. 최일섭 서울대 교수가 회장으로, 필자가 사무총장으로 포럼을 이끌며 연간 수차례씩 포럼 행사를 열었다. 필자는 이 역할과 함께 한양대 사회봉사단 센터장을 맡아 전국 대학사회봉사협의회 전문위원으로도 활동하며 대학 내 사회봉사센터 설립과 운영을 지원하는 전국구 역할도 겸했다. 내 생애 가장 바쁘고 가슴 벅차며 행복했던 젊은 날들이었다.

한국자원봉사포럼에서 열린 첫 포럼의 주제는 "자원봉사 진흥을 위한 정부의 역할"이었다. 포럼은 자원봉사진흥법에 초점을 맞춰, 학계, 정부, 기업, 재단, 시민사회 대표들의 열띤 논의로 여야 합의 법안까지 마련하는 급진전을 이뤄냈다. 그럼에도 여야의 정치적 충돌로 법안 상정조차 하지 못하고, 법 제정과 시행이 10여 년이나 지연되는 안타까운 상황이 반복되었다.

한국자원봉사포럼이 전문가와 연구자 중심으로 결성되면서 '자원봉사진흥법'을 주제로 창립총회를 개최할 정도로 법 제정이 자원봉사계의 주요 관심사로 부각되었다. 내무부, 보건복지부 등 정부 부처의 자원봉사 관련 공직자들과 전문가들이 동참해 워크숍을 갖고 정부의 자원봉사 전달체계를 논의하기 시작한 것도 이때의 일이다.

법 제정이 안 되었지만, 민간자원봉사운동은 더욱 확대, 발전하고 있었다. 대학이 선도적 역할에 나섰다. 대학 총장과 교수들이 1995년, 1996년 두 차례 미국 대학 봉사활동을 시찰하고 돌아와 '한국대학사회봉사협의회'를 구성한 것은 대학 사회봉사활동에 새 장을 여는 결정적 계기가 되었다. 이런 대학의 움직임은 사회 각계에 적지 않은 영향을 미쳤다. 협의회는 1996년 140여 대학 총장들이 자발적으로 회원으로 가입해 창립되었다. 그 후 대학 총장들이 리더십을 발휘한 결과 전국 200여 대학이 협의회 회원으로 동참하며 다수의 대학에서 사회봉사를 정규교과로 도입하였다.

중고교도 자원봉사 교육에 동참하고 나섰다. 중고생의 봉사활동 의

무화가 많은 논란 속에서도 본격 시행되자 교육현장에서 민간자원봉사운동의 제도화가 힘차게 전진해갔다. 더불어 무수한 복지시설, 민간단체들이 중고생과 대학생들을 활용하는 수요기관으로 부상하면서 자원봉사자 활용방안과 프로그램 마련으로 분주했다.

이런 각계의 동향에 지방정부들이 지원체제를 정비하고 나섰다. 송파구 등이 조례를 제정해 자원봉사센터를 설치했다. 내무부는 예산을 지원하며 전국에 자원봉사센터 수십 개를 개설하기 시작했다. 문화체육부도 청소년자원봉사센터를 하나둘 설립해갔다. 정부의 자원봉사 지원정책이 개시된 것이다.

대학, 중고교, 기업, 민간단체는 각계의 많은 기관과 각층의 자원봉사자를 국민자원봉사운동에 동참시키는 노력을 이어가면서 1995년부터 참여 확대라는 양적 팽창을 지속해갔다. 그럼에도 질적 내실화 면에서 적지 않은 시행착오와 문제들이 발생했다. 자원봉사자를 지도하고 관리하는 전문인력의 부족, 이를 뒷받침하는 재정적 기반의 부실이 각계가 안고 있는 공통과제로 부각되었다. 정부의 인프라 구축 실패가 초기에 나타났고, 자원봉사는 돈으로 하는 것이 아니라는 그릇된 인식이 자리 잡았다. 이런 이유로 민간자원봉사운동 초창기에 자원봉사 기금 마련에 관심을 갖지 못했다.

'민간자율'은 지난 수년간 법 개정 논의에서 핵심 키워드가 되었다. 민간자원봉사 전문기관들이 자원봉사 활성화와 사회혁신을 추동하는 자기주도성을 갖고 정책의 기획부터 결정과 시행 그리고 평가에 이르는 모든 단계에서 자율성을 확보하는 것이다. 이 원칙과 정신은 당연히 법 개정 논의의 기본방향이 되어야 한다.

자원봉사자들과 함께 새로운 민간자원봉사운동을 제안하고자 한다. 그 운동의 핵심은 재정적 인프라 구축이며, 결국 시민들의 자발적 기부와 모금에 호소하는 전략과 프로그램 마련을 최우선 과제로 삼는다. 이것이 진정한 '민간자원봉사 인프라 구축'이다. 재정적 기반이 없다면 자율성은 침해받는다.

한국 자원봉사생태계는 매우 취약하다. 재정적 기반이 없기에 모든 것이 취약할 수밖에 없다. 자원봉사자가 필요한 수요기관에 역량 있는 자원봉사자들을 연계시켜 주는 중간지원기관의 역할이 중요하다. 중간지원기관은 우선 재정적으로 건실한, 지속가능성을 가진 조직이 되어야 한다. 미국, 유럽 등 선진사회와 같이 시민 기부나 모금을 기반으로 운영해야 한다.

한국자원봉사포럼은 이런 지속가능성을 가진 전문조직인가? 정부에 의존하지 않고 시민 자원봉사자들의 의지를 받들어 자원봉사로 사회혁신을 이끌어갈 수 있는 강한 조직인가? 이런 물음에 답하기 위해 민간조직들이 집단지성의 지혜를 모아야 할 때다. 모금과 재정 전문가들이 자원봉사계에 와서 중요한 역할을 해 주어야 한다.

이제 정부보다 시민과 시민사회, 재단 등 민간의 창의적 역량으로 자원봉사의 혁신을 추구하는 새로운 추진전략이 필요하다. 정부만 바라보는 해바라기 관변단체들에 맞서는 강한 조직과 전략을 만들어야 한다. 적은 돈이더라도 많은 자원봉사자들의 힘으로 사회문제 해결의 임팩트를 넓고 깊게 창출하는 활동을 디자인해야 한다. '사회적 임팩트'에 대한 관심이 커가는 지금, 자원봉사 임팩트 투자에 관심 있는 기업과 재단들의 투자를 적극 유치해야 한다. 자원봉사가 얼마나 넓고 깊게 사회적 임팩트를 창출하는지를 결과로써 검증하고 사회와 정부에 알려 공감을 얻어야 한다.

모금 없는 자원봉사, 물적 토대를 갖추지 못한 지금의 자원봉사생태계는 미숙한 상태에 있다. 25세 성년인 한국 자원봉사가 실제로 어떤 일을 얼마나 성인답게 할 수 있는지 묻고 싶다. 돌이켜 보면, 민간자원봉사운동으로 자원봉사법이 제정되고 시행되면서 정부개입이 뒤따랐지만 이내 정부의 무능과 무관심으로 실패를 계속하다가, 이제는 엉뚱한 '적극행정'의 관변화로 또 다른 실패를 하고 있다. 민간도 정부도 모두 실패를 거듭하는 상황에서, 자원봉사생태계 조성이 핵심과제로 부각되고 있다.

한국자원봉사포럼은 무엇을 어떻게 해야 하는가? 포럼은 '민간자원봉사운동'을 올해의 주제로 삼아, 민간자원봉사계의 의지를 모았으면한다. 한국자원봉사포럼의 미래 25년이 한국 자원봉사의 미래 25년을 준비하는 시간이 되길 바란다.

젊은 시절 순수한 봉사정신이 깃든 곳

김통원
성균관대 은퇴교수

생태복지론에서 자주 인용되는 불교의 가르침 중에 "모든 인간은 죽을 때 자신이 지구에 왔었다는 어떠한 자국도 남기지 말라"는 구절이 있다. 작년 연말에 퇴직해 제주도 서귀포에서 농사일을 하고 있는 나도 그렇게 살고 싶었는데, 한국자원봉사포럼 창립 25주년을 축하하는 마음이 더 앞서 작은 흔적을 남기게 되었다. 혹시 이 흔적이 개인의 공치사로 느껴지더라도 너그럽게 받아 주길 바란다.

먼저 한국자원봉사포럼 창립 25주년을 진심으로 축하한다. 시민단체가 25년간 유지, 발전한다는 것은 결코 쉬운 일이 아니다. 어찌 기쁜 일이 아니겠는가. 더욱이 한국자원봉사포럼이 지난 세월 동안 우리 사회에 끼친 영향력은 남다르다고 할 수 있다. 현재 한국의 모든 자원봉사활동, 법률적·제도적 조직 체계뿐만 아니라 국민의식 수준까지 한국자원봉사포럼에서 기원했다고 해도 결코 과장된 말은 아니다. 나아가 포럼은 자원봉사 영역뿐만이 아니라 지금의 다양한 시민운동에도 큰 영향을 준 단체라고 할 수 있다.

요사이 일부 시민단체가 권력화 혹은 정치화, 심지어 사유화되는 경우가 있다. 그러나 한국자원봉사포럼은, 자원봉사 영역 자체가 무보수성과 헌신성이라는 특성이 있다는 것을 고려하더라도, 우리 사회를 위해 그 역할을 묵묵히 그리고 톡톡히 해왔다. 이러한 성과는 역대 회장들의 헌신 덕분이다. 또한 〈중앙일보〉라는 큰 언론사의 협력과 연결고리인 이창호 교수의 노력도 간과해서는 안 된다.

나는 한국자원봉사포럼 초창기에 이윤구 회장님과 조해녕 회장님을 모시고 두 번에 걸쳐 총무를 했다(공식적 연표와는 다르다). 지금도 잊지 못하는 것은 연말에 한국자원봉사포럼 이사분들을 모시고 작은 송년회를 하려 했는데 막상 모인 사람이 조해녕 회장님과 나뿐이었던 일이다. 총무로서 너무 부끄러웠지만 조 회장님은 크게 내색하지 않으시고 시민단체의 열악한 조건을 잔잔히 말씀하셨다.

대인의 풍모를 가진 조해녕 회장님과 사회복지계의 큰 별인 이윤구 회장님을 모시고 일한 경험은 지금도 소중한 기억으로 남아 있다. 그때 두 분을 좀더 잘 모시고 일할 수도 있었는데 왜 그러지 못했는지 지금도 후회된다. 당시 내가 너무 젊어서였을까.

처음 총무를 맡아 수년간 일하다가 다른 분에게 넘겼는데 포럼이 상당히 어려워져 다시 총무를 맡게 되었다. 첫 번째 총무 생활은 멋도 모르고 했지만, 두 번째 총무 생활은 비장한 각오로 임했다. 3평도 안 되는 나의 성균관대 연구실이 한국자원봉사포럼의 사무국이었다. 학부생 한 명의 보조가 내가 받을 수 있는 도움의 전부였다.

이번에 원고청탁을 받으면서 한국자원봉사포럼의 로고가 눈에 띄자 옛 기억이 떠올랐다. 내가 대충 그린 로고 초안을 제일기획에 보내

니, 전문가가 그것을 몇 개의 완성된 로고로 만들어 주어 그중에서 선택한 것이 지금의 한국자원봉사포럼의 로고이다. 그때 모든 것을 무료로 해 준 제일기획에 고마워한 기억이 있다. 미국에서 유학하고 갓 돌아온 젊은 교수로서 오로지 열정과 순수성으로 일했다고 자부한다. 감히 어떤 보수나 개인의 입지를 위해 일한다는 것은 상상조차 할 수 없었다. 그래서 큰 후회는 없다.

돌이켜 보면 한국자원봉사포럼에서의 경험이 나에게 여러 사회활동의 기회를 열어 주었고, 학문적 영역을 확대하고 심화하는 데도 큰 도움을 주었다. 개인적으로 가장 큰 자부심이 드는 일은 시민자원봉사헌장 초안을 밤새워 작성하여 1999년 연말에 한국자원봉사포럼이 주도적으로 선포식을 한 것이다. 또 성균관대 자원봉사체계를 구축하였고 그 경험을 전국 대학에 널리 보급하였다. 우리나라 최초로 봉사학습을 학부과정에서 실천했고, 그 결과를 논문으로 정리해 사회복지학회지에 발표하기도 했다. 한국대학사회봉사협의회에서도 많은 활동을 했다. 이러한 활동들이 CSR에 연결되어 10년 넘게 삼성 사회봉사단 자문을 하고 5대 전략을 마련하여 삼성그룹 차원에서 채택되기도 했다. 성균관대에 국제개발협력연구소(ODA)를 만들어 대학생들과 함께 캄보디아와 미얀마에서 빈민촌 자원봉사를 하면서 눈물도 많이 흘렸다. 이 모든 것이 한국자원봉사포럼에서 총무로서 헌신하여 얻은 경험이고 영문도 알 수 없는 하늘의 은총이라고 생각한다.

부질없는 줄 알면서도 개인 자랑을 구구절절이 남기는 것은 모든 것이 사람에게 달려 있다고 믿기 때문이다. 즉, 다음 세대에 조금이라도 도움이 될 수 있다면 나의 작은 흔적이라도 남기고 싶다. 지난날, 순수한 봉사정신으로 동고동락했던 모든 이들에게 한 번 더 감사드린다.

포럼과 나의 아름다운 동행

김성준
제주대 행정학과 교수

한국자원봉사포럼이 성년기에 이미 들어섰다. 창립 25주년을 맞이하여, 포럼과 나의 인연을 소개하고 싶은데 어떤 형식으로 하는 것이 좋을지 망설여졌다. 이 글은 논문이 아니다. '포럼과의 인연, 그 속에서 나의 변화'를 재해석해 보는 하나의 수필이었으면 하는 바람이다. 먼저 포럼과의 인연을 떠올린 후, 포럼과 동행하면서 맺은 소중한 경험들을 해석하고, 끝으로 포럼이 누려왔던 특징들의 시대적 해석과 과제를 중심으로 글을 전개하고자 한다.

포럼과의 인연을 곰곰이 생각해 보았다. 경험공간에서 볼 때, 두 가지 중요한 계기가 이 글을 쓰게 된 배경이다.

하나는 2011년 2월경 포럼이 주관하여 일본으로 자원봉사지도자 해외연수를 다녀온 일이다. 그때 연수는 지금도 기억이 생생한데, 선행학습, 기관탐방, 정보교류를 통해 많은 것을 배웠다. 한마디로 '속이 꽉 찬' 강행군의 연수였다고 생각한다. 이를 가능하게 한 것은 잘 구성된 팀원 역할과 연수 일정 덕이라고 본다. 최일섭 교수님을 단장으로 이창호 선생님, 신정애 선생님, 유능한 통역담당 전종숙 선생님, 그리고 연수단원들의 모습이 잊히지 않는다. 지금도 기억나는 세부 주제와 장면들이 있다. 예를 들면, 고베 대지진이 일어났던 현장을 기록으로 남긴 재해역사관 탐방, 일본 NPO 법의 제정 배경과 자원봉사활동에 대한 새로운 인식, 공무원의 NPO 기관 파견근무를 통한 민관협력 문화 조성, 자원봉사센터의 주요 기능과 역할, 중고등학생의 봉사학습제도, 고독한 노인들의 자존감을 지켜 주는 자원봉사활동의 실제 등이다.

다른 하나는 2011년 6월 30일 제주에서 "제주도자원봉사포럼 창립 기념 특별포럼"을 가진 일이다. 이날 김경동 회장님이 이끄는 한국자원봉사포럼과 공동주최로 행사를 진행하면서, 자원봉사와 포럼의 시대적 중요성을 크게 느꼈다. 이러한 인연으로 한국자원봉사포럼의 운영위원, 이사, 그리고 부회장이란 감투까지 얻게 된 것이 아닌가 생각한다.

포럼과 여러 해를 함께하다 보니 크고 작은 추억들이 많이 생겼다. 그것들을 국내활동과 해외활동으로 나누어 몇 가지를 소개하면서 포럼과의 역사를 공유하고자 한다.

우선 국내에서의 역할을 살펴보겠다. 나는 국립대에서 근무하는 교육공무원으로서, 포럼의 정체성과 목적을 실현하는 데 할 수 있는 일들을 부분적으로 협력해왔다. 예를 들면, 특정 주제를 발제하는 일, 사회자 또는 토론자로 나서는 일, 전국 컨퍼런스에서 기조발제를 하는 일, 포럼 추천으로 자원봉사진흥위원회 민간위원과 중앙자원봉사센터장 선발 면접위원으로 활동한 일 등이다.

한국자원봉사학회장을 맡으면서 포럼으로부터 크게 두 가지 지원을 받은 바 있다. 하나는 한국자원봉사학회를 행정자치부로부터 사단법인화함으로써 명실상부한 전국학회로 만든 일이다. 다른 하나는 포럼과 공동으로 《자원봉사 NEW 패러다임》을 발간한 것이다. 여기에는 안양호 전 행정자치부 차관님(당시 한국자원봉사포럼 수석부회장)과 송민경 교수님의 도움이 매우 컸으며, 이에 감사드린다. 그 당시는 홍성호 감사님의 주장대로, '자원봉사, 기본으로 돌아가자'는 자원봉사의 인문학 정신을 공감하는 성찰적 분위기가 고조되었던 시기였으며, 또한 '한국 자원봉사계의 거버넌스 구축'에 심혈을 쏟은 결과 어느 정도 성과를 얻은 시기였다고 생각한다.

해외에서의 추억도 잊을 수 없다. 자원봉사의 철학, 정신, 그리고 활동에 대한 폭넓은 이해는 해외활동에 참여함으로써 더 넓어지고 깊어졌다. 하나는 한중일로 구성하여 시작한 '동아시아 시민사회·자원봉사 국제포럼'이다. 그동안 공을 많이 들인 국제포럼은 이제 10회를 넘어섰다. 앞으로 동아시아를 넘어 인류애 구현에도 크게 이바지할 소중한 모임이어서 더욱 발전, 계승시킬 필요가 있다.

다른 하나는 IAVE가 주관하는 세계자원봉사자 대회에 참여했던 일이다. 2017년 멕시코 대회에서 이강현 회장님과 박윤애 대표를 만나 높아진 한국의 위상도 실감한 바 있다. 국제포럼의 형식과 자원봉사 트렌드의 변화, 세계 시민들과의 문화교류, 주최국이 마련한 문화체험은 늘 참가자들에게 새로움으로 다가왔다. 또한 멕시코 시민들이 심야 선술집에서 한국을 대표하여 참가한 우리에게 건넸던 맥주 한잔에 담긴 넉넉한 마음을 잊을 수 없다.

나의 자원봉사와 관련된 주된 동선은 제주공항을 출발하여 김포공항으로, 공항철도를 타고 서울역 14번 출구로 나와 동산빌딩에 있는 포럼이어서, 목적지에 접근하는 데 매우 편리한 구조이다. 포럼과 동행하면서 좋은 분들을 많이 만나게 된 것은 나에게 큰 행운이었다. 이들은 나의 삶에 크고 작은 변화를 가져다주었다. 이 변화는 나 자신을 좋은 방향으로 이끈 것이어서, 포럼에 늘 고맙고 감사한 마음을 가지고 있다.

포럼이 제공한 버스를 타고 서울에서 지방 행사지역까지 가고 오면서 나누었던 담론들, 홍천 소재 어쩌다인문도서관에서의 1박 2일, '아웃도어 미팅'에서의 여유와 추억들, 안동에서 개최한 "선비정신과 자원봉사운동" 포럼 참석과 문화체험, 안동 하회마을 및 도산서원 탐방 등의 기억이 떠오른다. 포럼 덕분에 많은 곳을 둘러볼 수 있는 기회를 가졌다. 행사마다 얽힌 이야기를 하나하나의 스토리텔링으로 풀어 나가면 좋겠지만 여기서는 간략히 추억의 주제만 소개하고, 내 경험공간 속에서 차후에 재해석할 기회를 가질 생각이다.

한국자원봉사포럼은 우리 사회를 위해 많은 일을 했다. 포럼이 창립 이후 설립 취지에 맞게, 시대 흐름보다 한발 앞서 한국 자원봉사가 나가야 할 지향점과 실천세계를 주도적으로 펼쳐온 것은 그 누구도 부인할 수 없을 것이다. 이제 시대정신과 맥락에 맞게 한국자원봉사포럼의 정체성과 체제를 재정립, 재정비할 시기가 왔다고 본다. 구체적으로 다음과 같은 점에서 그러하다.

첫째, 포럼이 시대정신에 맞게 관리되고 있는가를 자문할 필요가 있다. 포럼의 정체성이 오늘날의 맥락에도 부합하는지, 창립 당시 포럼의 종합적 역할과 기능이 지금도 유효한지를 들여다보고 성찰해야 한다.

둘째, 포럼의 리더는 어떠한 리더십을 가져야 하는가 살펴보아야 한다. 과거에는 포럼 지도자의 리더십과 철학이 한국 자원봉사계의 요구와 맞물려 작동된 시기도 있었다. 우리는 포럼의 미래를 생각할 때, 특히 윤리적이고 소통을 중시하는 지도자가 향후 한국 자원봉사계에 반드시 필요하다고 본다.

셋째, 포럼의 미래를 위해 타 조직과의 경쟁과 협력관계, 내부 인재의 양성과 윤리역량 강화, 그리고 조직관리 측면에서 새롭게 접근해야 할 점이 없는지를 물어야 한다.

이 글을 마무리하면서, 한국자원봉사포럼과의 동행에서 만난 이제훈 회장님, 장석준 회장님, 이해숙 부회장님, 김현옥 선생님, 이인우 박사님, 이성철 교수님께 감사의 뜻을 전하고 싶다. 그리고 김경동 회장님, 최일섭 교수님, 이창호 선생님, 그리고 재능나눔을 몸소 실천하시는 남영찬 회장님과 포럼 살림을 지혜롭게 꾸려온 신정애 선생님께 다시 한 번 감사의 말씀을 드리고 싶다.

끝으로 자원봉사의 시대정신과 내용을 담은 자원봉사활동기본법이 점진적으로 개정되어, 한국 자원봉사운동이 올바른 방향으로 나갈 수 있기를 바란다.

자원봉사의 참다운 가치를 찾자

장석준
한국자원봉사포럼 9~11대 회장

지금으로부터 5~6년 전, 우리나라에서 자원봉사운동이 본격적으로 시작된 지 20년을 맞아 자원봉사계에서는 많은 사람들이 감개무량해 하고 축제 분위기가 고조되었다. 여러 가지 큰 행사를 벌이기도 했다. 그사이 자원봉사활동기본법도 만들었고 전국 방방곡곡에 자원봉사센터도 설립했다. 자원봉사 참여인구도 1,000만 명을 넘어섰다. 월드컵 축구, 엑스포 등 큰 국제적 행사는 물론이고, 태안기름유출사고의 기적적 조기극복에도 자원봉사의 힘이 결정적 기여를 했다. 충분히 자축하고 자랑할 만한 성취였다.

그러나 우리 포럼에서는 회원들 간의 논의와 토론 끝에 20주년 기념 행사의 주제를 '회고와 성찰'로 정했다. 우리가 자원봉사를 붙들고 나름대로 노력해온 것은 무한경쟁에 찌든 우리 사회에서 사람들이 서로 괴고 받쳐 주며 함께 살아가는 공동체성을 조금이라도 회복시키기 위해서였다. 자원봉사운동의 외양은 놀랄 정도로 커져가는데 국민이 느끼는 행복도는 국제적으로 하위권에서 뒷걸음치고 있었고, 소득·건강 등은 최상위권이었지만 서로 배려하고 협력하는 부문은 낮은 수준이었기 때문이다. 바로 우리 자원봉사인들이 목적하는 바가 전혀 성과를 내지 못하고 있었던 것이다.

자원봉사야말로 가치운동이다. 우리들이 자주 참여하는 자원봉사지원 프로그램 선정이나 시상 선정을 한번 보자. 심사를 하다 보면 "이건 진부하다. 많은 데서 하고 있는 것이다. 참신한 것이 어디 없나?"라는 이야기를 서로 나누게 된다. 그래서 많은 단체에서 예산을 확보하거나 상을 타기 위해 새로운 아이디어를 내려는 고심을 많이 한다. 그래야 단체를 유지할 수 있기 때문이다. 자연히 이벤트나 보여주기식 프로그램이 성행하고 온갖 구호가 동원된다. 자신의 생업에 충실하면서 소리 없이, 조용하고 생색냄이 없이 필요한 사람에게 필요한 만큼 도움과 지원을 준다는 자원봉사의 기본정신을 찾을 수 없게 된다.

또 다른 예를 보자. 학생들에게 봉사정신을 함양시키기 위해 많은 분들이 헌신적으로 노력하여 자원봉사를 교과과정에 포함시키게 되었다. 참으로 잘된 일이다. 그런데 학생들이 봉사시간을 채우기 위해 편법도 불사한다면 어떻게 되겠는가. 그렇다고 내신에서 의무적 봉사시간을 제외하면 학생들의 참여율이 크게 떨어져 학교 자원봉사는 위축된다. 고민스런 일이지만 자원봉사의 참다운 가치를 찾을 수 없다.

자원봉사 내부에서는 갈등과 분쟁이 그치질 않는다. 심지어 자원봉사의 모습을 전혀 찾을 수 없는 상황이 되기도 한다. 자원봉사 전도사들 간에 이런 일이 빈번하면 그들이 추진하는 가치운동은 어떻게 되겠는가.

여기서 우리가 특히 유념해야 할 것은 자원봉사는 그저 착한 사람,

체제에 순응하는 구성원을 기르기 위한 것이 아니란 점이다. 사회구성원들이 공동체의 일원으로서 기본 덕목에 충실하고 나아가 사랑과 배려를 베푸는 문화가 정착되는 것은 특정 사회의 유지와 작동을 위해 기초적·기본적 요건이다. 그렇지 않은 사회는 사회 각 부문이 제대로 돌아가지 않는다. 조그마한 충격에도 혼란에 빠진다.

경제에서도 이러한 기초적 요건은 매우 중요하다. 시장경제는 처절한 경쟁을 유발하여 공동체성을 훼손하는 요인 중 하나다. 그러나 공동체성이 미약한 사회에서는 시장기구 자체가 제대로 작동하지 않는다. 시장은 룰과 원칙이 제대로 지켜질 때에만 효율성이 보장받을 수 있기 때문이다. 상품을 예로 들면, 광고나 표시사항이 실제 내용과 같아야 한다. 음식점은 식재료나 위생사항이 기준에 적합하다는 대전제 하에 경쟁이 이루어져야 한다. 그렇지 않으면 사전에 각종 조건을 까다롭게 정하고, 감시하고 사후관리를 하는 데 비용이 많이 들어 효율성이 떨어지고 만다. 후진사회에서 경제개발이 잘되지 않는 것은 대부분 이러한 이유 때문이다.

정치나 다른 부문에서도 같은 설명이 가능하다. 법과 제도만으로는 결코 안 된다. 우리 민법에서 법 운영의 대전제·대원칙을 어떤 의미에서는 법률적·비법규적 용어인 신의성실에 둔 것도(민법 제2조) 같은 배경을 갖고 있다.

자원봉사운동의 매직은 개개인이 자원봉사를 지속적으로 실천하고 행동하면 이것이 내면화되어 공동체 구성원으로서 기초적이고 필수적인 덕목을 자연스럽게 갖출 수 있다는 것이다. 따라서 자원봉사야말로 사회의 공동체성을 높이기 위한 최고의, 최상의 방법이라 할 수 있다. 보여주기나 생색내기, 다른 목적을 위한 봉사활동으로는 자원봉사의 가치가 내면화되는 수준까지 이르기 어렵다. 위선으로 흘러 오히려 해악이 되기 쉽다. 그래서 우리는 자원봉사의 순수성과 진정성을 그토록 강조해온 것이다.

수만 년 전부터 호모사피엔스는 협력과 경쟁을 함께 지닌 묘한 사회성으로 생존에 성공하고 마침내 지구를 정복하며 문명과 부를 이루었다. 그 과정에서 사회성의 양 요소의 조화는 서서히 깨져 오다가 급기야 경쟁이 협력을 압도하는 상황이 되었다. 앞으로 더 악화되리라는 것은 불 보듯 뻔하다. 그 결과는 상상하기조차 끔찍하다. 그래서 우리는 자원봉사를 놓을 수 없는 것이다.

그동안 우리 포럼을 잘 가꾸어 주신 역대 회장님들과 회원님들, 그리고 사무국의 노고에 감사드린다. 또 고비고비마다 역동적 역할을 했던 이창호 교수가 빨리 쾌차하여 여러 회원들과 함께 탁주잔이라도 나눌 수 있기를 바라는 마음이 간절하다.

자율적인 자원봉사생태계를 꿈꾸며

홍성호
한국자원봉사포럼 이사

한국자원봉사포럼이 겪은 사반세기의 자원봉사 경험은 질곡과 굴절의 역사다. 민간 영토에 정부가 개입하면서 자원봉사 지형은 굴절되기 시작했다. 정부는 미국·영국 등 여느 선진국처럼 사람 자원, 즉 자원봉사자를 사회문제 해결에 활용하고자 했으나 결국 자원봉사의 생명력을 소진시키는 결과를 낳았다. 국가의 통치력으로는 '공동선을 추구하는 아름다운 활동'인 자원봉사가 내포한 다양한 사회적·문화적·정치적·인문적 진리들을 드러내는 데 역부족이었다. 반면 '사회혁신'이나 '사회문제 해결'과 같은 거창한 목표에만 집착해왔다. 비판과 담론의 공론장은 사라졌고, 자원봉사 영역의 정치는 태동조차 하지 못했다.

자원봉사를 움직이는 기본 시스템은 자발적 봉사자와 민주적·자주적 의사결정이 이루어지는 자율적 조직, 두 가지이다. 자율성과 자발성은 민주적 시민사회의 핵심이기도 하다. 김경동 서울대 명예교수는

"자발적 사회란 높은 수준의 통합을 이룩하되 힘과 돈에 대한 의존도가 가장 낮은 조직 원리로 구성하는 사회다. 상대적으로 비폭력적이고 비강제적·비물질적인 사회로서 자발성이 중요한 목표가 되며 사회적 우선순위의 달성과 사회문제 해결에 주요 수단이 된다"라고 말했다.

그러나 정부는 자원봉사센터라는 공적 인프라를 중심으로 자원봉사를 관리하였을 뿐, 민간 풀뿌리의 자발성과 자율성을 독려하는 일은 등한시했다. '자원봉사'라는 아름다운 기의는 빈약한 기표로 변해 버렸다. 그 결과, 자원봉사계는 에너지를 거의 소진하고 엔트로피 상태에 직면해 있다. "평가되는 것은 관리된다"는 오랜 격언이 실현된 것이다.

관료제란 "다양한 상호작용이 살아 숨 쉬는 삶의 공간 위에 질서와 기능이라는 추상적 공간을 합리적이란 이름으로 강제로 덮어씌우며 작동한다"(Iris M. Young). 관료가 개입되어 있는 한 자율적·민주적 의사결정 시스템은 구축되기 어렵다. 관의 간섭에 좌우되는 시스템은 시민사회 자원봉사운동 차원에서는 비정상적 운영시스템이다. 그리고 이는 기본적으로 행정의 영역이지 시민운동의 영역은 아니다. 행정 영역의 조직이 중심에서 자원봉사를 손에 쥔 데서 문제는 생겨난다.

지금 한국의 자원봉사 정책은 다분히 관과 자원봉사센터에 경로의존적이다. 경로의존이란 한 번 특정한 경로에 의존하기 시작하면 그것이 잘못되고 비효율적이란 사실을 알고도 벗어나지 못한다는 뜻이다. 센터에 경로의존적이 되면 민간 풀뿌리 봉사단체는 분절된다. 자원봉사자는 익명으로 언제나 가져다 쓸 수 있는 잉여가 되고, 잉여가 된 대다수의 청소년을 포함한 자원봉사자는 능동적·창조적 주체가 아니라 피동적·수동적 객체로 고착된다.

자원봉사의 핵심은 자발적·창의적 활동에 있다. 국가가 자원봉사에 개입하려면 자원봉사자들의 자유와 행복과 참여의 봉사적 삶을 극대화할 수 있는 정책을 펼쳐가야 한다. 그것이 국가가 자원봉사를 지원할 수 있는 최선의 방법이다.

관주도 시스템에서는 자원봉사자들을 관리의 대상으로 본다. 성과 중심의 평가가 관료제를 이끄는 동력의 한 축이다. 사회적 영향력의 효율적 도구로, 실적 평가의 데이터로, 기본적으로 사람은 부차적 존재이다. 도구화는 목적보다 수단을 중시함으로써 수단이 목적으로 변질되는 현상이다(Svend Brink Mann). 수단을 목적으로 변질시키는 도구화는 현대 사회의 가장 해로운 현상으로 치부된다.

관료제는 국가재정법 제8조의 틀, 즉 국가재정은 성과평가에 의해 규정된다는 원칙을 벗어나지 못한다. 봉사가 평가로 곧바로 환원되는 환경에서는 봉사의 다의적이고 깊은 가치가 내면화되지 못한다. 평가 체제는 대체로 사람의 개별성·차별성을 드러내지 못한다. 센터와 단체라는 이분법으로 나누는 것은 현실이 이분법적이라기보다 현실에 대한 문제를 제기하는 방식이 그렇다는 것이다(George Lakoff).

"통치 권력에 휘둘리지 않는, 행위의 내재적 힘으로서의 자유, 이 자유를 향한 길은 미셸 푸코가 말하는 '비판', 즉 '자발적 불복종이자 성찰을 통한 비순종의 기법'에서 시작되어야 하는 것은 아닐까?"(사카이 다카시)

시민사회 영역에서 자원봉사운동, 이 운동의 역량을 결집, 확산시키는 민간대표단체의 독자적·지속적 존립은 가능한가? 민의 역량이 부족할 때 관 조직이 주도적으로 이끄는 것이 과연 바람직한 결과를 가져올 수 있는가? 전자에 대한 답은 현 상황을 놓고 본다면 우리나라에서는 불가능했다. 후자에 대한 답은 결코 바람직하지 않다는 것이다. 전자로 대표되는 한국자원봉사협의회는 그 존재의 중요성에도 불구하고 자생의 에너지를 잃고 풀뿌리를 대표하는 주도력을 상실한 듯 보인다. 후자의 자원봉사센터들은 관의 평가와 관리 속에서 운영의 자율성을 잃은 듯 보인다.

그런데도 겉으로만 보면 민은 그러한 관에 점차 종속되고 있고, 관변 조직들이 자원봉사계를 대표하는 모양새다. 관 조직은 시민사회 영역의 봉사운동을 주도하는 데 근본적 한계를 안고 있다. 자율성과 자발성이라는 봉사의 기본가치를 살리려는 노력이 어느 때보다 절실하다.

맺음말

이상과 같이 1995년 10월 창립하여 25주년을 맞이하는 사단법인 한국
자원봉사포럼의 25년의 역사를 기록해 보았다.

1995년 〈중앙일보〉는 자원봉사운동을 더 활성화하기 위해 선진국
의 발전한 자원봉사 제도와 활동을 살펴보는 것이 필요하다는 계획하
에 15명의 지도자를 선정, 미국 연수를 주관하였다. 연수단은 1995년
4월 4일부터 약 2주간 미국 워싱턴의 촛불재단과 뉴욕시립자원봉사센
터 등 미국의 자원봉사 제도를 학습하고 현장을 방문하였다.

2주간의 연수를 마치고 귀국한 연수단은 우리나라에도 자원봉사에
관한 이슈를 논의하기 위한 단체가 필요하다는 의견을 내놓은 끝에
'한국자원봉사포럼'(초대 회장: 최일섭)을 결성하기로 하고 이를 출범
시켰다.

지난 25년간 한국자원봉사포럼은 어려운 여건 가운데서도 이사진
과 전문운영위원진을 중심으로 앞에서 기록한 바와 같이 많은 활동을
추진해왔다.

이 25년사에서는 1995년 한국자원봉사포럼이 탄생하기 전에 자원봉사의 뿌리는 무엇이었는지 고민하면서 자원봉사포럼 창립 이전의 역사를 110년 전인 1885년부터 탐색해 보았다. 그리고 1995년 포럼이 창립된 이후에 활동해온 내용을 기록해 보았다. 마지막으로 현재 우리나라 자원봉사계가 당면한 쟁점을 제시하면서 25년사를 마무리한다.

현재 자원봉사계가 당면하고 있는 주요 쟁점은 다음과 같다.

1. 자원봉사의 양적 확대와 관변화의 딜레마

지난 25년간 한국 자원봉사계는 양적 측면에서 커다란 성과를 보였다. 1995년 불과 2%대이던 자원봉사참여율은 2015년 20%대까지 상승하였으며, 자원봉사단체 수도 크게 늘어났다. 그러나 최근 10여 년간 통계자료에 따르면, 자원봉사참여율이 18%대로 떨어진 것으로 나타났다. 이러한 수치는 우리나라 국민들의 자원봉사참여의 한계점을 의미하는 것일까? 왜 자원봉사참여율이 저조해지고 있는 것일까? 심각한 고민에 빠지지 않을 수 없다.

1996년 이후부터 각 지방자치단체를 중심으로 자원봉사센터가 설립되고, 지방자치단체에 자원봉사센터 설립조례가 제정되면서 자원봉사계는 숙고를 거쳐 자원봉사 주무행정부처를 행정안전부로 선택, 결정하게 되었다. 그 후 시간이 지날수록 자원봉사계는 두 가지 점에서 우려를 낳게 되었다.

하나는 민간에 기반을 두어야 할 자원봉사 영역이 점차 관변화되었다는 것이다. "새는 좌우의 날개로 난다"고 했다. 초창기에 민간의 자발성을 강조하던 자원봉사 영역은 민간의 힘으로만 자원봉사를 발전시키고 움직이는 데 한계가 있었기 때문에 정부의 힘이 필요했고 행정안전부의 역할에 크게 기대했다. 하지만, 오랫동안 새마을운동 등 국가주도의 민간조직 운영에 익숙했던 내무부의 전통을 이어받은 행정안전부에서는 민간영역의 파이를 키워야 하는 자원봉사의 민 중심 거버넌스 정신을 잃어버린 채, 결국 관변화된 자원봉사조직을 설립, 운영하는 길을 택했다.

또 다른 하나는 자원봉사 영역 전체를 아우르는 지원체계를 구축하지 못했다는 것이다. 오랜 논의 끝에 1995년 자원봉사 주무행정부처로 행정안전부가 지정된 배경에는 자원봉사활동 영역이 사회복지뿐만 아니라 모든 공공분야로 확대되어야 한다는 사회적 인식이 있었다. 그러나 행정안전부는 결국 상대적으로 자원봉사의 파이가 큰 사회복지, 문화, 환경, 안전, 교육, 해외원조 등의 영역을 총괄적으로 끌어안지 못했다. 이는 과거 국민운동단체에서 강조해온 캠페인이나 행사 중심의 동원형 활동에 초점을 두고 업무를 추진했기 때문이다. 특히 자신들의 자원봉사 행정조직인 중앙자원봉사센터를 민간자원봉사계의 충분한 여론 수렴 없이 설립했기 때문이라고 볼 수 있다.

이러한 현실을 개탄하며, 지난 몇 년간 한국자원봉사포럼은 그간 정부와 대립각을 세워가면서 비판적 담론을 펼쳤으나 한국자원봉사협의회를 민간의 중심단체로 성장시키지 못했다(홍성호, 2020). 자원봉사계의 중심에 서서 행정안전부와 민간영역의 파트너로서 균형을 잡아 자원봉사 업무를 추진해야 할 법정기구인 한봉협은 그 역할이나 책임을 다하지 못하는 실정이다. 그 이유는 한봉협 자체의 동력에도 문제가 있으나, 행정안전부에서 관변조직인 중앙자원봉사센터를 설립해 한봉협이 해야 할 업무와 기능을 대행시키기 때문이기도 하다. 한봉협이 민간 중심의 거버넌스를 실현하는 자원봉사계의 법정기구로서 당면한 위기를 헤쳐 나갈 수 있는 길을 찾는 것은 지금 가장 큰 과제이다.

2. 자원봉사활동기본법 개정

1994년부터 논의된 자원봉사법 제정의 움직임은, 자원봉사자를 육성하는 중간지원조직이 설립되고, 자원봉사활동이 증가할수록 수반되는 사고에 대비하는 상해보험 가입 등 제도적 차원의 지원 요청에서 시작되었다. 그리고 한국자원봉사포럼을 중심으로 여러 차례 세미나 공청회를 거쳐 결국 10여 년 만인 2005년에 자원봉사활동기본법이 제정되었다.

그러나 자원봉사기본법이 제정된 지 15년이 지나면서 현재의 자원봉사법은 사회환경 변화 및 유사기능 수행조직의 설립 등으로 정비가 필요한 시점에 이르렀다. 그사이 여러 국회의원들에 의해 개정안이 발의되었으나, 행정안전부 중심의 법 개정으로 민 중심의 자원봉사정신을 반영하지 못한 경우가 많았다.

자원봉사활동기본법의 가장 중요한 핵심은 자원봉사자 및 풀뿌리 자원봉사단체의 자긍심 강화와 보호라고 할 수 있다. 또한 자원봉사활동은 시민의 자발성을 근간으로 하기 때문에 이를 활성화하기 위한 법안은 민 중심의 거버넌스 정신이 살아 있어야 한다.

하지만, 그간 개정안의 각 법조항을 들여다보면 관주도의 자원봉사 행정을 담은 내용이 많았다. 또한 민간영역을 지원하고 민간이 스스로 책임감을 갖고 봉사활동에 참여할 수 있도록 하는 법체계가 필요한데 이에 부응하는 내용을 담지 못했다. 현재 우리나라 자원봉사활동은 자원봉사단체에서 80%, 자원봉사센터에서 20%를 담당한다. 하지만 목소리 크기나 국가예산 활용은 자원봉사단체가 20%, 자원봉사센터가 80%를 차지한다. 이러한 문제로 인해 자원봉사계는 지속적으로 갈등하고, 화합하지 못하고 있다(구혜영, 2020).

한국자원봉사포럼에서는 2년 전부터 자원봉사법 개정안을 만들어 20대 국회 행정안전위원회 법안소위원회 소속 국회의원들에게 자료를 보내 의견을 들은 바 있다. 국회의원 주관으로 세미나를 개최한 바도 있다. 또한 법 개정을 위해 100인 전문가들이 모여 '자원봉사법 개정을 위한 100인 전문가 추진위원회'(위원장: 주성수)를 구성하여 약 13회에 걸친 집담회를 개최했다. 20대 국회에서 법 개정까지는 이루어지지 않았으나 관주도의 개정법안을 막는 데는 한국자원봉사포럼이 큰 역할을 담당하였다.

21대 국회가 시작되면서 자원봉사법 개정안을 위한 작업에 착수하고, 다양한 시민사회계 및 정치권과 접촉하며 민 중심의 자원봉사법 개정안을 강조하고 있다. 정부 중심의 관변화된 조직이 아니라, 현재 법정기구인 한국자원봉사협의회가 주축이 되어 민 중심의 거버넌스를 실현하는 법안으로 개정될 수 있도록 다 같이 관심을 갖고 노력해야 할 것이다.

3. 지역자원봉사센터의 자율적·독립적 운영

지역사회 내 자원봉사 공급체계의 중심인 지역자원봉사센터 운영의 자율성과 독립성을 강화하는 것도 큰 과제이다. 지역자원봉사센터의 운영형태를 법안에서 강제하는 것은 또 다른 자원봉사센터 운영의 자율성 침해이다. 지역자원봉사센터는 지방자치단체 조례에 의해 운영형태와 지원형태를 결정해야 한다. 이것이 지방자치 시대의 지방화와 분권화 정신에 부합한다.

지방자치단체의 지원을 받는다는 이유로 자원봉사센터를 정치화혹은 종속화하는 것은 자원봉사계의 순수성과 자발성을 훼손하는 행위이다. 자원봉사센터의 센터장과 직원은 자원봉사활동 관리전문가여야 한다. 그리고 임기와 운영의 독립성을 유지해야 한다.

그러나 실제로 선거 때 도와준 전직 공무원이나 지역유지를 센터장으로 선임하거나, 민영화된 자원봉사센터 직원들의 인사권에 지방자치단체장이 개입하는 사례가 허다하다. 이러한 센터 운영의 독립성및 자율성 훼손은 자원봉사활동을 정치도구화 혹은 대상화하고 지역주민에게 서비스를 제공한다는 본질을 왜곡하여 잘못된 이미지를 형성한다.

정치화되는 관주도의 자원봉사 문화를 자발적인 민간의 모델로 변화시켜 나가는 것이 우리가 해결해야 할 큰 과제이다. 전직 공무원들도 누구나 할 수 있는 업무로 생각한다면 자원봉사센터는 무늬만 자원봉사센터로서 역할을 수행하게 될 것이다.

4. 한국자원봉사포럼의 향후 25년

지난 25년간 한국자원봉사포럼은 어려운 여건 속에서도 잘 버티며 자원봉사계의 중심축 역할을 하는 데 최선을 다해왔다. 이렇게 자원봉사계의 NGO로서 중요한 역할을 수행하기까지는 많은 이사진·운영위원들의 헌신적 노력이 있었다. 그리고 전문가 그룹과 협의하고 의견을 조정한 회장단과 사무국의 역할도 컸다. 앞으로도 한국자원봉사포럼이 미래발전을 지속하기 위해 몇 가지 제언을 하면 다음과 같다.

첫째, 한국자원봉사포럼의 후계 지도자 육성이 필요하다. 다양한 영역에서 활동하는 젊은 리더들의 참여를 독려하고, 사무국의 활동 다변화로 젊은 전문가들이 각 영역에서 본인들의 역량을 발휘할 수 있는 기회를 제공함으로써 자원봉사 리더를 양성하는 시스템을 구축해야 한다.

둘째, 2005년 창립 10주년에 시작되어 15년이 된 한중일 3개국 시민사회·자원봉사 국제포럼의 참여국을 좀더 확대할 필요가 있다. 일차적으로는 동북아시아의 유일한 개발도상국인 몽골을 회원국으로 영입해야 한다. 이후 점차적으로 동남아시아의 베트남이나 캄보디아 등의 국가를 회원국으로 받아들여 자원봉사를 통한 국제교류를 전수하고 지도해 나가야 할 것이다.

마지막으로, 비대면 뉴노멀 사회에서 자원봉사활동의 전개방식에 대한 다양한 정책과 제안이 한국자원봉사포럼의 중요한 주제가 되어야 한다. 포럼 진행방식도 언택트 형태가 필요하고, 온라인 형태의 소통방식에 더 익숙해져야 할 것이다. 또한 포스트 코로나 시대에 바람직한 자원봉사활동은 무엇인지, 비대면 자원봉사의 자발적 활동은 어떻게 이루어져야 할지 미리 대비하고 준비해 나가야 할 것이다.

부 록

설립 목적 및 미션

볼런티어링, 집단지성의 힘으로 창조한다

한국자원봉사포럼

Korea Forum of Volunteerism

- 자원봉사를 통한 성숙한 시민사회 구축
- 자원봉사운동의 전략수립과 문화확산
- 시민사회 · 자원봉사 이슈진단과 토론
- 자원봉사 정책연구 및 개발 · 건의
- 자원봉사 이론정립 및 인재육성 지원

조직도

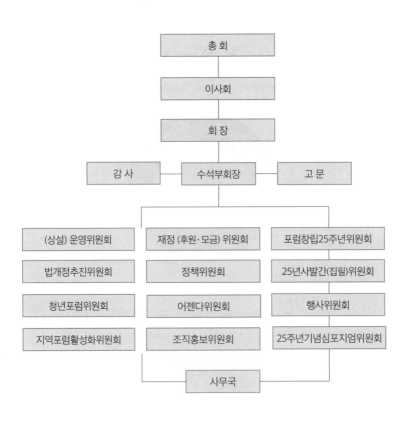

연 혁

1995. 10. 18 한국자원봉사포럼 창립

1999. 3 시민자원봉사헌장 제정·공포

2001. 12 포럼창립 7주년 기념자료집 발간

2003 〈자원봉사저널〉 창간

2004 한국자원봉사학회 창립

2005. 10 포럼창립 10주년 기념자료집 발간

2006. 8. 3 사단법인 허가(행정자치부)

2007. 11 뉴스레터 *VOLUNTAS* 창간

2007. 12 시민자원봉사헌장 개정

2008. 12 정부포상 단체표창 '대통령상' 수상

2009. 6 한국자원봉사포럼 광명포럼 창립 및 기념 세미나

2010 지정기부금단체 등록(기획재정부)

2010. 11 포럼창립 15주년 기념 100회 포럼 개최

2011. 2 자원봉사지도자 해외연수(일본 오사카, 고베)

2011. 11 한중일 자원봉사 국제포럼 개최(한국 서울)

2012. 8 한중일 자원봉사 국제포럼 개최(중국 베이징)

2013. 11 한중일 자원봉사 국제포럼 개최(일본 도쿄)

2014. 11 동아시아 시민사회·자원봉사 국제포럼 개최(한국 전주)

2014. 12 자원봉사지도자 해외연수(일본 나고야·가나자와)

2015. 6	자원봉사지도자 해외연수 (일본 가나자와・이시가와)
2015. 10	동아시아 시민사회・자원봉사 국제포럼 개최 (중국 우시)
2016	《자원봉사의 NEW 패러다임》 발간
	자원봉사 창의 아카데미 런칭
2017	제8회 동아시아 시민사회・자원봉사 국제포럼 (경주)
2017	"나눔과 꿈: 문화예술 재능나눔을 통한 행복한 가족 만들기" 프로젝트 추진
2017	"가족의 재발견" 프로젝트 런칭 (3개년 사업)
2018	제9회 동아시아 시민사회・자원봉사 국제포럼 (중국 우시)
2018	자원봉사활동기본법 개정추진위원회 발족 (위원장: 주성수 교수)
2019. 1	자원봉사활동기본법 개정추진위원회 출범식 및 제4차 전문가 집담회 (국민연금공단 서울 북부지역 본부)
2019. 2	법개정추진위원회 제6차 전문가 집담회 "지속가능한 자원봉사 체계 구축을 위한 간담회" (국회의원회관 제 5 간담회실)
2019. 5	자원봉사 인문학 콜로키움 "자원봉사는 존엄이다" (한국 홍천)
2019. 7	월례포럼・한국자원봉사포럼 정책위원회 '존엄하게 산다는 것'과 자원봉사
2019. 10	2019 동아시아 시민사회・자원봉사 국제포럼 (일본 도쿄 JICA 회관)
2019. 11	인문학 포럼: 선비정신과 자원봉사운동 (세계물포럼기념센터)
2020. 1	월례포럼: 한국자원봉사포럼 정책위원회 "사회적 가치: 문명론적 성찰과 비전"
2020. 5	월례포럼: 한국자원봉사포럼 정책위원회 "왜 사랑하면 좋은 일이 생길까"
2020	동아시아 시민사회・자원봉사 국제웹포럼 "팬데믹 시대, 시민사회조직의 역할과 책무"
2020. 10	자원봉사기본법 개정 관련 긴급집담회 (한국 서울)

역대 회장단

1995~1997 초대 회장: 최일섭(서울대 명예 교수)
　　　　　총무: 주성수(한양대 교수)

1998~2000 2대 회장: 고 이윤구(전 대한적십자사 총재)
　　　　　총무: 김통원(성균관대 교수)

2001~2002 3대 회장: 조해녕(전 대구광역시 시장·전 내무부장관)
　　　　　총무: 이성철(남서울대 교수)

2003~2004 4대 회장: 금창태(전 시사저널 사장·전 중앙일보 사장)
　　　　　총무: 이성철(남서울대 교수)

2005~2008 5대 회장: 이제훈(초록우산 어린이재단 회장·전 중앙일보 사장)
　　　　　총무: 이성록(국립재활복지대학 교수)
　　　　　총무: 이창호(남서울대 교수)
　　　　　6대 회장: 이제훈(초록우산 어린이재단 회장·전 중앙일보 사장)
　　　　　총무: 조승철(한국지역복지봉사회장)

2009~2012 7·8대 회장: 김경동(대한민국학술원 회원·서울대 명예교수)
　　　　　사무국장: 신정애

2013~2017 9대 회장: 장석준(한국자원봉사협의회 회장·전 보건복지부 차관)
　　　　　사무총장: 신정애
　　　　　10대 회장: 장석준(한국자원봉사협의회 회장·전 보건복지부 차관)
　　　　　수석부회장: 안양호(전 행정자치부 차관)

사무총장: 신정애

11대 회장: 장석준(한국자원봉사협의회 회장·전 보건복지부 차관)

수석부회장: 안양호(전 행정자치부 차관)

사무총장: 신정애

2018~현재 12대 회장: 남영찬(법무법인 클라스 대표변호사)

부회장: 김성준(제주대 행정학과 교수)

부회장: 이해숙(서울꽃동네사랑의집 원장)

사무총장: 신정애

13대 회장: 남영찬(법무법인 클라스 대표변호사)

수석부회장: 라제건(한국자원봉사협의회 상임대표)

부회장: 김성준(제주대 행정학과 교수)

부회장: 이해숙(서울꽃동네사랑의집 원장)

사무총장: 신정애(2020. 7. 16 사임)

사무총장: 김창준(2020. 9. 14~)

임원 및 회원 명단

1. 임원 명단

(2020년 12월 말 현재)

직위	성함	소속
회장	남영찬	법무법인 (유한)클라스 대표변호사
명예회장	김경동	대한민국학술원회원 · 서울대 명예교수
부회장 (2명)	김성준	제주대 행정학과 교수 · 전 한국자원봉사학회장
	이해숙	경기교육자원봉사협의회 공동회장 · 서울꽃동네사랑의집 원장
고문 (8명)	이제훈	초록우산어린이재단 회장 · 전 중앙일보 사장
	금창태	전 중앙일보 사장 · 전 시사저널 사장
	조해녕	전 대구광역시장 · 전 내무부 장관
	최일섭	서울대 명예교수
	박동은	한국아동단체협의회장 · 전 유니세프코리아 부회장
	이강현	전 IAVE 세계자원봉사협의회장
	조동성	국립인천대 총장
	장석준	한서대 부총장 · 전 보건복지부 차관
이사 (34명)	구혜영	한양사이버대 사회복지학과 교수
	권성희	(주) 에코프라임 대표
	김동신	(주) 다우케이아이디 대표이사
	김미례	생명존중시민회의 공동대표
	김범수	몽골 국립생명과학대 사회학과 초빙교수
	김선희	서원대 사회복지학부 복지행정전공 교수
	김용길	원광대 법학전문대학원 교수
	김재구	명지대 교수
	라제건	(주) 동아알루미늄 대표이사
	류영수	서울시립뇌성마비복지관장
	문유미	경기대 일반대학원 건설안전학과 초빙교수

직위	성함	소속
이사 (34명)	민은자	드림아이에듀 대표이사
	박을남	한국국제봉사기구(KVO) 회장
	배성은	연세대 교목실 근무
	서병철	한국자원봉사사회개발원 이사장
	송민경	경기대 청소년학과 교수
	시태봉	전주우리병원 행정원장
	안양호	전 행정안전부 차관 · 전 공무원연금공단 이사장
	안영모	(주)세영종합건설 회장
	오윤덕	법조공익법인 (재)사랑샘 이사장
	오창섭	서라벌대 사회복지학과 교수
	원순자	경기교육자원봉사단체협의회 상임대표
	이금룡	상명대 인문대학장 · 자원봉사학회장
	이 연	동아인재대 교수
	이성철	남서울대 교수
	이영희	숭실대 사회복지대학원 겸임교수 · (사)마음그림문화예술협회 대표이사
	이인우	사회적경제지역화연구소 대표
	전종숙	한국자원봉사학회 이사
	정구훈	우천복지재단 이사장
	정종화	삼육대 보건복지대학장
	조기원	캐나다크리스천칼리지 코칭학과 교수
	진희선	경희대 공공대학원 객원교수
	한성심	성남자원봉사포럼 회장
	홍성호	어쩌다인문도서관장 · 물향기풀마음농원 대표
감사 (2명)	조승철	한국지역복지봉사회 이사장
	조상규	법무법인 주원 변호사
운영위원 (23명)	김도영	CSR 포럼 대표 · SK브로드밴드 부장
	김미라	한국갈등관리연구소장
	김성환	인테리어 25시 봉사단 대표
	김은재	평택대 사회복지대학원 겸임교수
	김찬숙	영등포구 자원봉사센터장
	노유진	중앙일보 시민사회환경연구소 차장
	서세레나	국민대 행정대학원 사회복지학과 겸임교수
	성수열	코피온 사무총장
	신주혜	서울대 글로벌사회공헌단 전문의원

직위	성함	소속
운영위원 (23명)	왕재선	호남대 행정학과 교수
	유길준	서원대 사회봉사센터장
	유용식	세명대 사회복지학과 교수
	이영미	LYM 예술대통합연구소 대표
	이은승	남서울대 관광경영학과 교수
	이정찬	기쁜소식봉사단장
	장일권	서양화가
	정만교	안산교육지원청 중등교육지원 과장
	조영곤	고양파주 범죄피해자지원센터 사무처장
	허 양	성악가
	정윤경	한국자원봉사사회개발원 대표
	유현숙	사회복지학 박사
	이금숙	신한대 사회복지학과 교수
	김민정	아산교육복지센터 대표 · 순천향대 산학평생대학 교수

2. 평생회원

성함	소속(본직)
남영찬	법무법인(유한)클라스 대표변호사
신정애	한국자원봉사협의회 사무총장
박동은	전 한국아동단체협의회장
임한규	전 안동대 멀티미디어학과장
진희선	경희대 공공대학원 겸임교수
정구훈	우천복지재단 이사장
배성은	행정학 박사
임재식	아시아창의방송 대표
원순자	경기도 교육자원봉사단체협의회 상임대표

3. 일반회원

개인회원

성함	소속
오희순	-
고태언	제주도자원봉사센터 사무처장
김난희	스위치온 대표
김동현	광명세움작은도서관 대표
김종애	전국대학사회봉사협의회장
김진국	만원의행복 사진작가
김진학	한국자원봉사학회 이사
노재이	플래저인투게더 대표
노춘근	경기교육자원봉사단체협의회 공동대표
배병두	대구서문복지재단 사회복지사
백영빈	수원경성고등학교장
송계화	다문화가정교육정책연구원장
조응태	한국 NGO 신문
신수경	(재) 광명시자원봉사센터 대리
신중희	수원시 영통구 자원봉사자
오윤정	제주대 행정학과 박사
윤정경	한국자원봉사문화 국제협력본부장
이금옥	서울현대직원전문학교
이영주	경기시민여단 회장
이해선	상주시자원봉사센터 팀장
임갑순	경기교육봉사단체협의회 회원
임태형	CSR WIDE 대표
정학규	나눔은희망과행복 이사장
최인혁	백암복지재단
함근녕	평창군자원봉사센터 팀장
한경보	2017 창의 아카데미
권혜옥	2017 창의 아카데미 (오윤덕 이사 사모님)
권기석	과천상록봉사단 회장
손태용	유한대 보건복지과 교수

성함	소속
신종훈	-
유난숙	백석대 사회복지학과 겸임교수
김 일	전 소셜미디어나눔연구소장
양정성	전 경남대 물리학과 명예교수
김미애	구리시자원봉사센터
송화성	수원시정연구원 재정경제연구실장
이보현	-
한도섭	선진복지사회연구회
김경운	(사)한국장애인문화예술원
서보영	한국자원봉사포럼 간사
박상균	-
박진복	홍성군자원봉사센터
성귀옥	-
김효순	-
박주만	서울청 금천경찰서
김대경	아산시자원봉사센터
김수연	재단법인서비스포피스

단체 및 기업회원

단체회원
강남구자원봉사센터, 고양시자원봉사센터, 과우회, 과천시종합자원봉사센터, 구리시자원봉사센터, 군포시자원봉사센터, 기쁜소식봉사단, 내린천무지개호스피스봉사단, 서울시자원봉사센터, 서초구자원봉사센터, 송파구자원봉사센터, 수원시종합자원봉사센터, 시흥시자원봉사센터, 용인시자원봉사센터, 영덕군종합자원봉사센터, 전라남도자원봉사센터, 전주시자원봉사센터, 한국지역복지봉사회, 현대차 정몽구재단, IBK 행복나눔재단

후원기업

협력기관 및 글로벌 네트워크

1. 협력기관

2. 글로벌 네트워크

포럼 개최 연혁

차수	일시 · 장소	포럼명 및 주제	발표자 · 토론자 ⓚ 기조강연자 ● 발제자 ○ 토론자	카테고리 (이슈별)
	중앙일보 자원봉사캠페인 (1994. 7.)			
	중앙일보 주최 미국 자원봉사연수 (1995. 5)			
	한국자원봉사포럼 창립 (1995. 10. 18)			
1	1995.10.18. 상공회의소 (상의클럽)	창립총회 및 제1회 정기포럼 "자원봉사 진흥을 위한 정부의 과제"	이창호 (중앙일보 전문위원)	자원봉사의 정부 과제
2	1995. 12. 4	제2회 정기포럼 "중고교 자원봉사활동, 대학입시에 어떻게 반영하나?"	김동배 (연세대 교수)	청소년 자원봉사
3	1996. 3. 21	제3회 정기포럼 "중고교 사회봉사활동, 어떻게 정착할 것인가?"	정규훈 (북서울여자중학교 교사)	청소년 자원봉사
4	1996. 6. 21	제4회 정기포럼 및 자원봉사 전문가 토론회 "자원봉사 진흥을 위한 정부의 역할"	성민선 (가톨릭대 교수)	자원봉사의 정부 과제
5	1996. 7. 1 한국 프레스센터	제5회 정기포럼 "지역자원봉사센터, 서로 어떻게 조정할 것인가?" *협력단체: 삼성사회봉사단	● 김영호 (강남대 교수) ○ 박명윤 (청소년자원봉사센터 소장) ○ 이대근 (한국자원봉사연합회 회장) ○ 이재경 (강원도사회복지협의회 사무국장)	지역자원봉사 센터의 역할 및 과제

차수	일시 · 장소	포럼명 및 주제	발표자 · 토론자 Ⓚ 기조강연자 ● 발제자 ○ 토론자	카테고리 (이슈별)
6	1996. 9. 6	제6회 정기포럼 및 일본 자원봉사전문가 초청강연회 "일본 자원봉사의 발전과정, 그 과제와 전망"	和田敏明 (일본 전국사회복지협의회 자원봉사센터 소장)	글로벌 자원봉사 과제
7	1996. 11. 21	제7회 정기포럼 및 포럼 1주년 기념세미나 "한국 자원봉사에 대한 회고와 전망"	성민선 (가톨릭대 교수)	한국 자원봉사의 회고와 전망
8	1996. 12. 26 ~ 27.	제8회 정기포럼 및 1996년 포럼 간담회 "'96년 한국 자원봉사활동의 문제점과 97년 전망 및 공동모금법: 국회통과 가능성과 그 대책"	–	한국 자원봉사의 회고와 전망
9	1997. 2. 2 전라북도 여성회관	제9회 정기포럼 "자원봉사 주민공동체운동 어떻게 전개되어야 하나?" * 협력단체: 삼성사회봉사단, 중앙일보, KBS 전주방송총국, 한국사회복지프로그램연구회	● 최일섭 (한국자원봉사포럼 회장) ● 박귀형 (전주시 평화동 자원봉사시범마을 운영위원) ● 백종만 (전북대 사회복지학과 교수) ○ 이강현 (볼런티어 21 소장) ○ 김현옥 (송파자원봉사센터 사무국장) ○ 조광호 (대한적십자사 전라북도지사 사회봉사과장) ○ 박영기 (전주시의회 의원)	풀뿌리 자원봉사운동
10	1997. 5. 29 한국지역사회교육회관 (소극장)	제10회 정기포럼 "美 봉사학습 전문가 초청 강연 및 토론회"	Luke F. Frazier (미국 메릴랜드주 학생봉사단 사무총장)	글로벌 자원봉사 동향

차수	일시 · 장소	포럼명 및 주제	발표자 · 토론자 Ⓚ 기조강연자 ● 발제자 ○ 토론자	카테고리 (이슈별)
11	1997. 9. 25 한국 여성개발원	제11회 정기포럼 "대학의 사회봉사와 중고생 자원봉사 협력방안" * 협력단체: 삼성사회봉사단	Ⓚ 이대순 (호남대 총장) ● 이현청 (대학교육협의회 고등교육연구소장) ● 이태식 (신수중학교장) ○ 김동배 (연세대 사회복지학과 교수) ○ 도형기 (한동대 교수) ○ 임창순 (월촌중학교 교감) ○ 정규춘 (북서울중학교 교사)	청소년 자원봉사
12	1997. 11. 26	제12회 정기포럼 및 2주년 기념세미나 "기업자원봉사의 과제와 전략"	● Mary Galligan Mathieu (촛불재단 부회장) ● 靑木利元 (메이지생명보험 실장) ● 이강현 (볼런티어 21 소장) ○ 공병호 (자유기업센터 소장) ○ 서재익 (삼성사회봉사단) ○ 이석대 (우방그룹 홍보팀 차장) ○ 이창호 (중앙일보 전문위원)	기업 자원봉사
13	1998. 5. 6	제13회 정기포럼 "국난위기 극복과 자원봉사"	주성수(한양대 제 3섹터연구소장) 김현옥 (송파구자원봉사센터 사무국장)	재난, 국가위기 자원봉사

차수	일시 · 장소	포럼명 및 주제	발표자 · 토론자 ⓚ 기조강연자 ● 발제자 ○ 토론자	카테고리 (이슈별)
14	1998. 7. 21 국회의원회관 (소회의실)	제14회 정기포럼 "자원봉사활동지원법의 방향과 과제" 후원: 행정자치부, 국회봉사민주주의실천협의회, 한국자원봉사단체협의회 협찬: 삼성사회봉사단	● 이창호 (중앙일보 전문위원) ● 추미애 (새정치국민회의 국회의원) ○ 박명윤 (한국청소년개발원 청소년자원봉사센터 소장) ○ 유종성 (경제정의실천연합회 사무총장) ○ 윤석인 (한국자원봉사단체 협의회 사무총장) ○ 이상덕(여성 특별위원회 조정관) ○ 정기원 (한국보건사회연구원 선임연구위원)	자원봉사활동 법안 과제
15	1998. 12. 9	제15회 정기포럼 및 3주년 기념세미나 "제2건국과 시민 자원봉사"	ⓚ 이대순 (호남대 총장) ● 이남주 (한국 YMCA 전국연맹 사무총장)	시민 자원봉사운동
16	1999. 7. 7 한국 프레스센터	제16회 정기포럼 "민간사회안전망 무엇이 문제인가?" *협력단체: 삼성사회봉사단	● 최일섭 (서울대 사회복지학과 교수) ○ 강중환 (전국 NGO 연합 상임공동대표) ○ 김광원 (한나라당 국회위원) ○ 백종만 (참여연대 사회복지위원장) ○ 서경석 (한국시민단체협의회 사무총장)	민간 자원봉사의 문제

차수	일시 · 장소	포럼명 및 주제	발표자 · 토론자 ⓚ 기조강연자 ● 발제자 ○ 토론자	카테고리 (이슈별)
16			○ 양재호 (새마을운동중앙 협의회 사무총장)	
			○ 진철주 (한국사회복지협의회 기획연구실장)	
17	1999. 9. 16 한국 프레스센터	제17회 정기포럼 "효율적 재난구호를 위한 자원봉사 시스템, 어떻게 구축해야 할까?"	송하진(행정자치부 민간협력과)	재난, 국가위기 자원봉사
			김길수(새마을운동 중앙협의회)	
			김태수 (삼성 3119 구조단)	
			이복희(동두천시 종합자원봉사센터 상담실장)	
자원봉사헌장 선포 (1999. 11)				
18	2000. 2. 25	제18회 정기포럼 "한국의 자원봉사운동, 관(官)의 역할 어디까지인가?"	이강현 (볼런티어 21 소장)	자원봉사에서 관의 역할
			정연욱(대구시 종합자원봉사센터 상담실장)	
19	2000. 4. 27	제19회 정기포럼 "중고등학교 자원봉사 지도와 평가 이대로 바람직한가?: 현실과 대안 모색"	● 이해숙 (수지고등학교 교사)	청소년 자원봉사
			● 최윤진(중앙대 청소년지도학과 교수)	
			○ 이성철 (대학사회봉사협의회 기획전문위원)	
			○ 남 현(성남시 자원봉사센터 상담실장)	
			○ 윤지희 (참교육을위한 전국학부모회장)	
			○ 서울시 교육청관계자 1인	

차수	일시·장소	포럼명 및 주제	발표자·토론자 ⓚ 기조강연자 ● 발제자 ○ 토론자	카테고리 (이슈별)
20	2000. 6. 29 대구 문화예술회관	제20회 정기포럼 "자원봉사 조직과 전달체계 문제는 없는가?: 효율적 구조와 현실"	ⓚ 김성경 (한국여성개발원 책임연구원) ○ 박태영(대구대 사회복지학과 교수) ○ 김형남(광주시 북구종합자원봉사 센터 소장) ○ 김영호(강남대 사회복지대학 교수)	자원봉사 행정의 문제
21	2000. 8. 25 전북대	제21회 정기포럼 "통일을 대비한 민간자원봉사의 과제 : 변화의 시대를 맞이하며" 주관: 전라북도자원봉사종합센터, 전북대 사회복지지원센터 후원: 삼성사회봉사단	ⓚ 이창호(중앙일보 시민사회연구소 부소장) ● 김길수 (새마을중앙연수원 연구위원) ○ 이금순 (민족통일연구원 연구위원) ○ 이상록(군산대 사회복지학과 교수) ○ 이재덕 (전라북도 사회복지 협의회 사무국장)	민간 자원봉사의 과제
22		IYV 2001 정책토론회 "자원봉사활동 지원법(안) 정책토론회: 21세기 민주사회를 향하여"		자원봉사활동 법안 제정
23	2000. 10. 27 인제대	제22회 정기포럼 "IYV 2001 어떻게 대비해 나갈 것인가"	이윤구 (인제대 총장)	자원봉사활동 의 지향점 (IYV 2001)
24	2000. 12. 1 광주광역시 여성발전센터	제 23회 정기포럼 "IYV 2001에 대비한 광주지역 자원봉사 어떻게 전개해 나갈 것인가" 주관: 광주광역시 후원: 삼성사회봉사단	ⓚ 엄기욱 (광주여대 교수) ○ 한영현 (광주보건대 교수) ○ 김형남 (광주시 북구 종합 자원봉사센터 소장)	자원봉사활동 의 지향점 (IYV 2001)

차수	일시·장소	포럼명 및 주제	발표자·토론자 Ⓚ 기조강연자 ● 발제자 ○ 토론자	카테고리 (이슈별)
24			○ 이성철 (대학사회봉사협의회 기획전문위원)	
25	2001. 2. 27 분당 삼성플라자	제24회 정기포럼 "삶의 질적 향상을 위한 지방자치단체의 자원봉사 지원정책"	임승빈 (한국행정연구원 수석연구원)	자원봉사 정책
26	2001. 6. 28 울산광역시청 신관 대회의실	제25회 정기포럼 "2002 월드컵 자원봉사활동 어떻게 준비해 나갈 것인가" 주관: 울산광역시 자원봉사센터 후원: 행정자치부, 울산광역시, 삼성사회봉사단	Ⓚ 황인평 (월드컵조직위원회 부장) Ⓚ 김선기 (월드컵문화시민 중앙협의회 과장) ○ 이숙자 (울산광역시 보건복지과장) ○ 최학균 (월드컵조직위원회 울산운영본부사무국장) ○ 송용근 (울산광역시 축구협회 부회장) ○ 조영진 (울산광역시 자원봉사센터 소장)	자원봉사활동의 지향점 (2002 월드컵)
27	2001. 8. 10 한국통신 강릉전화국 회의실	제26회 정기포럼 "SOS(Save Our Sea) 운동과 자원봉사 중간점검 및 활성화 방안" 주관: 한국바다살리기 자원봉사 대행진 본부 후원: 강릉시 자원봉사센터, 행정자치부, 삼성사회봉사단	● 이윤구 (인제대 총장) ○ 윤흥복 (SOS 운동본부 사무국장) ○ 서성윤(강릉시 자원봉사센터 소장) ○ 최상수(부산중구 자원봉사센터 소장) ○ 고태언(제주시 자원봉사센터 소장) ○ 권순남(포항시 자원봉사센터 소장)	자원봉사활동·운동 평가와 과제

차수	일시 · 장소	포럼명 및 주제	발표자 · 토론자 ⓚ 기조강연자 ● 발제자 ○ 토론자	카테고리 (이슈별)
28	2001. 10. 29 전국 경제인연합회 3층 회의실	제27회 정기포럼 "IYV 2001 한국위원회 사업평가 및 자원봉사 정책토론회" 주최: IYV 2001 한국위원회 후원: 행정자치부, 전국경제인연합회, 삼성사회봉사단	ⓚ 서성윤(한국 자원봉사센터 소장) 정귀옥(대한적십자사 봉사국장) 박현경(북부 여성발전센터 소장) 임성규(경기도 자원봉사단체협의회 사무처장) 조영진(울산시 자원봉사센터 소장) 김동배(연세대 교수) 추미애 (민주당 국회의원) 김영춘 (한나라당 국회의원, 행자부 담당국장, 보건복지부 담당국장, 여성부 담당국장) 김성경(성서대 교수) 주성수(한양대 제 3섹터연구소장)	자원봉사활동 · 운동 평가와 과제
29	2001. 12. 7	제28회 정기포럼 "월드컵 맞이 자원봉사 테마마을 만들기 현황과 과제"	-	자원봉사활동의 지향점 (2002 월드컵)
30	포항	제29회 정기포럼 "'2001 세계자원봉사의 해' 세계자원봉사의 날 행사"	-	자원봉사활동의 지향점 (IYV 2001)
31	2001. 12. 7	제30회 정기포럼 "한국자원봉사포럼 창립 7주년 기념 자료집 출판 기념회" 후원: 행정자치부, 삼성사회 봉사단		한국 자원봉사포럼의 과제
32	2002. 3. 29 서울	제31회 정기포럼 "자원봉사 인증제 어떻게 봐야 하나?"	ⓚ 김종승 (한국사회복지협의회 부장)	자원봉사 인증과 보상의 문제

차수	일시 · 장소	포럼명 및 주제	발표자 · 토론자 ⓚ 기조강연자 ● 발제자 ○ 토론자	카테고리 (이슈별)
32			● 김철휘(여성부 대외협력과 과장)	
			○ 김동배(연세대 사회복지학과 교수)	
			○ 김성경(한국성서대 사회복지학과 교수)	
			○ 김영호(강남대 사회복지학과 교수)	
33	2002. 5. 17 대구	제32회 정기포럼 "여성 자원봉사 지도력 증진 방안" 주관: 대구광역시 자원봉사센터 후원: 여성부, 삼성사회봉사단	ⓚ 장혜경 (한국여성개발원 가족 · 보건 · 복지 연구부장)	여성 자원봉사의 활성화 방안
			○ 김길수(성남시 자원봉사센터 소장)	
			○ 정재호(대구시 가정복지회 사무총장)	
			○ 구정숙(금정구 자원봉사센터 소장)	
34	2002. 12. 9 부산광역시 여성센터 대강당	제33회 정기포럼 "월드컵의 국민적 열기 어떻게 승화시킬 것인가?: 2002 FIFA 월드컵 자원봉사 활동의 평가와 미래과제" 주관: 부산광역시자원봉사센터 후원: 행정자치부, 여성부, 삼성사회봉사단	● 이어령 (중앙일보 상임고문)	자원봉사활동의 지향점 (2002 월드컵)
			● 김통원(성균관대 사회복지학과 교수)	
			○ 문상주 (코리아서포터즈 전국연합회장)	
			○ 김주영 (월드컵 조직위원회 인력물자국장)	
			○ 구혜영(새서울 자원봉사센터 소장)	
자원봉사 저널 창간 (2003)				
35	2003. 4. 20 세종문화회관 컨퍼런스홀	제34회 정기포럼 "참여정부와 민간자원봉사계의 과제" 후원: 행정자치부, 삼성사회봉사단	● 김용석 (청와대 시민사회 제 2비서실 비서관)	민관 협력 자원봉사 과제
			● 이창호 (중앙일보 전문위원)	

차수	일시 · 장소	포럼명 및 주제	발표자 · 토론자 Ⓚ 기조강연자 ● 발제자 ○ 토론자	카테고리 (이슈별)
35			○ 권순남 (한국자원봉사센터 협의회 회장)	
			○ 윤석인 (한국자원봉사단체 협의회 사무총장)	
			○ 박흥순(열린사회 시민연합 소장)	
			○ 조영진(울산광역시 자원봉사센터 소장)	
		한국자원봉사협의회 설립 기여 (2003. 6)		
36	2003. 6. 3 은행회관 국제회의장	제35회 정기포럼 "자원봉사진흥법의 제정과 향후 과제" 주관: 한국자원봉사협의회 후원: 행정자치부, 삼성사회봉사단	● 이일하 (굿네이버스 회장)	자원봉사활동 법 추진
			● 이재정 (새천년민주당 국회의원)	
			○ 이병석 (한나라당 국회의원)	
			○ 강병규 (행정자치부 자치행정 국장)	
			○ 이강현 (볼런티어 21 사무총장)	
37	2003. 8. 1 안동시 청소년수련관 정서함양장 1층	제36회 정기포럼 "지역문화 자원봉사활동의 활성화" 주관: 안동시 자원봉사센터 후원: 행정자치부, 삼성사회봉사단, 안동시	● 최일섭(서울대 사회복지학과 교수)	지역 자원봉사 활동의 활성화
			● 서동석 (안동문화지킴이 총무)	
			○ 이성록 (국립한국재활복지대 재활복지과 교수)	
			○ 한성심 (성남시 자원봉사센터 사무국장)	
			○ 임재해(국립안동대 국학부 교수)	
			○ 전은혜 (학사모 중앙공동 대표)	

차수	일시 · 장소	포럼명 및 주제	발표자 · 토론자 Ⓚ 기조강연자 ● 발제자 ○ 토론자	카테고리 (이슈별)
38	2003. 10. 10 서울	국제포럼 "자원봉사 민관 협력체계: 영국, 일본, 한국을 중심으로"	–	글로벌 자원봉사 과제
39	2003. 12. 1 전경련회관 3층 대회의실	제37회 정기포럼 "대학입시에서 봉사활동의 반영현황과 과제" 후원: 행정자치부, 　　　삼성사회봉사단	● 최일섭(서울대 사회복지학과 교수) ● 김성이(이화여대 사회복지학과 교수) ○ 이창호(중앙일보 시민사회연구소 부소장) ○ 이해숙(수원 농생명과학고 교사) ○ 황인성(한국대학교육 협의회 책임연구원) ○ 김정배(청소년 자원봉사센터 소장)	청소년 자원봉사
40	2004. 2. 27 한국사회복지 협의회 대회의실	제38회 정기포럼 "청년실업과 NGO의 역할" 후원: 삼성사회봉사단	● 이강현 (볼런티어 21 사무총장) ● 전효관(시민문화 네트워크 대표) ○ 엄태영(지방의제 21 전국협의회 사무처장) ○ 김인곤(노동부 청년고령자고용과 과장) ○ 이창호(중앙일보 시민사회연구소 부소장)	사회문제와 자원봉사계의 역할
한국자원봉사학회 창립 (2004)				
41	2004. 4. 1 한국 프레스센터 19층 기자회견장	제39회 정기포럼 "선거자원봉사활동의 현실과 방향" 후원: 삼성사회봉사단	● 김길수 (한국자원봉사협의회 사무총장) ● 이강현 (볼런티어 21 사무총장) ○ 주성수(한양대 제 3섹터 연구소장) ● 김동흔 (공명선거실천시민운동 협의회 사무처장) ○ 이창호(중앙일보 시민사회연구소 부소장)	자원봉사활동의 지향점(선거)

차수	일시 · 장소	포럼명 및 주제	발표자 · 토론자 ⓚ 기조강연자 ● 발제자 ○ 토론자	카테고리 (이슈별)
42	2004. 5. 28 거제시 청소년수련관 대강당	제40회 정기포럼 "재해재난대비 민관 파트너십 구축방안" 주관: 경상남도 자원봉사협의회, 거제시 후원: 행정자치부, 대우조선해양사회봉사단, 삼성사회봉사단	● 이윤구 (대한적십자 총재) ● 최일섭(호서대 사회복지학과 교수) ● 이성록 (국립한국재활복지대학 재활복지과 교수) ○ 행정자치부 ○ 배덕효(세종대 토목환경과 교수) ○ 설계현(경상남도 자원봉사협의회장)	재난, 국가위기 자원봉사
43	2004. 7. 16 홍천 대명 비발디파크 소회의장	제41회 정기포럼 "자원봉사진흥법 제정과 향후과제" 후원: 행정자치부, 삼성사회봉사단	● 최일섭(호서대 사회복지학과 교수) ● 이창호 (중앙일보 전문위원) ● 김영효(강남대 사회복지학과 교수) ● 안승화(과천시 종합자원봉사센터 소장) ● 김정배 (한국청소년자원봉사 센터 소장) ● 신동진 (한국대학사회봉사협회 사무국장) ● 김미라 (무연봉사단장)	자원봉사활동 법안 과제
한국자원봉사학회 설립 기여 (2004. 10)				
44	2004. 10. 15 ~16 강원도 오색그린야드 호텔	제42회 정기포럼 "자원봉사진흥법 제정에 관한 전문가 100인 초청 포럼" 후원: 행정자치부, 삼성사회봉사단	● 이창호 (중앙일보 전문위원) ● 구자행 (한국자원봉사센터협회 사무처장) ● 이성록 (국립한국재활복지대 교수)	자원봉사활동 법안 제정

차수	일시·장소	포럼명 및 주제	발표자·토론자 ⓚ 기조강연자 ● 발제자 ○ 토론자	카테고리 (이슈별)
44			● 이성철 (남서울대 교수)	
45	2004. 11. 5 청주 예술의전당 대회의실	제43회 정기포럼 "자원봉사센터의 지역사회단체 지원방안" 주관: 충청북도 종합자원봉사센터 후원: 행정자치부, 삼성사회봉사단	● 이창호 (중앙일보 전문위원) ○ 김현옥(강남구 자원봉사센터 소장) ○ 김창기 (청주과학대 교수) ○ 이수한(청주시 노인복지관장)	지역자원봉사 센터의 역할 및 과제
46	2004. 12. 17 한국 프레스센터 19층 기자회견장	제44회 정기포럼 "고령화사회와 자원봉사운동" 후원: 행정자치부, 삼성사회봉사단	● 김동배(연세대 사회복지학과 교수) ○ 박수천 (보건복지부 국장) ○ 주명룡 (대한은퇴자협회 회장) ○ 임춘식(한남대 사회복지학과 교수) ○ 김명제(성남시 자원봉사센터 전문강사)	사회문제와 자원봉사계의 역할
한국자원봉사포럼 창립 10주년 기념자료집 발간 (2005)				
47	2005. 2. 28 세종문화회관 4층 컨퍼런스홀	제 45회 정기포럼 "재난재해와 해외자원봉사운동: 쓰나미 피해를 계기로" 후원: 삼성사회봉사단	● 윤현봉 (한국해외원조단체 협의회 사무총장) ● 육광남 (재해극복범시민연합 이사장) ○ 조 현 (외교통상부 국장) ○ 성기환 (대한적십자사 회장) ○ 장성용 (한국서비스포피스 회장)	재난, 국가위기 자원봉사

차수	일시 · 장소	포럼명 및 주제	발표자 · 토론자 ⓚ 기조강연자 ● 발제자 ○ 토론자	카테고리 (이슈별)
48	2005. 4. 15 광주 5 · 18 기념문화관 대동홀	제46회 정기포럼 "광역자원봉사센터의 역할과 활성화 방안" 주최: 한국자원봉사포럼, 광주광역시, 광주일보 주관: (사)광주광역시자원봉사센터 후원: 삼성사회봉사단	● 이강현 (볼런티어 21 사무총장) ● 이성록 (국립한국재활복지대 교수) ○ 이민창(조선대 사회복지학과 교수) ○ 이동률(서울시 자원봉사센터 소장) ○ 남 현(안양시 종합자원봉사센터 사무국장)	지역자원봉사 센터의 역할 및 과제
자원봉사기본법 제정 (2005. 6)				
49	2005. 6. 21 배재대 학술지원센터	제47회 정기포럼 "기업의 사회봉사와 파트너십 전략" 주최: 한국자원봉사포럼, 전국경제인연합 후원: 삼성사회봉사단	● 김통원(성균관대 사회복지학과 교수) ○ 곽대석 (CJ 사회공헌 팀장) ○ 박수천(한국보건사회 연구원 선임연구원) ○ 안금녀(수원시 자원봉사센터 소장)	기업 자원봉사
50	2005. 7. 20 프란치스코 교육회관 2층 대강당	제1회 전문가 초청포럼 · 조찬포럼 "자원봉사법 통과이후의 자원봉사 정책방향" 후원: 삼성사회봉사단	● 김혜순(행정자치부 여성협력팀장) ● 법안기획단	자원봉사 정책
51	2005. 9. 27 세실레스토랑	제2회 전문가 초청포럼 · 조찬포럼 "재난대비 자원봉사 민관 협력체계" 후원: 삼성사회봉사단	● 공창석(소방방재청 재난예방본부장) ○ 성기환 (대한적십자사 팀장)	재난, 국가위기 자원봉사
한중일 국제포럼 개최 (2005. 10)				
52	2005. 10. 18 한국 프레스센터 20층	10주년 국제포럼 "동북아 공동번영과 자원봉사, 그리고 기업의 역할(한중일)"	-	글로벌 자원봉사 과제

286

차수	일시 · 장소	포럼명 및 주제	발표자 · 토론자 ⓚ 기조강연자 ● 발제자 ○ 토론자	카테고리 (이슈별)
53	2005. 11. 11 춘천	제48회 정기포럼 "재해재난과 자원봉사 및 관광자원봉사 활성화 방안"	-	재난, 국가위기 자원봉사
54	2005. 12. 13 서울	제3회 전문가 초청포럼 · 조찬포럼 "정부의 자원봉사 훈 · 포장제 운영 문제는 없나"	-	자원봉사 인정과 보상의 문제
한국자원봉사포럼 사단법인 행정자치부 허가 (2006)				
55	2006. 2. 22 프란치스코 교육회관 2층 대강당	제4회 전문가 초청포럼 · 조찬포럼 "기업의 사회봉사 전망과 과제"	-	기업 자원봉사
56	2006. 3. 28 서울	제49회 정기포럼 "5 · 31 지방선거에서 자원봉사의 역할과 한계"	-	자원봉사활동의 지향점(선거)
57	2006. 4. 25 서울	제5회 전문가 초청포럼 · 조찬포럼 "자원봉사 활성화 대책"	-	자원봉사의 활성화 방안
58	2006. 5. 26 세종문화회관 3층 컨퍼런스홀	제50회 정기포럼 "미래의 자원봉사 활성화 방안"	-	자원봉사의 활성화 방안
59	2006. 6. 9 대구	제51회 정기포럼 "지역자원봉사 활성화 방안"	-	지역 자원봉사활동의 활성화
60	2006. 7. 4 서울시청 별관	제52회 정기포럼 "인정보상체계의 현황과 과제"	● 최은숙 (가정법률사무소 평택안성지부 소장) ○ 이석우(의왕시 자원봉사센터 소장) ○ 최영수 (한강시민공원사업소 팀장)	자원봉사 인정과 보상의 과제
61	2006. 9. 26 프레지던트 호텔, 동해	제6회 전문가 초청포럼 · 조찬포럼 "노인과 자원봉사"	-	노인자원봉사
62	2006. 10. 25 서울	특별포럼 "자원봉사의 생활화, 어떻게 구현할 것인가?"	-	자원봉사의 활성화 방안

차수	일시 · 장소	포럼명 및 주제	발표자 · 토론자 ⓚ 기조강연자 ● 발제자 ○ 토론자	카테고리 (이슈별)
63	2006. 11. 3~4 충북 제천 청풍리조트	제53회 정기포럼 "한국의 자원봉사 인프라, 어떻게 확립할 것인가?"	-	자원봉사의 활성화 방안
64	2006. 12. 15 ~16 화성 라비돌리조트	제54회 정기포럼 "국가발전과 자원봉사운동"	-	자원봉사활동 · 운동 평가와 과제
격월간 *VOLUNTAS* 창간, 시민자원봉사헌장 개정 (2007)				
65	2007. 1. 31 서울 세실레스토랑	제7회 전문가 초청포럼 · 조찬포럼 "한국해외원조사업의 현황과 전망: ODA 및 봉사단파견 사업을 중심으로"	-	글로벌 자원봉사 과제
66	2007. 3. 28 서울 민주화운동 기념사업회 1층 교육장	제55회 정기포럼 "자원봉사 진흥을 위한 국가 기본계획, 무엇을 담을 것인가"	-	자원봉사의 정부 과제
67	2007. 5. 16 코리아나호텔 3층 사카에	제8회 전문가 초청포럼 · 조찬포럼 "보건복지부의 자원봉사 정책방향"	-	자원봉사 정책
68	2007. 7. 3 양천문화회관	특별포럼 "자원봉사센터 10년의 역사와 민관 파트너십을 통한 센터의 역할"	-	지역자원봉사 센터의 역할 및 과제
69	2007. 8. 23 ~24 충북 괴산군 보람원	제1회 전국 자원봉사 컨퍼런스 "1세션 1자원봉사 가치증진과 참여 촉진"	-	(지역) 자원봉사활동의 활성화
70	2007. 9. 20 한국 사회복지회관 6층 대회의실	제56회 정기포럼 "기업사회봉사활동과 자원봉사센터의 연계방안" 주관: 한국자원봉사포럼, 서울시자원봉사센터 후원: 한국사회복지협의회	● 조대엽(고려대 사회학과 부교수) ○ 김민열(한림대 성심병원 행정부원장) ○ 박미혜(강동구 자원봉사센터 사무국장) ○ 박찬호(전국 경제인연합회 상무)	기업 자원봉사

차수	일시 · 장소	포럼명 및 주제	발표자 · 토론자 Ⓚ 기조강연자 ● 발제자 ○ 토론자	카테고리 (이슈별)
71	2007. 10. 22 한국 자유총연맹 자유홀	전국자원봉사대축제 특별포럼 "노블레스 오블리주 자원봉사 실천, 어떻게 활성화할 것인가?" 주최: 한국자원봉사협의회, 〈중앙일보〉, SBS 주관: 한국자원봉사포럼	Ⓚ 이어령(전 문화부 장관, 중앙일보 고문) ● 강지원(변호사, 한국매니페스토실천 본부 상임공동대표) ○ 이창호(중앙일보 시민사회연구소 전문위원) ○ 현택수(고려대 사회학과 교수)	재능나눔 활성화
72	2007. 11. 30 ~12. 1 제주도 중소기업 지원센터	제57회 정기포럼 "지역사회 자원봉사 네트워크 현황과 활성화 방안"	-	(지역) 자원봉사활동의 활성화
73	2007. 12. 6 고양시 명지병원 대강당	고양시 자원봉사 10주년 특별포럼 "시민사회 자원봉사운동의 가치와 철학"	-	자원봉사 가치와 철학
정부포상 단체표창 '대통령상' 수상				
74	2008. 2. 12 서울 세실레스토랑	제9회 전문가 초청포럼 · 조찬포럼 "새 정부의 자원봉사 정책을 듣는다: 국민통합 차원에서의 자원봉사 정책과 자원봉사운동의 방향"	-	자원봉사 정책
75	2008. 3. 27 굿네이버스 강당	제58회 정기포럼 "이명박 정부의 출범과 자원봉사 핵심과제" 주최: 한국자원봉사포럼 후원: 한국자원봉사협의회	● 강승화(행정안전부 민관협력팀장) ● 이강현 (한국자원봉사협의회 사무총장) ● 양세영 (전국경제인연합회 사회협력본부장) ○ 구혜영 (한양사이버대 교수) ○ 주성수(한양대 행정대학원 교수) ○ 정진경(광운대 행정학과 교수)	자원봉사의 정부 과제

차수	일시 · 장소	포럼명 및 주제	발표자 · 토론자 ⓚ 기조강연자 ● 발제자 ○ 토론자	카테고리 (이슈별)
75			○ 곽대석 (한국사회복지협의회 사회공헌정보센터 소장)	
76	2008. 4. 18 ~19 홍익대 만리포 해양연수원	서해안 살리기 자원봉사 특별포럼 "서해안 살리기 자원봉사활동의 의의와 과제" 주최: 한국자원봉사협의회, 소방방재청 주관: 한국자원봉사포럼, 충청남도자원봉사센터, 한국교회봉사단	● 염형철 (환경운동연합 국토생태본부 처장) ● 최희천(희망제작소 재난관리연구소 연구원) ● 이상훈(여수 YMCA 사무총장) ● 성기환 (서일대 교수) ● 김진홍(충남 자원봉사센터 사무국장) ● 김종생 (한국교회봉사단 사무처장, 목사) ● 김영선(파주시 자원봉사센터 소장) ○ 이은애 (전국재해구호협회 구호팀장) ○ 김성기(한국 자원봉사센터협회 1365중앙봉사단장)	재난, 국가위기 자원봉사
77	2008. 5. 22 ~23 양평군 농업기술센터	제15회 전국 자원봉사 대축제 특별포럼 "외국인 100만 시대의 다문화 자원봉사" 주최: 한국자원봉사협의회, 〈중앙일보〉, SBS 주관: 한국자원봉사포럼, 양평군 자원봉사센터 후원: 교보생명, 양평군	ⓚ 박숙자(경기도 가족여성개발원장) ● 김범수(평택대 사회복지대학원장, 다문화가족센터 소장) ○ 송민경(경기대 청소년학과 교수) ○ 강복정(중앙건강 가정지원센터 팀장)	글로벌 자원봉사 과제

차수	일시 · 장소	포럼명 및 주제	발표자 · 토론자 ⓚ 기조강연자 ● 발제자 ○ 토론자	카테고리 (이슈별)
78	2008. 7. 4~5 대구 문화예술회관 국제회의장	제59회 정기포럼 "한국 자원봉사의 정책진단과 방향모색" 주최: 사단법인 대구자원봉사포럼, 사단법인 한국자원봉사포럼 후원: 대구광역시, KT&G 복지재단, 대구은행, 금복복지재단	ⓚ 이강현(IAVE 회장, 한국자원봉사협의회 사무총장) ● 이창호(중앙일보 시민사회연구소 전문위원) ○ 배기효(대구 자원봉사포럼 회장) ○ 윤순화 (한국자원봉사센터 협회 부장)	자원봉사 정책
79	2008. 7. 11 서울시 교원단체 총연합회 대강당	제10회 전문가 초청포럼 · 조찬포럼 "청소년 자원봉사활동의 문제점과 대안으로서의 봉사학습(Service Learning)" 추최: 한국자원봉사포럼, 볼런티어 21 후원: 한국청소년진흥센터, 서울시교원단체총연합회, 유니세프, 성안당, 학교를사랑하는학부모모임	● Robert D. Shumer (미국 미네소타대학 교수) ○ 이창호(중앙일보 시민사회연구소 전문위원) ○ 최윤진 (중앙대 교수) ○ 송민경(경기대 청소년학과 교수) ○ 박윤애 (볼런티어21 사무총장) ○ 최미숙 (학교를사랑하는 학부모모임 상임대표) ○ 오재법 (청소년활동 진흥센터 팀장) ○ 이해숙 (경기교육자원봉사 단체협의회 사무총장)	청소년 자원봉사
80	2008. 8. 28 ~29 전주시 자원봉사 종합센터	제2회 전국 자원봉사 컨퍼런스 트랙 1 "4세션 1자원봉사 민간중앙조직의 효율적 운영방안"	-	지역자원봉사 센터의 역할 및 과제

차수	일시 · 장소	포럼명 및 주제	발표자 · 토론자 ⓚ 기조강연자 ● 발제자 ○ 토론자	카테고리 (이슈별)
81	2008. 10. 2 서울시의회 별관 대회의실	제60회 정기포럼 "자원봉사활동기본법 시행 3년, 평가와 과제" 주최: (사) 한국자원봉사포럼, 중앙일보 시민사회연구소 후원: 행정안전부, 보건복지가족부, 한국자원봉사협의회, 학교를사랑하는학부모모임	● 이성철 (남서울대 교수) ● 백원우 (국회의원, 민주당 보건복지가족위) ○ 김준목 (한국자원봉사센터 협회장) ○ 이창호(중앙일보 시민사회연구소 전문위원) ○ 고진광 (학교를사랑하는 학부모모임 공동대표)	자원봉사활동 기본법 평가와 과제
82	2008. 10. 30 안산 문화예술의 전당 국제회의장	다문화 자원봉사 특별포럼 "시민사회와 다문화 자원봉사" 주최: (사) 한국자원봉사포럼 주관: 안산시 자원봉사센터, 안산 YMCA 후원: 한빛방송, 안산시, 안산시 시설관리공단, (사) 안산시 자원봉사단체협의회, 안산이주민센터	● 박천응 ((사)국경없는마을 이사장, 안산 이주민센터 대표) ● 윤영미(평택대 교양학부 교수) ○ 박난숙 (보건복지가족부 다문화가족과장) ○ 임주현 (안산YMCA 사무총장)	글로벌 자원봉사 과제
학술연구용역 실시 (2008. 11)				
83	2008. 11. 18 국회도서관 대강당	제61회 정기포럼 "자원봉사활동기본법 개정을 위한 공청회" 주최: (사) 한국자원봉사협의회, 국회의원 강기정 주관: (사) 한국자원봉사포럼 후원: 한국자원봉사센터협회	● 이제훈 (한국자원봉사협의회 공동대표) ○ 김준목(한국 자원봉사센터 협회장) ○ 송상락(행정안전부 안전정책협력과장) ○ 이창호(중앙일보 시민사회연구소 전문위원) ○ 모옥희 (한국사회복지협의회 자원개발부장)	자원봉사활동 기본법 개정

차수	일시 · 장소	포럼명 및 주제	발표자 · 토론자 ⓚ 기조강연자 ● 발제자 ○ 토론자	카테고리 (이슈별)
83			○ 김종생(서해안 살리기 한국교회 봉사단 사무처장)	
			○ 박윤애 (볼런티어21 사무총장)	
			○ 고진광(재해극복 범시민연합 상임대표, 자원봉사 왜곡·관변화 저지를 위한 범시민연대 위원장)	
84	2008. 11. 28 프레지던트 호텔, 동해	제11회 전문가 초청포럼 · 조찬포럼 "미국의 자원봉사 동향과 자원봉사 컨설팅"	–	글로벌 자원봉사 동향
85	2008. 11. 28 고양교육청 대회의실	학술연구용역 발표회 "자원봉사 인정보상 실태조사 및 모형개발"	–	자원봉사 인정과 보상의 과제
86	2009. 3. 24 백범기념관	특별포럼 "경제위기 극복과 사회통합을 위한 노블레스 오블리주 자원봉사 특별포럼" 주최: (사) 한국자원봉사협의회 주관: (사) 한국자원봉사포럼 후원: 행정안전부	ⓚ 예종석 (한양대 글로벌경영 전문대학원장) ● 김순택(경기도 자원봉사센터장) ● 구자행 (한국자원봉사협의회 사무국장) ○ 이강현 (IAVE 세계회장) ○ 김정숙 (인간성회복운동추진 협의회 사무처장)	자원봉사의 활성화 방안
87	2009. 4. 17 ~18 화성 라비돌리조트	제62회 정기포럼 · 제16회 전국 자원봉사 대축제 특별포럼 "자원봉사! 희망에너지" 주최: 한국자원봉사협의회, 〈중앙일보〉 주관: 한국자원봉사포럼, 경기도자원봉사센터 후원: 경기도	ⓚ 김문수(경기도지사) ● 이창호(중앙일보 시민사회연구소 전문위원) ● 진재광 (경기도의회 의원) ○ 박윤애 (볼런티어 21 사무총장)	자원봉사의 활성화 방안

차수	일시 · 장소	포럼명 및 주제	발표자 · 토론자 Ⓚ 기조강연자 ● 발제자 ○ 토론자	카테고리 (이슈별)
87			○ 조승철 (경기복지미래재단 사무처장)	
			○ 이성철 (남서울대 교수)	
			○ 이석우(의왕시 자원봉사센터 소장)	
			○ 이해숙 (경기교육자원봉사단 체협의회 사무총장)	
	한국자원봉사포럼 광명포럼 창립 (2009. 6)			
88	2009. 6. 10 광명시 평생학습원	한국자원봉사포럼 광명포럼 창립기념 세미나 "녹색사회 만들기와 자원봉사" 주최: 한국자원봉사포럼 주관: 한국자원봉사포럼 광명포럼 후원: 광명시, 광명시의회	● 김통원(성균관대 사회복지학과 교수)	환경 자원봉사
			○ 한동우 (강남대 사회복지 전문대학원 교수)	
			○ 남미정 (여성환경연대 공동대표)	
			○ 이수현 ((사)생명의숲 국민운동 사무처장)	
89	2009. 7. 9~10 양재동 교육문화회관	제3회 전국 자원봉사 컨퍼런스 트랙 2 - 3세션 1 "정부의 복지정책 변화와 자원봉사: 사회적 일자리 사업과 자원봉사 영역의 상충에 대한 방안"	Ⓚ Kathleen Dennis (Civil Society Consulting Group Senior Consultant, 현 IAVE Director · 전 IAVE 사무총장)	자원봉사 정책
			Ⓚ 김경동(서울시 자원봉사센터 이사장)	
			● 구혜영 (한양사이버대 교수)	
			○ 황현기 (민주당 국회의원 백원우 비서관)	
			○ 유경호(김포시 노인복지관장)	
			○ 김현숙(서초구 자원봉사센터 소장)	

차수	일시 · 장소	포럼명 및 주제	발표자 · 토론자 Ⓚ 기조강연자 ● 발제자 ○ 토론자	카테고리 (이슈별)
90	2009. 8. 26 서울 역사박물관 강당	제63회 정기포럼 "대학입학사정관제 시행에 따른 자원봉사계의 역할과 과제" 주최: 한국자원봉사포럼, 　　　한국대학교교육협의회, 　　　중앙일보 시민사회연구소 후원: 한국자원봉사협의회, 서울시 　　　교육청, 한국청소년진흥센터	● 이성철 (남서울대 교무처장, 대사협 전문위원) ● 이창호(중앙일보 시민사회연구소 전문위원) ○ 김규환(대교협 입학전형지원실장) ○ 이해숙 (매탄고등학교 교사)	청소년 자원봉사
91	2009. 9. 10 국회도서관 대강당	제 64회 정기포럼 "자원봉사활동기본법 개정을 위한 토론회: 민간·지역단위 자원봉사 패러다임으로의 전환" 주최: 한국자원봉사포럼, 　　　이병석 국토해양위원장, 　　　한국자원봉사센터중앙회 후원: 한국자원봉사협의회, 　　　대한적십자	● 최일섭 (한국자원봉사학회장, 서울대 교수) ● 김준목 (한국자원봉사센터 중앙회장) ○ 김범수(평택대 사회복지대학원장) ○ 최일도(목사, 다일복지재단 이사장) ○ 장만희(행정안전부 민간협력과장) ○ 안승화(과천시 자원봉사센터 소장)	자원봉사활동 기본법 개정
92	2009. 10. 29 한국교회 100주년 기념관 소강당	제 65회 정기포럼 "한국교회봉사와 지역사회변화" 주최: 한국교회봉사단, 　　　한국자원봉사포럼 후원: 한국자원봉사협의회	Ⓚ 조흥식(서울대 사회복지학과 교수) ● 김기원(서울 장로회신학대 교수) ● 정무성(숭실대 사회복지대학원 교수)	종교단체 자원봉사
93	2009. 11. 13 ~14 경주 한화리조트 대강당	제 66회 정기포럼 "고령화사회 인구변화와 자원봉사" 주최: 한국자원봉사포럼, 경상북도 주관: 경상북도 자원봉사센터	Ⓚ 김경동(한국 자원봉사포럼 회장, 서울대 명예교수) ● 이성록(국립 한국재활복지대 교수) ● 정진경(광운대 행정학과 교수)	노인 자원봉사

차수	일시·장소	포럼명 및 주제	발표자·토론자 ⓚ 기조강연자 ● 발제자 ○ 토론자	카테고리 (이슈별)
93			○ 서경석 (한국노인종합복지관협 회장)	
			○ 정일교(안동시 자원봉사센터 소장)	
			○ 유경호(김포시 노인종합복지관장)	
			○ 이상섭(포항시 자원봉사센터 사무국장)	
			○ 장덕희(위덕대 사회복지학과 교수)	
		지정기부금단체인증 기획재정부 (2010)		
94	2010. 2. 10 사회복지공동 모금회 강당	제67회 정기포럼 "기부와 재능나눔 활성화 방안" 주최: 한국자원봉사포럼, 성숙한사회가꾸기모임 후원: 한국자원봉사협의회, 사회복지공동모금회, 조선일보	● 한동우(강남대 사회복지전문대학원 교수)	재능나눔 활성화
			● 이만식 (프로보노 코리아 정책이사, 장로회신학대 사회복지학과 교수)	
			○ 황경식(서울대 교수, 명경의료재단 이사장)	
			○ 남영찬(SK CR&L 부문 총괄부사장)	
			○ 김현옥(서울시 자원봉사센터 소장)	
95	2010. 4. 2 사회복지공동 모금회 강당	제68회 정기포럼 "중앙자원봉사센터 설치의 과제와 전망" 주최: 한국자원봉사포럼, 한국자원봉사학회 후원: 한국자원봉사협의회, 한국교회희망봉사단, 조계종사회봉사단	● 이창호 (남서울대 교수, 중앙일보 전문위원)	중앙자원봉사 센터의 역할 및 과제
			○ 김준목 (한국자원봉사센터 중앙회장)	
			○ 김동배(연세대 사회복지대학원 교수)	
			○ 김종구 (한국자원봉사협의회 사무처장)	
			○ 김현옥(서울시 자원봉사센터 소장)	

차수	일시 · 장소	포럼명 및 주제	발표자 · 토론자 ⓚ 기조강연자 ● 발제자 ○ 토론자	카테고리 (이슈별)
96	2010. 4. 2 사회복지공동 모금회 강당	제 69회 정기포럼 "2010 춘계 전국자원봉사 학술세미나 : 자원봉사관리자의 전문직화 가능성에 관한 고찰" 주최: 한국자원봉사학회, 한국자원봉사포럼 주관: 경기도사회복지연구회 후원: 한국자원봉사협의회	● 김진학(평택대 사회복지학 박사) ● 오효근(경기대 사회복지학 박사) ● 김범수(평택대 사회복지학과 교수) ● 이강현 (볼런티어21 공동대표) ● 정희선 (볼런티어21 사무처장) ○ 이봉주(서울대 사회복지학과 교수) ○ 김현옥(한국 자원봉사관리협회장) ○ 신용석(한국 사회복지사협회 행정총무국 차장)	자원봉사 관리자의 고찰

97	2010. 5. 12
	 사회복지공동
	 모금회 강당
		제 70회 정기포럼
		 "시민사회포럼 · 중앙일보
		 시민사회연구소 공동 세미나 :
		 자원봉사와 시민운동,
		 어떻게 시너지를 낼 것인가"
		
		 주최: 한국자원봉사포럼,
		     시민사회포럼, 중앙일보
		     시민사회연구소
			ⓚ 김경동(한국
			 자원봉사포럼 회장,
			 서울대 명예교수)
			
			 ● 구자행(한국자원봉사
			 관리협회 사무국장)
			
			 ● 차명제(동국대 생태
			 환경연구센터 교수)
			
			 ● 이창호(한국
			 자원봉사포럼 부회장,
			 남서울대 교수)
			
			 ● 이정옥
			 (민주화운동기념
			 사업회 국제사업단장,
			 대구가톨릭대 교수)
			
			 ○ 정희선
			 (볼런티어21 사무처장)
			
			 ○ 이대영
			 (경실련 사무총장)
			
			 ○ 박홍순(열린사회
			 시민연합 공동대표)
			
			 ○ 박상필
			 (성공회대 교수)
				시민
				 자원봉사운동

차수	일시 · 장소	포럼명 및 주제	발표자 · 토론자 ⓚ 기조강연자 ● 발제자 ○ 토론자	카테고리 (이슈별)
98	2010. 6. 17 ~18 충북 영동 민주지산 자연휴양림	제17회 전국 자원봉사 대축제 특별포럼 "사회적기업과 자원봉사" 주최: 한국자원봉사포럼, 〈중앙일보〉 후원: 한국자원봉사협의회, 　　　행정안전부, 영동군	ⓚ 조영복(부산대 교수, 사회적기업 연구원장) ● 심상달(한국 개발연구원(KDI) 교수) ○ 전미자(건국대 디자인대학원 겸임교수, 복지환경 디자인연구소장) ○ 유항제 (SKT 사회공헌팀장) ○ 정재호(하늘그림 사회복지회장, 전 영동대 교수)	기업 자원봉사
99	2010. 8. 24 ~25 경기도 청소년수련원	제4회 전국 자원봉사 컨퍼런스 트랙 2 - 1세션 1 "지속가능한 재능나눔운동의 현황과 과제"	-	재능나눔 활성화
100	2010. 11. 3 안산문화 예술의전당	15주년 기념 100회 특별포럼 "국제화와 농어촌 다문화 자원봉사" 주최: 한국자원봉사포럼 주관: 안산시 자원봉사센터 후원: 한국마사회	ⓚ 민승규(농촌 진흥청장, 전 농림수산 식품부 차관) ● 오경석(한양대 다문화센터 소장) ● 김범수(전 평택대 교수, 현 한국다문화 사회연구소장) ○ 이용교(광주대 사회복지전문대학원 교수) ○ 이태주(무지개 청소년센터장, 한성대 문화인류학과 교수) ○ 김창모(안산시 외국인주민센터장)	글로벌 자원봉사 과제
101	2010. 12. 17 사회복지공동 모금회	정책토론회 "자원봉사 인정, 보상 법제화의 쟁점과 과제" 주최: 한국자원봉사협의회 주관: 한국자원봉사포럼	● 이강현(세계 자원봉사협의회장) ● 오현규 (안경률 의원 보좌관)	자원봉사 인정과 보상의 과제

차수	일시·장소	포럼명 및 주제	발표자·토론자 ⓚ 기조강연자 ● 발제자 ○ 토론자	카테고리 (이슈별)
		자원봉사지도자 해외연수(일본), 전국대학생 자원봉사 토론대회, 한중일 자원봉사 국제포럼 개최 (2011)		
102	2011. 4. 8 대한적십자사 강당	제72회 정기포럼 "2011년 한국 자원봉사의 도전과 이슈: 자원봉사 인정, 보상의 대안마련을 위한 현장관리자 대토론회" 주최: 한국자원봉사포럼, 대한적십자사 후원: 한국자원봉사협의회, 한국자원봉사관리협회, 볼런티어21	● 김성준(제주대 행정학과 교수) ● 나병진 (대한적십자사 재난구호봉사본부장) ○ 이 연(한국자원 복지재단 사무총장, 동아인재대 교수) ○ 신은희(서초구 자원봉사센터 과장) ○ 김진학(강서구청 주민생활지원과 팀장, 사회복지학 박사) ○ 이창호(남서울대 사회복지학과 교수)	자원봉사 인정과 보상의 과제
103	2011. 4. 29 ~ 30 경상남도 교통문화 연수원	제18회 전국 자원봉사 대축제 특별포럼 "아시아 태평양 지역의 자원봉사 네트워크 협력방안" 주최: 한국자원봉사포럼, 〈중앙일보〉 주관: 경상남도 자원봉사센터 후원: 한국자원봉사협의회, 경상남도 자원봉사협의회, 행정안전부, 경상남도	ⓚ 김경동(한국 자원봉사포럼 회장, 서울대 명예교수) ● 남부원(전국 YMCA연맹 사무총장) ● 박윤애 (IAVE 한국대표, 볼런티어 21 사무총장) ○ 성수열 (코피온 상무이사) ○ 석수근(경상남도 자원봉사센터장) ○ 김정기(경남대 사회복지학과 교수)	글로벌 자원봉사 과제
104	2011.5. 6 사회복지공동 모금회	"자원봉사운동의 현안에 대한 자원봉사지도자 끝장 토론회" 주최: 한국자원봉사포럼 후원: 한국자원봉사협의회, 전국자원봉사센터중앙회, 한국자원봉사학회, 한국자원봉사관리협회	-	자원봉사활동· 운동 평가와 과제

차수	일시·장소	포럼명 및 주제	발표자·토론자 ⓚ 기조강연자 ● 발제자 ○ 토론자	카테고리 (이슈별)
105	2011. 6. 3 상명대 국제회의실	제18회 전국 자원봉사 대축제 학술세미나 "한국인의 자원봉사 동기에 관한 재고찰"	-	자원봉사 동기
106	2011. 6. 10 서울시 인재개발원	정책토론회 "자원봉사 활성화를 위한 민관협력 정책토론회" 주최: 한국자원봉사협의회, 특임장관실 주관: 한국자원봉사포럼	● 김경동(한국 자원봉사포럼 회장, 서울대 명예교수, 대한민국학술원 회원) ●○ 이창호(남서울대 사회복지학과 교수) ○ 최일섭(한국 자원봉사학회장) ○ 구자행 (한국자원봉사관리 협회 운영위원)	민관 협력 자원봉사 과제
107	2011. 6. 17 서울 역사박물관	제 73회 정기포럼 "자원봉사센터 민영화 추진실태와 과제: 서울시를 중심으로" 주최: 한국자원봉사포럼, 서울시 자원봉사센터 후원: 서울시	● 김진학(강서구청 주민생활지원과 팀장, 사회복지학 박사) ○ 이금룡(상명대 가족복지학과 교수) ○ 이창호(한국 자원봉사포럼 부회장, 남서울대 교수) ○ 주성수(한양대 제 3섹터연구소장) ○ 정희선(볼런티어21 사무처장)	지역 자원봉사센터의 역할 및 과제
제주 자원봉사포럼 창립 (2011. 6)				
108	2011. 6. 30 제주 화이트비치 호텔	제 74회 정기포럼 "제주도자원봉사포럼 창립기념 특별포럼: 네트워크를 활용한 기업자원봉사 활성화" 주최: 한국자원봉사포럼, (사)제주특별자치도 자원봉사협의회	ⓚ 김경동(한국 자원봉사포럼 회장) ● 강세현 (제주한라대 교수) ● 김성준 (제주대 교수) ○ 고보선(제주산업 정보대 교수) ○ 김인배 (한라일보 상무이사)	기업 자원봉사

차수	일시·장소	포럼명 및 주제	발표자·토론자 ⓚ 기조강연자 ● 발제자 ○ 토론자	카테고리 (이슈별)
108		주관: (사)제주자원봉사포럼 후원: 제주특별자치도, 농협 제주지역 본부	○ 김순택 (제주특별자치도 자원봉사협의회장)	
109	2011. 8. 26 대한적십자사 강당	제 75회 정기포럼 "사회통합과 노블레스 오블리주" 주최: 사회통합위원회, 한국자원봉사포럼 후원: 한국자원봉사협의회, 〈중앙일보〉	ⓚ 이제훈 (한국자원봉사협의회 상임대표, 전 중앙일보 사장) ● 한동철 (서울여대 교수, 한국 부자학연구학회장) ○ 손원익(한국조세 연구원 연구위원) ○ 박성호(YTN 보도국 부국장, 전 워싱턴특파원) ○ 김정숙 (인간성회복운동추진 협의회 사무처장)	재능나눔 활성화
110	2011. 11. 4 남서울대 아동복지학관	한국자원봉사학회 학술세미나 "자원봉사 정책의 한국적 모형에 관한 연구"	-	자원봉사 정책
111	2011. 11. 16 하이서울 유스호스텔	특별포럼·한중일 자원봉사 국제포럼 "동북아의 공동번영과 조화로운 삶을 위한 시민사회 자원봉사의 과제"	-	글로벌 자원봉사 과제
112	2011. 12. 28 사회복지 공동모금회 세미나실	제 12회 전문가 초청포럼·조찬포럼 "소셜미디어와 자원봉사"	● 김 일(위스타트 운동본부 사무총장, 포럼 운영위원)	SNS를 활용한 자원봉사의 활성화
113	2012. 3. 23 서울 여성플라자	제 13회 전문가 초청포럼·조찬포럼 "한국 자원봉사운동의 현안에 관한 자원봉사전문가 집담회" 주최: 한국자원봉사포럼 후원: 한국자원봉사협의회	● 이석우 (한봉협 사무처장) ● 김현옥 (한국자원봉사 관리협회 회장)	한국 자원봉사의 회고와 전망

차수	일시 · 장소	포럼명 및 주제	발표자 · 토론자 Ⓚ 기조강연자 ● 발제자 ○ 토론자	카테고리 (이슈별)
114	2012. 4. 13 ~14 충남여성정책 개발원	제19회 전국 자원봉사 대축제 특별포럼 "자원봉사 국가기본계획 수립의 방향과 과제" 주최: 한국자원봉사포럼, 충청남도 자원봉사센터 후원: 한국자원봉사협의회, 〈중앙일보〉, 행정안전부	● 주성수(한양대 공공정책대학원 교수) ● 구자행(유성구 자원봉사센터장) ○ 김동윤(보령시 자원봉사센터장) ○ 김노설(국제로터리 3620지구 연수팀장) ○ 박인용(행정안전부 민간협력과장)	자원봉사 정책
115	2012. 4. 20 한양사이버대	학술세미나 "자원봉사학의 전망과 과제" 주최: 한국자원봉사학회, 한국자원봉사포럼 후원: 외환은행 나눔재단	● 정진경(광운대) ● 오충순 (사회복지학 박사) ● 차용호 (Korea Hands 단장) ○ 최원규(전북대) ○ 구혜영 (한양사이버대) ○ 김성준(제주대) ○ 김진학 (강서구 자원봉사센터) ○ 이성철 (남서울대) ○ 송민경(경기대)	자원봉사학의 과제
116	2012. 5. 4~5	2012 여수엑스포와 함께하는 자원봉사 특별포럼 "해양환경의 재생과 자원봉사" 주최: 한국자원봉사협의회, 서비스포피스 재단, 한국자원봉사포럼 후원: 여수세계박람회 조직위원회, 〈중앙일보〉	Ⓚ 김경동(한국 자원봉사포럼 회장, 대한민국학술원 회원) ● 박창호 (인천재능대 교수) ● 시바타 쇼조우 (교토대 교수, 필드과학연구센터장)	환경 자원봉사
117	2012. 5. 30 사회복지 공동모금회	제14회 전문가 초청포럼 · 조찬포럼 "세계자원봉사의 뉴트렌드와 시사점"	● 이강현 (IAVE 세계회장)	글로벌 자원봉사 과제

차수	일시 · 장소	포럼명 및 주제	발표자 · 토론자 Ⓚ 기조강연자 ● 발제자 ○ 토론자	카테고리 (이슈별)
117		주최: 한국자원봉사문화, 한국자원봉사포럼, 서울시 자원봉사센터	○ 우영화 (한국자원봉사문화 사무국장)	
			○ 구자행(대전유성구 자원봉사센터장)	
			○ 신은희(서초구 자원봉사센터 과장)	
			○ 김석권(과우회 자원봉사단장)	
			○ 이수진 (한국대학사회봉사 협의회 팀장)	
			○ 최민희 (한국자원봉사 협의회 부장)	
			○ 박미혜(서울시 자원봉사센터 부장)	
118	2012. 8. 21 ~24 중국 베이징	특별포럼 · 한중일 자원봉사 국제포럼 "한중일 자원봉사 민간단체 네트워크 구축의 의미와 과제"	-	글로벌 자원봉사 과제
119	2012. 9. 4 서울시 자원봉사센터 교육장	특별포럼 "근대화와 자발적 복지사회: 김경동 교수의 저서 《자발적 복지사회》를 중심으로" 주최: 한국자원봉사문화, 서울시 자원봉사센터, 한국자원봉사포럼, 한국자원봉사관리협회 후원: KAIST, 한국자원봉사협의회	Ⓚ 김경동(KAIST 테크노경영대학원 초빙교수, 한국 자원봉사포럼 회장)	자원봉사 가치와 철학
			○ 권미영(시흥시 종합자원봉사센터장)	
			○ 이명현	
			○ 이창호(남서울대 사회복지학 교수)	
120	2012. 10. 9 백범기념관 컨벤션홀	재능나눔 컨퍼런스 "재능나눔 코디네이터 역량강화 컨퍼런스"	-	재능나눔 활성화
121	2012. 10. 31 국회도서관	"시민사회 소통과 발전을 위한 정책세미나: 18대 대선과 시민사회 자원봉사 활성화 공약제안"	● 이필구 (시민사회단체연대 회의 운영위원)	자원봉사활동의 지향점(선거)
			● 신종익(바른사회 시민회의 사무처장)	

차수	일시 · 장소	포럼명 및 주제	발표자 · 토론자 ⓚ 기조강연자 ● 발제자 ○ 토론자	카테고리 (이슈별)
121		주최: 시민사회포럼, 한국자원봉사포럼 후원: 중앙일보 시민사회환경연구소	● 이태복 (국민석유 상암대표, 전 보건복지부 장관)	
			● 김순택 (전국자원봉사센터 중앙회장)	
			○ 길정우 (새누리당 의원)	
			○ 박홍근 (민주통합당 의원)	
122	2012. 11. 21 페럼타워	특별포럼 "사회갈등 치유를 위한 나눔과 봉사 정책토론회" 주최: 사회통합위원회, 한국자원봉사협의회 주관: 한국자원봉사포럼 후원: 〈중앙일보〉, 사회복지공동모금회	ⓚ 이배용 (전 국가브랜드 위원회 위원장)	사회문제와 자원봉사계의 역할
			● 김경동(서울대 명예교수, 한국 자원봉사포럼 회장)	
			● 김동배(연세대 사회복지전문 대학원 교수)	
			○ 박인용(행정안전부 민간협력과장)	
			○ 정희선 (한국자원봉사문화 사무총장)	
			○ 김용우(사통위 계층분과위원, 동서문화연구원장)	
123	2013. 1. 25 수원시청	"새 정부와 시민사회 · 자원봉사 : 2013 세계 자원봉사 동향과 우리의 과제" 주최 · 주관: 한국자원봉사포럼, 수원시자원봉사센터 후원: 한국자원봉사협의회, 전국자원봉사센터중앙회	ⓚ 황경식(서울대 철학과 명예교수)	글로벌 자원봉사 과제
			● 이강현(IAVE 세계자원봉사 협의회 회장)	
			○ 김성준(제주대 행정학과 교수)	
			○ 안승화(충청남도 자원봉사센터장)	
			○ 송원찬(수원시 지역사회복지협의체 사무국장)	

차수	일시 · 장소	포럼명 및 주제	발표자 · 토론자 ⓚ 기조강연자 ● 발제자 ○ 토론자	카테고리 (이슈별)
123			○ 조현기(행정안전부 민간협력과 자원봉사팀장)	
124	2013. 4. 19 숭실사이버대 운현캠퍼스	춘계 학술세미나 "지역공동체와 자원봉사"	-	지역공동체 자원봉사
125	2013. 5. 2 대한적십자사	제20회 전국 자원봉사 대축제 특별포럼 "한국 자원봉사의 이슈와 도전 : 다가올 10년의 한국 자원봉사 미래전망" 주최: 한국자원봉사포럼, 한국자원봉사센터협회 후원: 한국자원봉사협의회, 〈중앙일보〉, 대한적십자사	● 주성수(한양대 공공정책대학원 교수, 제3섹터 연구소장) ● 문종석 (푸른시민연대 대표) ● 황금용 (서울시 자원봉사센터 사무국장) ○ 정외영(녹색마을 사람들 대표) ○ 이창호(남서울대 사회복지학과 교수) ○ 구혜영 (한양사이버대 사회복지학과 교수)	한국 자원봉사의 회고와 전망
126	2013. 5. 31 ~6. 1 한양여대 만리포 청소년수련원	특별포럼 "123만 자원봉사자 보은 및 자원봉사 활성화 방안 : 태안 유류피해 극복기념 자원봉사 세미나" 주최: 한국자원봉사포럼 충청남도 자원봉사센터 주관: 태안군 자원봉사센터 후원: 충청남도, 태안군	● 김경동(KAIST 테크노경영대학원 초빙교수, 서울대 명예교수) ● 구자행(한국 중앙자원봉사센터장) ● 성기환(서일대 사회복지학과 교수) ○ 김범수(몽골 후레대 교학처장, 전 평택대 대학원장) ○ 김대경(아산시 자원봉사센터장) ○ 김윤정(한서대 노인복지학과 교수)	재난, 국가위기 자원봉사

차수	일시 · 장소	포럼명 및 주제	발표자 · 토론자 Ⓚ 기조강연자 ● 발제자 ○ 토론자	카테고리 (이슈별)
127	2013. 7. 11~12 전북대 진수당 3층 김광수홀	제 6회 자원봉사 컨퍼런스 트랙 1 "초중고생 자원봉사활동의 질적 성숙을 위한 개선방안: 지역문제 해결과 창의적 체험활동을 중심으로" 주최: 한국자원봉사협의회, 　　　한국자원봉사센터협회 주관: 전주시 자원봉사센터	● 최종혁 (강남대 사회복지 전문대학원 교수) ● 송민경(경기대 청소년학과 교수) ○ 이성철 (남서울대 입학처장) ○ 이해숙(경기교육 자원봉사단체협의회 공동대표)	청소년 자원봉사
128	2013. 9. 6 안산 문화 예술의 전당 국제회의장	정책토론회 "교회와 지역자원봉사센터 연계 · 협력 방안 : 자원봉사센터 · 자원봉사단체 · 지역교회와의 연계를 중심으로" 주최: 한국자원봉사포럼, 　　　안산시 자원봉사센터 주관: (사)돌보미연대 후원: 한국교회희망봉사단, 　　　안산기독교총연합회, 　　　T-broad 한빛방송	Ⓚ 김경동(KAIST 테크노경영대학원 초빙교수, 한국자원 봉사포럼 명예회장) ● 이금룡(상명대 가족복지학과 교수) ○ 박광식(안산시 자원봉사센터장) ○ 김종생(한국교회 희망봉사단 사무총장) ○ 정재영 (실천신학대 교수)	종교단체 자원봉사
129	2013. 11. 19 ~22 도쿄	특별포럼 · 2013 한중일 시민사회 · 자원봉사 국제포럼 "자원봉사 발전을 위해 시민사회 역량을 어떻게 강화할 것인가?"	─	민간자원봉사의 과제
130	2014. 3. 21 경기문화재단	"통일시대, 남북한 사회통합을 위한 자원봉사계의 역할모색" 주최 · 주관: 한국자원봉사포럼, 　　　　　수원시 자원봉사센터 후원: 한국자원봉사협의회, 　　　경기도 자원봉사센터	Ⓚ 이우영(북한 대학원대 교수) ● 박상필(성공회대 NGO대학원 초빙교수) ● 김일한 ○ 구자행 (중앙자원봉사센터장) ○ 이창호(남서울대 사회복지학과 교수) ○ 홍상영(우리민족 서로돕기운동본부 사무국장)	통일과 자원봉사

차수	일시·장소	포럼명 및 주제	발표자·토론자 ⓚ 기조강연자 ● 발제자 ○ 토론자	카테고리 (이슈별)
131	2014. 4. 15 국회헌정 기념관 대강당	정책포럼 "6·4 지방선거와 자원봉사" 주최: 국회의원 원유철, 국회의원 이찬열, 한국자원봉사협의회 주관: 한국자원봉사포럼, 한국자원봉사센터협회, 한국자원봉사관리협회, 한국자원봉사문화	● 이강현(세계 자원봉사협의회장) ● 김현옥 (한국자원봉사협의회 사무총장) ○ 이경수 (새누리당 전 부대변인, 정치학 박사) ○ 김영재 (새정치민주연합 안정행정위원회 전문위원) ○ 송민경(경기대 청소년학과 교수)	자원봉사활동의 지향점(선거)
132	2014. 5. 28 전국은행연합 회관(은행회관) 2층 국제회의실	특별포럼 "Since 1994, 회고와 전망 : 민간자원봉사운동 20년, 성찰과 과제" 주최·주관: 한국자원봉사포럼, 한국중앙자원봉사센터 후원: 〈중앙일보〉, 한국자원봉사협의회, 한국자원봉사센터협회	ⓚ 최일섭 (서울대 명예 교수) ○ 우영화(한국 자원봉사문화 국장) ○ 이금룡(상명대 가족복지학과 교수) ○ 주성수(한양대 제 3섹터연구소장) ○ 김도현(한국 자원봉사센터협회장) ○ 구자행(한국 중앙자원봉사센터장) ○ 안승화(한국농어촌 자원봉사개발원장) ○ 정진경(광운대 행정학과 교수) ○ 임태형 (사회공헌정보센터장) ○ 신정애 (한국자원봉사포럼 사무총장)	자원봉사활동· 운동 평가와 과제
133	2014. 7. 17~18 충남 한서대 영암체육관	제 7회 전국 자원봉사 컨퍼런스 트랙 1 "세상을 바꾸는 15분, 뉴볼런티어운동의 길을 찾다"	-	한국 자원봉사의 회고와 전망

차수	일시 · 장소	포럼명 및 주제	발표자 · 토론자 ⓚ 기조강연자 ● 발제자 ○ 토론자	카테고리 (이슈별)
134	2014. 10. 30 ~31 전주 한국전통문화 전당	2014 동아시아 시민사회 · 자원봉사 국제포럼 "동아시아 기업자원봉사 현황과 발전과제"	-	글로벌 기업 자원봉사
135	2014. 11. 28 서울삼경교육 센터 라움	2014 재능나눔 역량강화 세미나 "재능을 나눕시다 캠페인 환경에서의 관리자 역할재정립" 주최: 한국자원봉사포럼 후원: 행정안전부	-	재능나눔 활성화
성남자원봉사포럼 창립 (2015. 3)				
136	2015. 3. 27 서울시 자원봉사센터 교육장	조찬포럼 · 나눔기본법 제정정책 포럼 "나눔기본법 제정 관련 정책토론회" 주최: 한국자원봉사협의회, 한국자원봉사포럼 후원: 드림아이에듀	● 이재란(보건복지부 사회서비스 일자리과장) ○ 정무성(숭실대 사회복지학과 교수) ○ 송민경(경기대 교수, 국무총리실 자원봉사진흥위원) ○ 정구창(행정자치부 민간협력과장) ○ 김현옥 (한국자원봉사협의회 사무총장) ○ 정현곤 (시민단체연대회의 정책위원장) ○ 김희정(NPO 공동회의 사무국장)	자원봉사활동 법안 제정
137	2015. 4. 17 안산 아도르웨딩홀	"4 · 16 세월호 참사가 우리나라 시민사회 자원봉사에 던지는 질문과 성찰" 주최 · 주관: 안산시 자원봉사센터, 한국자원봉사포럼, 한국자원봉사학회 후원: 안산시, 삼성생명	ⓚ 김경동(서울대 명예교수, KAIST 경영대학 초빙교수) ● 이혜령(세월호 수습지원단 기록담당) ○ 장옥주 (4 · 16 세월호 참사 안산시민 대책위 집행위원장) ○ 박윤애(서울시 자원봉사센터장)	재난, 국가위기 자원봉사

차수	일시 · 장소	포럼명 및 주제	발표자 · 토론자 ⓚ 기조강연자 ● 발제자 ○ 토론자	카테고리 (이슈별)
137			○ 권미영 (한국자원봉사 관리협회 운영위원)	
			○ 이창호 (남서울대 교수)	
138	2015. 5. 8 한국자원봉사 센터협회	자원봉사전문가 집담회 "자원봉사 패러다임 재구축을 위한 종합혁신 방향" 주최: 한국자원봉사협의회, 한국자원봉사포럼	● 김성준(한국 자원봉사학회장, 제주대 사회과학대학장)	자원봉사 패러다임 재구축
139	2015. 7. 10 수원시 영통구청 대회의실	"사회적경제와 시민사회 자원봉사의 융합" 주최 · 주관: 수원시 종합자원봉사센터, 한국자원봉사포럼 후원: 수원시	ⓚ 김재구(한국 사회적기업진흥원장)	사회적경제와 자원봉사
			● 이명호((사)창조 경제연구회 이사)	
			● 안승화(한국농어촌 자원봉사개발원장)	
			○ 진희선(사회학 박사, 서울시 자원봉사센터 이사)	
			○ 김태정(경기도청 일자리정책관)	
			○ 민영서(사단법인 스파크 대표)	
			○ 김승일((주)시장과 사람들 대표)	
140	2015. 8. 27 ~28 충주 켄싱턴호텔	제8회 전국 자원봉사 컨퍼런스 "자원봉사, 기본으로 돌아가자"	–	자원봉사 가치와 철학
141	2015. 9. 23 안양시청 강당	자원봉사 인문학 포럼 "인문학은 어떻게 자원봉사자를 키우는가 : 성찰의 자원봉사를 위한 인문학적 접근" 주최: 안양시 자원봉사센터, 한국자원봉사포럼 후원: 안양시	● 김찬호 (성공회대 교수)	자원봉사 가치와 철학
			○ 홍성호(물향기 풀마음농원 대표, 전 한봉협 재능나눔운동본부장)	
			○ 박윤애(서울시 자원봉사센터장)	

차수	일시 · 장소	포럼명 및 주제	발표자 · 토론자 Ⓚ 기조강연자 ● 발제자 ○ 토론자	키테고리 (이슈별)
142	2015. 10. 7 중국 우시 강남대	2015 동아시아 시민사회 · 자원봉사 국제포럼 "기업의 사회적 책임과 자원봉사정신 : Corporate Social Responsibility & Volunteering Spirit"	-	기업 자원봉사
143	2015. 10. 16 ~17 제주대	추계 학술세미나 "자원봉사종합혁신을 위한 패러다임 재구축 방안 : 자원봉사 20년, 학문과 현장에 그 길을 묻다" 주최: 한국자원봉사학회, 　　　한국자원봉사포럼, 　　　제주대 사회과학연구소 후원: 행정자치부, 　　　한국자원봉사협의회, 　　　한국씨그랜트협의회, 　　　(주) 대경엔지니어링, 제주대 　　　제주특별자치도 자원봉사센터	Ⓚ 김경동(서울대 명예교수, KAIST 미래세대행복위원회 위원장) ● 김성준(제주대 행정학과 교수) ● 강인태(제주 특별자치도의회 법제심사 박사) ● 김재구(명지대 경영학과 교수) ● 박정수(이화여대 행정학전공 교수) ● 송민경(경기대 청소년학과 교수) ● 홍성호 (한국자원봉사 협의회 감사) ●○ 이금룡(상명대 가족복지학과 교수) ○ 이금숙(신한대 사회복지학과 교수) ○ 민 기(제주대 행정학과 교수) ○ 이성태(전라남도 자원봉사센터 사무국장 박사) ○ 고태언(제주 특별자치도 자원봉사 센터 사무처장) ○ 류인권(경기도 따복공동체지원단장)	자원봉사 패러다임 재구축

차수	일시 · 장소	포럼명 및 주제	발표자 · 토론자 ⓚ 기조강연자 ● 발제자 ○ 토론자	카테고리 (이슈별)
143			○ 민영서 (소셜 이노베이션 스파크 대표)	
			○ 안승화(한국농어촌 자원봉사개발원장)	
			○ 김도영 (SK브로드밴드 사회공헌팀장)	
			○ 정구창(행정자치부 민간협력과장)	
			○ 최흥석(고려대 행정학과 교수)	
			○ 신정애 (한국자원봉사포럼 사무총장)	
			○ 오인택(전 제주 특별자치도 기획관리 실장, 한국씨그랜트 협의회 사무국장)	
			○ 구자행 (중앙자원봉사센터장)	
			○ 박윤애(서울시 자원봉사센터장)	
		《자원봉사의 NEW 패러다임》 발간, 자원봉사 창의 아카데미 론칭 (2016)		
144	2016. 3. 22 안중근 의사 기념관	연구용역 세미나 "월드프렌즈 청년중기봉사단 발전방안 : 특성화와 경쟁력 강화를 위한 봉사활동 콘텐츠 개발" 주관: 한국자원봉사포럼 후원: 한국대학사회봉사협의회, KOICA	● 이성철 (남서울대 기획처장, 대사협 전문위원)	해외자원봉사
			● 김한겸(고려대 의과대학 교수)	
			● 송민경(경기대 청소년학과 교수)	
			○ 최흥석(고려대 행정학과 교수)	
			○ 안양호 (한국자원봉사포럼 수석부회장)	
			○ 송진호 (부산YMCA 사무총장)	

차수	일시 · 장소	포럼명 및 주제	발표자 · 토론자 ⓚ 기조강연자 ● 발제자 ○ 토론자	카테고리 (이슈별)
144			○ 박종민(KOICA 월드프렌즈 총괄팀장)	
			○ 신재은(KCOC, 국제개발협력 민간협의회 부장)	
145	2016. 6. 17 서울시 자원봉사센터 교육장	조찬포럼 "일본의 자원봉사 동향과 서비스러닝" 주최: 한국자원봉사포럼	● 나가토루 (일본 화정대 사회복지학과 교수)	글로벌 자원봉사 동향
146	2016. 6. 23 전남목포 비치호텔	자원봉사 인문학 포럼 "삶과 하나되는 인문학 포럼 자원봉사, '예술'을 품다" 주최: 전라남도 자원봉사센터, 한국자원봉사포럼 후원: 전라남도, 목포상공회의소	ⓚ 김경동(서울대 명예교수, 대한민국 학술원 회원)	인문학과 자원봉사
			● 이승필(GS칼텍스 예울마루 관장)	
			● 노명우(아주대 사회학과 교수, 《호모루덴스, 놀이하는 인간을 꿈꾸다》 저자)	
			○ 김민석(가톨릭목포 사회복지연합회장)	
			○ 홍성호(한국 자원봉사포럼 감사)	
			○ 오창섭(한국 중앙자원봉사센터장)	
			○ 장일권(서양화가)	
147	2016. 11. 29 국회헌정 기념관	국회자원봉사포럼 창립식 "공동체회복을 위한 자원봉사 발전방안과 국회의 역할" 주관: 한국자원봉사포럼 후원: 행정자치부, (주)드림아이	● 김영진(국회의원)	자원봉사의 정부 과제
			● 정태옥(국회의원)	
			● 권미영 (한국자원봉사센터 협회 사무총장)	
			● 박윤애 (IAVE 한국대표)	

차수	일시 · 장소	포럼명 및 주제	발표자 · 토론자 ⓚ 기조강연자 ● 발제자 ○ 토론자	카테고리 (이슈별)
148	2016. 11. 15 ~18 일본 도쿄 JICA 회관	2016 동아시아 시민사회 · 자원봉사 국제포럼 "시민에 의한 소셜 이노베이션" (*Social Innovation by Citizen*) 주최: 일본볼런티어활동국제연구회, 한국자원봉사포럼, 중국국제민간조직교류촉진회 주관: 일본볼런티어활동국제연구회 후원: 한국토지주택공사, 삼성생명, 사회연대은행	ⓚ 니카무라 요이치 (릿쿄대학 교수) ⓚ 이인우(한국 협동조합연구소 사회적경제센터장) ⓚ 황하오밍 (중국국제민간조직 협력촉진회 부회장) ● 미야기 하루오 (ETIC 대표) ● 코바야시 타츠야키 (일본 공공정책연구소 연구회원) ● 이은경(희망제작소 사회의제팀장) ● 이의헌 ((사)JUMP 이사장)	글로벌 자원봉사 과제
149	2016. 12. 20 경기도 수원시 장안구청 대회의실	사회적경제 포럼 "사회혁신을 위한 자원봉사와 사회적경제의 협업" 주최 · 주관: 사회적경제활성화 경기네트워크, 한국자원봉사포럼 후원: 경기도, 경기도자원봉사센터	● 김재구(명지대 경영학과 교수, 한국기업경영학회장, 한국자원봉사포럼 이사) ○ 경창수(안산 의료복지사회적 협동조합 이사장) ○ 진희선(경희대 겸임교수 박사) ○ 김유임(경제과학 기술위원회 의원) ○ 민영서(사단법인 스파크 상임대표) ○ 박영민(파주시 사회적경제지원센터) ○ 박완기(경실련 경기도협의회 정책자문 위원장) ○ 류인권(경기도 따복공동체지원단장)	사회적경제와 자원봉사

나눔과 꿈 '가족의 재발견' 프로젝트 사업 실시 (2017~2019)

차수	일시 · 장소	포럼명 및 주제	발표자 · 토론자 ⓚ 기조강연자 ● 발제자 ○ 토론자	카테고리 (이슈별)
150	2017. 4. 14 한봉협 회의실	긴급집담회 "자원봉사분야 정책공약개발 및 정책건의서 채택" 주최 · 주관: 한국자원봉사협의회, 한국자원봉사포럼, 한국자원봉사학회	-	자원봉사 정책
151	2017. 7. 12 대한민국 국회	제 2차 국회자원봉사포럼 "제 3차 국가기본계획 수립을 위한 영역별 정책방향과 과제" 주최: 국회자원봉사포럼, 한국자원봉사협의회 주관: 한국자원봉사포럼, 한국중앙자원봉사센터, 한국자원봉사센터협회 후원: 행자부, 2016~2018 한국자원봉사의 해	● 정진경(광운대 행정학과 교수) ○ 박연병(행정자치부 민간협력과장) ○ 소은주(교육부 교육과정운영과장) ○ 최은주(여성가족부 청소년활동진흥과장) ○ 왕형진(보건복지부 사회서비스 일자리과장) ○ 안형익(외교부 개발협력과장) ○ 박광온(국회의원, 더불어민주당) ○ 박성중(국회의원, 자유한국당)	자원봉사 정책
152	2017. 8. 22 국민연금공 단 대회의실	청소년 봉사학습 전문가 초청 포럼 "일본의 서비스러닝 현황과 교과과정 연계" 주최 · 주관: 한국자원봉사포럼 후원: 한국자원봉사학회, 국민연금공단	● 무라까미 테츠야 (일본복지대학 교수, 서비스러닝 컨설턴트)	글로벌 청소년 자원봉사
153	2017. 8. 24 ~25 경주 더케이호텔	2017 동아시아 시민사회 · 자원봉사 국제포럼 "새로운 지역공동체 복원 및 자원봉사 마을 만들기 : 재난재해와 커뮤니티의 재생"(Disaster & Community Rebuilding)	-	글로벌 지역사회 자원봉사

차수	일시 · 장소	포럼명 및 주제	발표자 · 토론자 ⓚ 기조강연자 ● 발제자 ○ 토론자	카테고리 (이슈별)
154	2017. 10. 20 ~21 제주대 평생교육원	추계 학술세미나 "생애주기에 따른 자원봉사의 의미와 과제" 주최: (사)한국자원봉사학회, (사)한국자원봉사포럼, 제주사회복지창의센터, 제주특별자치도 자원봉사협의회, 제주특별자치도 사회복지협의회 후원: 행정안전부, 제주대, 제주국제자유도시개발센터, 한국자원봉사협의회	● 김은재 (중앙대 외래교수) ● 한정란 (한서대 교수) ● 이경상 (한국청소년정책연구원 선임연구위원) ● 홍태욱 (제주특별자치도 사회복지협의회 온누리봉사회) ● 김홍규(JDC 사회공헌팀 차장) ○ 심경수 (제주사회복지 창의센터장) ○ 유현숙 (동두천시청) ○ 김상현(대한노인회 제주연합회 노인봉사센터장) ○ 이금숙 (신한대 교수) ○ 구혜영 (한양사이버대 교수) ○ 유용식 (세명대 교수) ○ 김진학(한국 사회복지포럼 회장) ○ 이수민 (한국자원봉사협의회 사무총장) ○ 김재구 (명지대 교수) ○ 우용호 (한국사회복지협의회 사회공헌정보센터장)	생애주기 자원봉사
		자원봉사활동기본법 개정추진위원회 발족 (2018)		

차수	일시 · 징소	포럼명 및 주세	발표자 · 토론자 ⓚ 기조강연자 ● 발제자 ○ 토론자	카테고리 (이슈별)
155	2018. 1. 17 국민연금공단 송파지사 7층	나눔과 꿈 성과평가 세미나 "자원봉사를 통한 문화복지모델 개발 및 현장적용"	● 김은재 (중앙대 사회복지학과 외래교수)	문화복지와 자원봉사
156	2018. 3. 30 서초 문화예술회관 르네상스홀	정책포럼 "2018 한국 자원봉사, 어디로 가나" 주최: 한국자원봉사포럼 후원: (주)세영종합건설	● 이성록 (한국복지대 교수)	한국 자원봉사의 회고와 전망
			○ 김성준 (한국자원봉사학회장, 제주대 교수)	
			○ 박연병(행정안전부 민간협력과장)	
			○ 이화옥(강남구 자원봉사센터장)	
			○ 구혜영 (한양사이버대 교수)	
			○ 이추강(서초구 자원봉사자)	
157	2018. 5. 23 국회의원회관 소회의실	6 · 13 지방선거와 자원봉사 정책포럼 "제3차 국가기본계획 수립을 위한 영역별 정책방향과 과제" 주최: 국회의원 김진표, 국회의원 원유철, (사)한국자원봉사포럼	● 송민경 (경기대 교수)	자원봉사 정책
			● 박인주(생명운동 연대 상임대표, 경기도 자원봉사센터 이사장)	
			● 윤창원 (서울디지털대 교수, 지방거버넌스의정 연구회 공동대표)	
			● 조승철(한국 자원봉사협의회 이사, 한국지역복지 봉사회 이사장)	
			● 김용길(원광대 법학전문대학원 교수, 한국자원봉사 사회개발원 이사)	
158	2018. 8. 23 청풍리조트 레이크호텔	제11회 전국 자원봉사 컨퍼런스 "자원봉사와 사회적 가치 실현" 주최: 한국자원봉사협의회	● 김상준 (연세대 정외과 교수)	자원봉사 가치와 철학
			○ 천자현(연세대 국제관계학과 · 동아 시아국제학부 교수)	

316

차수	일시 · 장소	포럼명 및 주제	발표자 · 토론자 ⓚ 기조강연자 ● 발제자 ○ 토론자	카테고리 (이슈별)
159	2018. 10. 2 법무법인 클라스 회의실	자원봉사활동기본법 개정 관련 전문가 집담회 "자원봉사활동기본법 개정방향과 민간 풀뿌리단체 활성화의 과제" 주최: 한국자원봉사포럼 후원: 법무법인 클라스	● 김경동 (한국자원봉사포럼 명예회장, 서울대 명예교수)	자원봉사활동 기본법 개정
160	2018. 10. 24 ~ 27 중국 강소성 우시 강남대	2018 동아시아 시민사회 · 자원봉사 국제포럼 "자원봉사와 지역공동체 재구축" (Volunteering & Community Rebuilding)	–	지역공동체 자원봉사
161	2018. 11. 2 삼경교육센터 라움	자원봉사활동기본법 개정 관련 제2차 전문가 집담회 주최: 한국자원봉사포럼 후원: 법무법인 유한 클라스	● 양재모 (한양사이버대 법학과 교수) ● 이인우(사회적경제 지역화연구소 대표, 한국자원봉사포럼 운영위원) ○ 윤남근(고려대 법학전문대학원 교수) ○ 라제건(한국 자원봉사협의회 공동대표) ○ 송민경 (경기대 교수) ○ 최경애(고양시 자원봉사센터 사무국장)	자원봉사활동 기본법 개정
162	2018. 12. 7 한양사이버대 강의실	자원봉사활동기본법 개정 관련 제3차 전문가 집담회	–	자원봉사활동 기본법 개정
163	2018. 12. 20 삼경교육센터 라움	나눔과 꿈 성과평가 세미나 "변화의 행간을 읽다 : 지역사회 통합을 위한 자발적 복지네트워크 구축" 주최 · 주관: (사)한국자원봉사포럼 후원: 삼성	● 김현우(한국 자원봉사포럼 "나눔과 꿈" 프로젝트 매니저) ● 김은재(삼육대 사회복지학과 교수) ○ 장일권(재능나눔 프로보노, 화가)	자원봉사활동 · 운동 평가와 과제

차수	일시 · 장소	포럼명 및 주제	발표자 · 토론자 ⓚ 기조강연자 ● 발제자 ○ 토론자	카테고리 (이슈별)
163			○ 이인우(한국자원봉사포럼 운영위원)	
			○ 원순자(멘토봉사단장, 경기교육자원봉사단체협의회 상임대표)	
			○ 조응태(협력기관, 한국NGO 신문 편집국장)	
			○ 박천희(재능나눔 프로보노, 화가)	
			○ 이건희(중간 거점기관, 영등포구 자원봉사센터 매니저)	
			○ 권류연(중간거점 기관, (사)큰샘 원장)	
			○ 전보근(재능나눔 프로보노, 국악인)	
			○ 김정숙(협력기관, 광명다솜지역아동센터장)	
			○ 전 현(멘토봉사단, 경기교육자원봉사단체협의회)	
164	2019. 1. 23 국민연금공단 서울 북부지역 본부	자원봉사활동기본법 개정 추진 위원회 출범식 및 제4차 전문가 집담회 주최: 법개정추진위원회 주관: 한국자원봉사포럼 후원: 법무법인 유한 클라스	● 주성수(법개정추진위원장, 한양대 공공정책대학원 교수)	자원봉사활동 기본법 개정
			○ 양재모(한양사이버대 법학과 교수)	
			○ 이성철(남서울대 기획실장, 교수)	
			○ 조승철(한국지역복지봉사회 이사장)	
165	2019. 1. 30 국회 유민봉 의원실	자원봉사활동기본법 개정 관련 제5차 집담회 주최: 한국자원봉사포럼, 법개정추진위원회 후원: 법무법인 클라스	● 구혜영 (법개정추진위 간사, 한양사이버대 교수)	자원봉사활동 기본법 개정

차수	일시 · 장소	포럼명 및 주제	발표자 · 토론자 Ⓚ 기조강연자 ● 발제자 ○ 토론자	카테고리 (이슈별)
166	2019. 2. 19 국회의원회관 제 5간담회실	법개정추진위 제6차 전문가 집담회 "지속가능한 자원봉사체계 구축을 위한 간담회" 주관: 국회의원 유민봉	● 구혜영 (법개정추진위 간사, 한양사이버대 교수)	자원봉사활동 기본법 개정
167	2019. 5. 31 홍천 어쩌다 인문도서관	자원봉사 인문학 콜로키움 "자원봉사는 존엄이다" 주최: (사)한국자원봉사포럼 정책위원회	● 이인우(사회적경제 지역화연구소 대표, 한국자원봉사포럼 이사) ○ 홍성호(어쩌다인문 도서관 대표, 한국 자원봉사포럼 이사) ○ 문유미(경기대 일반대학원 초빙교수, 한국자원봉사포럼 이사) ○ 신성국(사회적기업 허그인 대표, 청년V포럼 준비위원)	자원봉사 가치와 철학
168	2019. 6. 4 선릉역 아이콘빌딩	법개정추진위 활동 보고회 및 제7차 전문가 집담회 주최: 한국자원봉사포럼, 자원봉사기본법 개정추진위원회	Ⓚ 주성수(법개정추진 위원장, 한양대 제 3섹터연구소장) ● 구혜영(법개정 추진위 간사, 한양사이버대 교수)	자원봉사활동 기본법 개정
169	2019. 6. 26 성남시청 3층 한누리홀	성남자원봉사포럼 · 한국자원봉사포럼 공동주최 "고령사회 대비와 극복을 위한 지역자원봉사 활성화 방안" 주최: 성남자원봉사포럼, 한국자원봉사포럼 주관: 성남자원봉사포럼 후원: 경기도	Ⓚ 김경동(서울대 명예교수, 대한민국 학술원 회원) ● 한정란(한국노년 학회장, 한서대 보건상담복지학과 교수) ○ 문유미(경기대 일반대학원 초빙교수) ○ 석춘지(성남위례 종합복지관장)	노인 자원봉사

차수	일시 · 장소	포럼명 및 주제	발표자 · 토론자 ⓚ 기조강연자 ● 발제자 ○ 토론자	카테고리 (이슈별)
170	2019. 7. 24 한국자원봉사 포럼 회의실	월례포럼 · 한국자원봉사포럼 정책위원회 "《존엄하게 산다는 것》과 자원봉사" 주최: 한국자원봉사포럼 　　　정책위원회 후원: 한국자원봉사협의회	● 이인우 (사회적경제지역화 연구소 대표)	자원봉사 가치와 철학
171	2019. 8. 21 한국자원봉사 포럼 회의실	월례포럼 · 한국자원봉사포럼 정책위원회 "《가치를 만드는 사람들》 저자와의 대화" 주최: 한국자원봉사포럼 　　　정책위원회 후원: 한국자원봉사협의회	● 진희선 (경희대 공공대학원 객원교수)	자원봉사 가치와 철학
172	2019. 8. 27 ~28 고성 델피노리조트	제12회 전국 자원봉사 컨퍼런스 "한국 자원봉사생태계, 지속가능한가" 주관: 한국자원봉사포럼	● 윤창원 (서울디지털대 교수) ○ 서병철 (한국자원봉사 사회개발원 대표) ○ 오창섭(서라벌대 사회복지학과 교수)	한국 자원봉사의 회고와 전망
173	2019. 9. 18 한국자원봉사 포럼 회의실	월례포럼 · 한국자원봉사포럼 정책위원회 "《천재들의 도시 피렌체》" 주최: 한국자원봉사포럼 주관: 한국자원봉사포럼 　　　정책위원회 후원: 한국자원봉사협의회	● 이인우 (사회적경제지역화 연구소 대표)	자원봉사 가치와 철학
174	2019. 10. 16 한국자원봉사 포럼 회의실	월례포럼 · 한국자원봉사포럼 정책위원회 "덴마크의 공민환경 변화와 공민행동 영향" 주최: 한국자원봉사포럼 주관: 한국자원봉사포럼 　　　정책위원회 후원: 한국자원봉사협의회	● 이인우 (사회적경제지역화 연구소 대표)	글로벌 자원봉사 동향

차수	일시 · 장소	포럼명 및 주제	발표자 · 토론자 ⓚ 기조강연자 ● 발제자 ○ 토론자	카테고리 (이슈별)
175	2019. 10. 18 삼경교육센터 라움	2019 동아시아 시민사회 · 자원봉사 국제포럼 사전 워크숍 "고령화사회와 시민사회조직의 역할"	-	글로벌 노인 자원봉사
176	2019. 10. 27 ~30 일본 도쿄 JICA 회관	2019 동아시아 시민사회 · 자원봉사 국제포럼 "고령화사회와 시민사회조직의 역할"	-	글로벌 노인 자원봉사
177	2019. 11. 13 한국자원봉사 포럼 회의실	월례포럼 · 한국자원봉사포럼 정책위원회 "복지국가의 세계적 동향과 한국의 시사점" 주최: 한국자원봉사포럼 　　　정책위원회 후원: 한국자원봉사협의회	● 최일섭 (서울대 명예교수)	글로벌 자원봉사 동향
178	2019. 11. 29 ~30 세계물포럼 기념센터	자원봉사 인문학 포럼 "선비정신과 자원봉사운동" 주최: 한국자원봉사포럼, 　　　안동시 자원봉사센터 후원: 안동시, 법무법인 클라스, 　　　한국수자원공사 협찬: 세영종합건설, 예미정 협력: 경상북도 종합자원봉사센터	ⓚ 김경동(서울대 명예교수, 대한민국 학술원 회원) ● 정순우(한국학 대학원 명예교수) ○ 신두환(안동대 한문학과 교수) ○ 김성준(제주대 행정학과 교수) ● 권두현(세계 유교문화재단 교수) ○ 송민경(경기대 청소년학과 교수) ○ 오정영(가톨릭 상지대 교수) ● 박명배(지역사회적 경제허브센터 대표) ○ 신성국(사회적기업 허그인 대표, 청년V포럼 준비위원)	자원봉사 가치와 철학

자수	일시 · 장소	포럼명 및 주제	발표자 · 토론자 Ⓚ 기조강연자 ● 발제자 ○ 토론자	카테고리 (이슈별)
179	2019. 12. 18 삼경교육센터 라움 5층	2019 동아시아 시민사회 · 자원봉사 국제포럼 성과보고 및 평가세미나 주최 · 주관: 한국자원봉사포럼 후원: 행정안전부, SK 지원: 사회복지공동모금회	● 이금룡(상명대 가족복지학과 교수) ○ 진희선(경희대 공공대학원 객원교수) ○ 문유미(경기대 일반대학원 초빙교수, 한국자원봉사포럼 이사) ○ 신성국(사회적기업 허그인 대표, 청년V포럼 준비위원)	자원봉사활동 · 운동 평가와 과제
180	2020. 1. 15 서울시민청 워크숍룸	월례포럼 · 한국자원봉사포럼 정책위원회 《사회적 가치: 문명론적 성찰과 비전》 특강 및 저자와의 대화" 주최: 한국자원봉사포럼 정책위원회	● 김경동(서울대 명예교수, 한국 자원봉사포럼 회장)	자원봉사 가치와 철학
181	2020. 5. 20 온라인 화상회의	월례포럼 · 한국자원봉사포럼 정책위원회 "왜 사랑하면 좋은 일이 생길까" 주최: 한국자원봉사포럼 정책위원회	● 조기원(Canada Christian College 코칭학과 교수)	자원봉사 가치와 철학
182	2020. 11. 20 온라인 송출 (유튜브 및 네이버TV)	2020 동아시아 시민사회 · 자원봉사 국제포럼 "팬데믹 시대, 시민사회조직의 역할과 책무" 주최: 한국자원봉사포럼 공동주최: 일본공익법인협회(JACO), 중국국제민간조직협력 촉진회(CANGO) 후원: 행정안전부, SK 협력: 한국자원봉사협의회	Ⓚ 유종일(KDI 국제정책대학원장) Ⓚ Uchiyama Takashi (특정비영리활동법인 숲만들기 포럼 대표이사) Ⓚ XU Jialiang (상하이교통대 교수) ● 사공정규(동국대 정신의학과 교수) ● 김병철(중국인민대 사회보장학과 교수) ● Sachiko Kishimoto (공익재단법인 공공재원재단 대표 · 전무이사)	글로벌 자원봉사 동향

차수	일시 · 장소	포럼명 및 주제	발표자 · 토론자 ⓚ 기조강연자 ● 발제자 ○ 토론자	카테고리 (이슈별)
182			● Ms. LiuFei (청도이유시 오페라공동체 개발센터)	
			● Mr. ZhaoGang (동북대 가족교육 연구기관 학장)	
			● 박영숙 (유엔미래포럼 회장)	
			● HidetoKawakita (IIHOE사람과조직과 지구를위한 국제연구소 대표)	

정 관

제정: 2002. 8. 10, 개정: 2004. 2. 27, 2005. 7. 8
2007. 8. 13, 2010. 2. 26, 2011. 3. 2, 2012. 2. 28, 2019. 4. 12

제1장 총칙

제1조 (명칭)

본회는 사단법인 한국자원봉사포럼 (이하 '본회'라 칭함) 이라 하고, 영문으로는 Korea Forum of Volunteerism (약칭 KOFOV) 으로 한다.

제2조 (목적)

본회는 우리나라 자원봉사운동이 올바른 방향으로 전개되고, 활성화되도록 자원봉사전문가 및 단체의 의견을 수렴하고, 정책을 연구함을 목적으로 한다.

1. 자원봉사 관련 전문학자와 각종 자원봉사단체의 지도자 및 사회지도층 인사들이 모여 자원봉사운동에 대한 전략수립과 사회적 이슈들의 올바른 진단 및 문제해결을 위한 토론과 연구 기능을 수행한다.
2. 바람직한 자원봉사운동을 위한 정책을 연구·개발하고, 이를 건의한다.
3. 자원봉사의 범국민적 생활화를 위한 논리를 개발·전파한다.
4. 자원봉사 이론 정립 및 전파에 공이 있는 자를 발굴·포상한다.

제3조 (소재지)

본회는 서울특별시 내에 두며, 필요한 경우 각 지역별로 광역 및 시·군·구 지역포럼을 둘 수 있다.

제4조 (사업의 종류)

본회는 제2조의 목적을 달성하기 위하여 다음의 사업을 수행한다.

1. 자원봉사 학술세미나 개최 및 포럼운영사업
2. 자원봉사 교육·훈련, 출판·홍보사업
3. 자원봉사에 관한 정책 건의 및 조사·연구사업
4. 지방자치단체 및 한국자원봉사협의회를 비롯한 자원봉사 관련 단체의 위탁사업
5. 기타 본회의 목적달성에 필요한 사업

제 2 장 회 원

제5조 (회원의 구분 및 자격)

본회의 회원은 본회의 설립 목적에 찬동하는 단체와 개인으로서 정회원과 준회원 및 특별회원으로 한다.

1. 정회원은 자원봉사운동을 연구하거나 직접 참여하면서 본회의 설립 목적과 취지에 찬동하는 자로 한다.
2. 준회원 및 특별회원은 본회의 발전에 기여하며 활동에 참여하는 개인 및 단체(기업포함)로 한다.
3. 후원회원은 본회의 설립취지에 찬동하며 재정적 발전을 위하여 현금 또는 현물로 후원하는 개인 및 단체(기업포함)로 한다.

제6조 (회원의 가입)

본회의 회원으로 가입하고자 하는 자는 소정의 입회절차를 밟아 운영위원회의 심의를 거친 후 회장에게 보고함으로써 인정된다.

제7조 (회원의 권리)

1. 정회원은 선거권과 피선거권 및 제반 의결권을 가진다.
2. 준회원 및 특별회원은 각종 포럼행사 및 제반 사업에 참여할 수 있다.

제8조 (회원의 의무)

1. 정회원은 가입비, 회비 또는 소정의 부담금의 납부의무와 본회의 정관, 제 규정, 각종 회의의 의결사항을 준수하여야 한다.
2. 준회원 및 특별회원은 이사회에서 정한 회비를 납부하여야 한다.
3. 제1항의 규정에 의한 가입비, 회비 또는 부담금의 액수, 징수방법 및 절차 등에 관하여 필요한 사항은 이사회에서 정한다.

제9조 (회원의 탈퇴)

1. 본회의 회원은 자유로운 의사에 따라 임의로 탈퇴할 수 있으며, 이 경우 이미 납부한 회비 및 기타 재산반환은 청구할 수 없다.
2. 회원이 사망한 때에는 탈퇴한 것으로 간주한다.

제10조 (회원의 제명)

1. 본회는 다음 각호의 ①에 해당하는 회원에 대해서는 이사회의 의결을 거쳐 회장이 제명할 수 있다.
   ① 본회의 명예를 훼손 또는 목적에 위배되는 행위를 한 자
   ② 회비 납부의무를 이행하지 아니한 자
   ③ 그 밖의 정관과 각종 회의 의결사항을 준수하지 아니한 자

2. 회원을 제명시키는 경우에는 그 회원에 대하여 제명의 사유를 통지하고, 이사회에 출석하여 변명할 기회를 주어야 한다.

제3장 임원

제11조 (임원의 종류와 정수)
본회에는 다음 각호의 임원을 둔다.
1. 회장 1인
2. 부회장(수석부회장 1인 포함) 5인 이내
3. 이사 5인 이상 50인 이내(회장, 부회장 포함)
4. 감사 2인

제12조 (임원의 임기)
1. 이사 및 감사의 임기는 2년으로 하되 연임할 수 있다.
2. 보궐된 이사와 감사의 임기는 전임자의 잔여기간으로 한다.
3. 임원 중 결원이 생긴 때에는 2월 이내에 선임하여야 한다.

제13조 (임원의 선임)
이사 및 감사는 총회에서 선임한다. 다만, 궐위된 임원의 선임은 이사회에서 한다.

제14조 (회장의 선임 및 임기)
1. 회장은 총회에서 선출한다.
2. 회장 및 부회장의 임기는 이사로 재임하는 기간으로 한다.

제15조 (임원의 직무)

1. 회장은 본회를 대표하고, 총회·이사회 및 운영위원회의 의장이 된다.
2. 수석 부회장은 회장을 보좌하며, 회장 및 수석부회장 유고시에는 부회장 중 연장자의 순으로 그 직무를 대행한다.
3. 이사는 이사회를 구성하고, 본회의 중요업무를 심의·의결하며, 이사회 또는 회장으로부터 위임을 받은 사항을 처리한다.

제16조 (감사의 직무)

감사는 다음 각호의 직무를 수행한다.
1. 본회의 재산상황을 감사하는 일
2. 이사회의 운영과 그 업무에 관한 사항을 감사하는 일
3. 제1호 및 제2호의 감사 결과 부정 또는 부당한 점이 있을 때에는 이사회에 그 시정을 요구하고, 주무관청에 보고하는 일
4. 제3호의 보고를 하기 위하여 필요한 때에는 이사회의 소집을 요구하는 일
5. 그 밖의 이사회 운영과 그 업무에 관한 사항에 대하여 이사회에 참석하여 의견을 진술하는 일

제17조 (임원의 특수관계 제한)

임원 상호간에 공익법인의 설립·운영에 관한 법률 제5조 제5항에 규정된 특별한 관계가 있는 자의 수가 이사정수의 5분의 1을 초과할 수 없다.

제18조 (임원의 대우)

본회의 임원은 명예직으로 하되, 경우에 따라 예산의 범위 안에서 활동에 필요한 실비를 지급할 수 있다.

제19조(명예회장 및 고문)

1. 본회의 건전한 육성발전을 위해 학식과 덕망이 있는 인사로 명예회장과 고문을 둘 수 있다.
2. 명예회장과 고문은 회장이 추천하여 이사회의 의결로 추대한다.

제 4 장 총 회

제20조 (구성 및 기능)

1. 총회는 본회의 최고 의결기구이며, 정회원으로 구성한다.
2. 총회는 정기총회와 임시총회로 한다.

제21조 (총회의 의결사항)

본회의 총회는 다음 사항을 의결한다.
 1. 정관변경에 관한 사항
 2. 제 규정의 제정 및 개정에 관한 사항
 3. 법인해산에 관한 사항
 4. 회비 및 부담금의 부과와 징수방법에 관한 사항
 5. 임원선출에 관한 사항
 6. 사업계획 및 예산 승인에 관한 사항
 7. 사업결과 보고와 결산 승인에 관한 사항
 8. 재산취득 및 처분에 관한 사항
 9. 회장 및 이사회에서 부의한 사항
 10. 기타 중요사항

제22조 (총회의 구분 및 소집)

1. 총회는 회장이 소집하고 그 의장이 된다.
2. 총회는 정기총회와 임시총회로 나누되 정기총회는 매년 회계연도 개시

60일 이내에 회장이 소집하고, 임시총회는 회장이 필요하다고 인정할 때에 소집한다.

3. 총회를 소집하고자 하는 때에는 회장이 회의 안건을 명기하여 회의 개최 7일 전에 각 회원에게 통지하여야 한다.

제23조 (총회 소집의 특례)

1. 본회의 회장은 재적회원 5분의 1 이상으로부터 회의 목적을 명시하여 총회 소집요구가 있을 때에는 그 소집 요구일로부터 14일 이내에 총회를 소집하여야 한다.

2. 총회 소집권자가 궐위되거나 또는 이를 기피함으로써 총회소집이 불가능한 때에는 재적회원 과반수의 찬성으로 감사가 회의를 소집할 수 있다.

제24조 (총회 개의와 의결 정족수)

총회는 이 정관에서 따로 정한 바를 제외하고는 재적회원 과반수의 출석으로 개의하고, 출석회원 과반수의 찬성으로 의결한다.

제25조 (의결권·선거권의 대리 행사)

1. 정회원은 의결권·선거권을 행사할 수 있다.

2. 대리인은 다른 회원이어야 하며, 대리할 수 있는 회원 수는 1인에 한한다.

3. 대리인은 대리권을 증명할 수 있는 서면을 의장에게 제출하여야 한다. 단, 각 지방 포럼에서 결의를 위해 총회에 대리인을 파견할 경우에는 그 대리인은 개별 사안에 대하여 개개 사원으로부터 구체적 위임을 받아야 한다.

4. 정회원은 참석이 불가능할 경우 총회에 위임장으로 대신할 수 있다.

제26조 (총회 의사록)

1. 총회의 의사에 관하여는 의사록을 작성하여야 한다.
2. 의사록에는 의사의 경과, 요령 및 결과를 기재하고, 의장 및 출석한 이사가 기명날인하여야 한다.
3. 회장은 의사록을 본회에 비치하여야 한다.

제 5 장 이사회

제27조 (이사회의 구성)

1. 본회에 회장, 부회장, 이사로 구성되는 이사회를 둔다.
2. 이사회의 의장은 회장이 된다.
3. 감사는 이사회에 출석하여 발언할 수 있다.

제28조 (이사회의 의결사항)

본회의 이사회는 다음의 사항을 의결한다.

1. 업무집행에 관한 사항
2. 회비책정 (가입비 포함) 및 재산유지 관리에 관한 사항
3. 회원의 가입·탈퇴 및 제명·징계에 관한 사항
4. 지역포럼 설치 및 운영 관리에 관한 사항
5. 정관에 의하여 그 권한에 속하는 사항
6. 총회에서 위임받은 사항
7. 주요 직원 임면에 관한 사항
8. 운영위원회와 기타 조직의 운영에 관한 사항
9. 총회에 부의할 사업계획 및 예산·결산에 관한 사항
10. 그 밖에 회장이 부의한 사항

제29조 (이사회의 소집 등)

1. 이사회는 정기 이사회와 임시 이사회로 구분한다.
2. 이사회는 회장이 소집하고, 그 의장이 된다.
3. 정기 이사회는 매 회계연도 개시 60일 이내에 개최하고, 임시 이사회는 회장이 필요하다고 인정할 때 또는 재적이사 과반수의 서면 요청이 있을 때와 감사의 요구가 있을 때 소집한다.
4. 이사회를 소집하고자 할 때에는 회장이 회의 목적을 명시하여 회의 개시 7일 전에 각 이사에게 통지하여야 한다.

제30조 (이사회의 개의와 의결 정족수)

이사회는 이 정관에 따로 정하는 경우를 제외하고는 재적이사 과반수의 출석과 출석이사 과반수의 찬성으로 의결한다.

제31조 (의결권의 대리 행사)

1. 이사는 대리인으로 하여금 의결권을 행사케 할 수 있다. 이 경우 그 이사는 출석한 것으로 간주한다.
2. 대리인은 다른 이사 또는 본인이 소속되어 있는 법정단체의 임직원이어야 하며, 대리인이 대리할 수 있는 이사의 수는 1인에 한한다.
3. 대리인은 대리권을 증명할 수 있는 서면을 의장에게 제출하여야 한다.

제32조 (이사회 의사록)

1. 이사회의 의사에 관하여는 의사록을 작성하여야 한다.
2. 의사록에는 의사의 경과, 요령 및 결과를 기재하고, 의장과 참석 이사 전원이 기명날인하여야 한다.

제 6 장 운영위원회

제33조 (위원회 등)
1. 본회의 설립 목적을 달성하고, 전문적인 업무수행과 제반운영을 지원하기 위하여 위원회를 둔다.
2. 위원회는 필요에 따라 운영위원회 및 분과위원회를 둘 수 있다.

제34조 (운영위원 의무)
운영위원은 정기 및 수시 포럼행사의 추진 및 진행과 본회의 운영과 관련된 업무를 수행한다.

제35조 (운영위원회의 구성)
운영위원은 이사회에서 10인 이상 35인 이내로 선임한다. 임기는 1년으로 하되 연임할 수 있다.

제36조 (운영위원회 회의)
운영위원회 회의는 포럼 준비 등을 위해 연 4회 이상 개최한다.

제 7 장 재산 및 회계

제37조 (재산의 구분)
1. 본회의 재산은 기본재산과 보통재산으로 구분하여 관리한다.
2. 다음 각호의 ①에 해당한 재산은 기본재산으로 한다.
   ① 설립 시 기본재산으로 출연한 재산
   ② 기부에 의하거나 기타 무상으로 취득하여 이사회에서 기본재산으로 의결한 재산
   ③ 보통재산 중 이사회에서 기본재산으로 편입할 것을 의결한 재산
3. 기본재산 이외의 재산은 보통재산으로 한다.

제38조 (재산의 관리)

1. 기본재산을 매도, 증여, 교환 또는 담보에 제공하거나, 그 밖의 권리의 박탈, 의무의 부담 등의 처분을 하고자 하는 때에는 이사회의 의결과 총회의 승인을 받아야 한다.
2. 기본재산과 보통재산의 운영과 관리에 관하여는 법령과 이 정관에 특별히 규정이 있는 경우를 제외하고는 별도의 규정이 정하는 바에 의한다.

제39조 (재산의 평가)

본회의 모든 재산의 평가는 취득 당시의 시기에 의한다. 다만, 재평가를 실시한 재산은 재평가액으로 한다.

제40조 (경비의 조달 및 관리)

1. 본회의 유지 및 운영에 필요한 경비는 다음 각호의 수입으로 조달한다.
   ① 회원의 회비, 입회금 및 부담금
   ② 후원금 및 찬조금
   ③ 국내외 기관의 지원금
   ④ 기타 수익금
2. 본회의 재정 중 이사회에서 최소로 정한 일정한 금액을 제외하고 현금은 금융기관에 예치하여야 한다.
3. 본회의 연간기부금 모금액 및 활용실적은 매년 3월 말까지 홈페이지를 통해 공개한다.

제41조 (회비의 징수)

본회의 가입비와 회비는 이사회에서 의결하여 시행한다.

제42조 (회계의 구분)

1. 본회의 회계는 목적사업에 속하는 일반회계와 특별회계로 구분한다.

2. 본회의 회계처리는 관계법규에서 따로 정한 경우를 제외하고는 일반적으로 인정되는 회계원칙에 따른다.

제43조 (회계연도)
본회의 회계연도는 정부의 회계연도에 따른다.

제44조 (잉여금의 처리)
본회의 매 회계연도 결산잉여금은 차입금 상환 또는 다음 회계연도에 이월 사용하는 것을 원칙으로 하되, 이사회의 결의에 의하여 특정한 사업을 위한 기금으로 적립할 수 있다.

제45조 (사업계획 및 예산)
본회의 매 회계연도 사업계획 및 세입세출 예산은 회장이 당해 회계연도 개시 60일 이내에 편성하고, 이사회의 의결을 거쳐 총회의 승인을 받아야 한다.

제46조 (사업실적 및 결산)
본회의 매 회계연도 사업실적 및 결산은 회장이 회계연도가 끝난 후 60일 이내에 작성하여 감사의 감사를 거친 후 총회의 승인을 받는다.

제 8 장 사무국

제47조 (사무국)
1. 본회의 업무를 효율적으로 처리하기 위하여 사무국을 둔다.
2. 사무국은 사무총장이 총괄한다.
3. 사무총장은 회장의 명을 받아 사무국을 지휘 통괄하고, 지역포럼의 사무국을 지원한다.
4. 사무국의 조직과 업무분장 및 직원의 임용, 복무, 보수 등에 관하여는 이사회에서 정한다.

제 9 장 정관변경 및 해산

제48조 (정관변경)

본회의 정관을 개정하고자 할 때에는 총회에서 재적회원 과반수 이상의 출석과 출석회원 3분의 2이상의 찬성으로 주무관청의 허가를 받아야 한다.

제49조 (해산)

본회를 해산하고자 할 때에는 총회에서 재적회원 3분의 2 이상의 찬성으로 의결하여 주무관청에게 신고하여야 한다.

제50조 (해산법인의 재산귀속)

본회가 해산할 때에는 잔여재산은 주무관청의 승인을 얻어 국가, 지방자치단체 또는 유사한 목적을 가진 다른 비영리법인에게 귀속하도록 한다.

제 10 장 공고방법

제51조 (공고의 방법)

1. 본회의 법령과 정관, 기타 총회 및 이사회의 의결에 의하여 공고하여야 할 사항은 본회 게시판 또는 기관지에 싣는다.
2. 제1항의 공고내용을 회원에게 통지할 필요가 있다고 인정되는 때에는 서면으로 회원에게 통지하거나 일간신문에 싣는다.
3. 제1항의 공고기간은 7일 이상으로 한다.

제 11 장 보 칙

제52조 (준용법규)

이 정관에 규정하지 아니한 사항에 대하여는 민법 중 사단법인에 관한 규정을 준용한다.

제53조 (운영규정)

이 정관의 시행에 필요한 세부적인 사항은 이사회에서 별도의 운영규정을 정한다.

부 칙

제1조 (시행일)

이 정관은 창립총회에서 통과된 날로부터 시행한다(2006. 5. 26).

제2조 (준용)

이 정관에 규정되지 아니한 사항은 민법 중 사단법인에 관한 규정을 준용한다.

제3조 (경과조치)

이 정관 시행 당시 법인 설립을 위하여 설립발기인 등이 행한 행위는 이 정관에 의하여 행한 것으로 본다.

제4조 (창립회원)

이 정관 제6조의 규정에도 불구하고 법인 창립당시의 회원은 별첨 '회원명부'와 같다.

제5조 (설립연도 정기총회 등)

1. 이 정관 제22조 제2항의 규정에도 불구하고 법인 설립연도의 정기총회는 창립총회로 갈음한다.
2. 이 정관 제22조 제2항의 규정에도 불구하고 법인 설립연도 다음 연도의 정기총회 소집기한은 없는 것으로 한다.

제6조 (설립연도 이사회 등)

1. 이 정관 제29조 제3항의 규정에도 불구하고 법인 설립연도의 이사회는 창립총회로 갈음한다.
2. 이 정관 제29조 제3항의 규정에도 불구하고 법인 설립연도 다음 연도의 정기 이사회 소집기한은 없는 것으로 한다.

제7조 (이사 추가 선임)

이 정관 제13조, 제21조의 규정에도 불구하고 법인 창립총회 후 설립연도 내 임원의 추가적인 선임은 이사회 의결로 정하고, 다음 총회에서 사후승인을 받도록 한다.

제8조 (설립연도의 사업계획 등)

이 정관 제48의 규정에도 불구하고 법인 설립연도의 사업계획과 수입·지출 예산은 창립총회에서 승인된 것을 이사회 의결과 총회 승인을 얻은 것으로 본다.

주요 언론보도

1. 자원봉사는 사회 활력이다

〈중앙일보〉, 이창호, 2008. 11. 17.

"같은 새 정부인데 어떻게 두 나라가 이렇게 다른가요? 미국 새 정부는 출범도 하기 전에 자원봉사를 대대적으로 진흥하겠다고 나서는데, 우리 정부는 기존 의 자원봉사 지원기구까지 폐지한다니 … ."

지난주 버락 오바마 정부가 새로운 미국을 향한 대장정에 국민들의 도움을 청하고 대대적인 자원봉사 육성책을 마련한다는 뉴스가 전해지자 국내 자원봉 사계 인사들은 이 같은 한탄을 쏟아냈다. 5월 27일 이명박 정부가 정부위원회 의 일괄 폐지를 결정하면서 지난해 만들어진 자원봉사 국가 5개년 기본계획의 심의기구인 총리실 산하 자원봉사진흥위원회까지 폐지키로 한 것을 겨냥한 말 이었다.

"미국은 역사의 고비마다 젊은이들이 변화를 일으켰습니다. 1960년대도, 1970년대도 그랬습니다. 이제 다시 새로운 변화를 만듭시다(*Let's make a difference*) !"

1994년 9월 12일 정오, 미국 보스턴 다운타운에 위치한 보스턴 커먼 공원에 서 열린 '미국봉사단'(AmeriCorps) 발대식. 연단에 오른 에드워드 케네디 상 원의원은 공원에 모인 600여 명의 아메리코 청년 봉사단원들을 향해 "변화를 만들자!"고 외쳤다. 같은 시각, 백악관 로즈가든을 비롯한 미 전역에서는 클 린턴 대통령의 축사와 함께 2만 명의 아메리코 단원을 위한 발대식이 동시에 열리고 있었다.

시대역행 정책은 재고해야

역사의 고비마다 국가 재건을 외치며 일어선 미국의 청년들, 봉사단원들. 버락 오바마 정부는 그들을 다시 불러들이고 있다. 빈민지역 학교를 돕는 교실봉사단, 건강봉사단, 청정에너지봉사단, 전역장병봉사단 등 국가봉사단(National Service Corps) 프로그램도 신설하겠다고 발표했다.

미국의 국가봉사단 프로그램은 세계에서 미국만이 유일하게 갖고 있는 제도다. 대부분 민주당이 이끌었다. 1930년대 대공황이 몰아치자 프랭클린 루스벨트 대통령이 시작한 CCC(Civilian Conservation Corps)가 그 효시다. 당시 루스벨트는 9년 동안 300만 명의 청소년을 미 전역의 국립·주립공원에 배치해 숲 가꾸기 사업을 펼치도록 했다. 캠핑생활 중 각종 교육을 실시하고 월 30달러의 지원금 중 5달러는 본인에게, 25달러는 그들의 가족에게 보내 생활을 돕도록 했다. 오늘날의 요세미티, 옐로스톤, 버지니아 숲 등 미국의 아름다운 국립공원들은 모두 당시 자원봉사활동의 산물이다.

대통령의 관심과 지원이 중요

그 후 1961년 케네디 대통령은 평화봉사단(Peace Corps)을, 1964년 존슨은 VISTA·RSVP, 1993년 클린턴은 아메리코를 만들었다. 공화당 정부 역시 그 효용성을 인정하고 1990년 부시 대통령은 국가봉사 사업에 더 많은 공사립 기관, 비정부기구(NGO)들이 참여하도록 관련법을 제정하기도 했다. 대통령이 직접 의회비준을 받아 임원들을 임명하는 연방 진흥위원회도 신설했다.

미국의 국가봉사 사업은 영국에도 영향을 미쳤다. 미국식은 아니지만 정부가 나서 자원봉사자와 그 단체들이 각 지역에서 '활성화된 지역사회'(active community) 운동에 앞장서도록 막대한 예산을 지원한 것이다. 1998년 영국 정부가 민간과 협약을 맺고 처음 실시한 그 정책은 당시 블레어 총리의 총선 공약이기도 했다.

우리나라는 언제쯤이나 국정 최고책임자인 대통령이 자원봉사운동에 관심을 가질 것인가. 대통령이 앞장서 자원봉사자들에게 국가 재건을 위해 동참할 기회를 만들고 자부심과 긍지를 심어 줄 수는 없는 것일까.

이명박 정부는 10개 부처 공무원과 민간인들이 동수로 참여했던 자원봉사 진흥위원회를 폐지하겠다는 것에서 한발 더 나가고 있다. 자원봉사진흥 기능을 일개 부처 사업으로 축소하는 내용의 법안을 입법예고해 많은 사람의 반발까지 사고 있다. 자원봉사를 사회 활력으로 활용하면서 적극 권장하는 선진국 정부들과 자꾸 반대되는 방향으로 가고 있는 것이다.

2. '회의 없는 진흥위원회' 자원봉사계 반발

<시민운동 연합신문>, 2009. 6. 22~28.

일방적 서면심의 결정 '행안부 독단' 비판

최근 행정안전부가 자원봉사활동에 관한 주요 정책심의 사항을 논의과정 없이 서면심의로만 추진하려다 민간자원봉사계의 항의에 부딪혀 논란을 빚고 있다.

행정안전부가 올해 추진하게 될 자원봉사 진흥에 관한 시행 계획을 심의하는 과정에서 구성회의와 안건 설명 등 적정 절차를 무시한 형식적 심의과정에 대해 자원봉사계가 강력히 문제를 제기한 것이다.

자원봉사활동 촉진을 위한 대표적 정책기구인 자원봉사진흥위원회를 국무총리 산하로 두었으나 주무부처인 행정안전부의 일방적 추진으로 그간 자원봉사계로부터 많은 비난을 사고 있는 터라 비판 여론은 더욱 거세다.

이제훈 한국자원봉사협의회 상임대표는 "자원봉사진흥위원회가 2기로 출범한 후 회의 한 번 거치지 않고 주요 정책을 서면심의로 추진하는 것은 상식에 어긋난다"면서 "총리실 산하의 민간합동 진흥위원회의 구성의원을 무시한 논의 없는 처리는 문제가 크다"고 지적했다.

이에 대해 행정안전부 민간협력과 관계자는 "회의가 원칙이지만 대면이나 서면 방식 등 여러 방식이 있을 수 있다"며 "위원회 폐지 논란이 있다가 존치로 결정되는 과정 등을 겪다 보니 회의를 갖고 결정할 상황이 아니었다"고 해명했다.

정부가 지난해 국무총리 산하 민관합동 자원봉사진흥위원회를 폐지하고 행정안전부가 관장하도록 법 개정을 추진하려다 자원봉사계의 강력한 반발에 부딪힌 바 있다.

진흥위원회 구성은 행정안전부 등 정부 부처 장관과 한국자원봉사협의회 등 민간단체 장들이 민간위원으로 참여하도록 자원봉사기본법에 명시되어 있으나 지난 2006년 설립 이후 한두 차례 회의를 가졌을 뿐 새 정부 들어 단 한 차례도 회의가 없었다. 이러한 배경에는 자원봉사운동의 순수성이 보장되지 못하고 중앙정부와 지방자치단체에 의한 관주도 내지 관변화가 노골화되어 있다는 게 중론의 지적이다.

시민사회가 성숙해가는 과정에서 자원봉사 부문도 급속히 발달하자 순수 민간운동을 지원해 달라는 요구로 자원봉사활동기본법이 지난 2006년 시행됐지만 자율성과 순수성을 외면한 채 오히려 지나친 간섭과 개입으로 민관합동의 자원봉사 발달을 저하시키고 있다는 비판이 제기되어 왔다.

이명박 정부가 '작고 효율적인 정부'를 표방하면서 지난 5월 자원봉사진흥위원회도 폐지를 요청했으나 민간자원봉사계가 공청회를 통한 여론수렴 과정을 거치고 국회에서 존치 판정을 받고서야 폐지 위기를 겨우 모면한 실정이다.

미국과 영국, 일본 등 선진국가들은 정부가 자원봉사 육성을 위해 많은 역할을 하면서도 우리나라와 달리 간섭을 일체 하지 않고 지원을 주요 원칙으로 삼고 있다.

민간자원봉사단체 관계자는 "행정안전부가 진흥위원회의 존치나 정책심의 등 여론수렴 없이 독단적으로 결정하는 업무 관행은 개선해야 한다는 여론이 지배적"이라면서 "진흥위원회의 민간위원들의 의견을 듣는 과정도 없지만 행정안전부를 제외한 나머지 9개 부처의 다양한 의견수렴도 없이 독단적으로 처리되고 있다"고 지적했다.

3. 관변조직 된 자원봉사센터 민영화해 서비스 질 높여야

〈중앙일보〉, 2009. 9. 11.

자원봉사법 개정 토론회

서울 A구청의 자원봉사센터는 구청이 직영한다. 자원봉사 사업을 민간에 위탁하다 2년 전 직영으로 바꿨다. 전임 구청장이 선거에서 떨어진 뒤 자원봉사센터를 위탁 운영하는 법인의 이사장이 되면서 관계가 껄끄러워졌기 때문이다. 직영이 되면서 상근직 6명 중 4명을 구청 공무원으로 임명했다. 서울 시내 25개 구청 가운데 20곳이 이처럼 직영으로 센터를 운영하고 있다.

이 때문에 자원봉사센터가 관변조직이 되고 있다는 지적이 나온다. 한국자원봉사포럼·국회 국토해양위원회 이병석 위원장(한나라당, 포항 북구), 한국자원봉사센터중앙회는 10일 국회도서관 대강당에서 "자원봉사활동기본법 개정을 위한 토론회"를 열었다.

발제자인 한국자원봉사학회장 최일섭 전 서울대 사회복지학과 교수는 "직영으로 운영하면 시장·군수·구청장의 사기관으로 전락할 위험이 있다"며 "단체장의 임기에 따라 센터장이 바뀌고, 심지어 선거운동에 자원봉사단체를 동원하는 경우까지 있다"고 지적했다. 최 회장은 "자원봉사운동을 활성화하기 위해 만든 법이 오히려 민간주도의 자원봉사활동을 막고 있다"고 말했다. 자치단체가 재정적 지원을 하되 운영은 민간에 맡겨 자율성을 높여야 한다는 것이다. 김준목 한국자원봉사센터중앙회장은 "자원봉사센터는 봉사단체와 기업, 시민 등 다양한 사람들을 지원하는, 봉사활동의 허브"라며 "민영화를 통해 자원봉사 서비스의 질을 끌어올려야 한다"고 강조했다.

한국자원봉사센터중앙회에 따르면 전국 248개 자원봉사센터 중 자치단체가 직접 운영하는 곳이 159개(64%), 비영리법인에 위탁 운영하는 곳이 70곳, 독립법인이 9곳이다. 이에 대해 행정안전부 장만희 민간협력과장은 "장기적으로는 자원봉사활동의 순수성을 훼손하지 않기 위해 민영화로 가는 것이 맞지만 아직까지 자원봉사센터 행정·재정 측면에서 인프라가 부족한 실정"이라고 말했다.

4. 돈보다 값진 '나눔' … 재능을 나눕시다

〈조선일보〉, 2010. 1. 6.

세계적 피아니스트 서혜경 암투병 이후 무료 레슨봉사
"연주 목표, 나에서 우리로"

"건반을 때리듯 치지 말고 달팽이가 기어가듯 부드럽게 쳐 봐요."

피아니스트 서혜경 교수(50)가 지난달 19일 경희대 음대 교수실에서 피아니스트 정수진 씨(25)가 연주하는 '하차투리안 토카타'를 듣다가 멈추게 했다. 서 교수는 물 흐르듯 손가락을 움직이는 법을 보여 줬다. "허리도 곧게 펴야 해요"라고 정씨의 허리를 받쳐 주기도 했다. 고개를 끄덕이며 가르침대로 따라 하던 정씨 표정이 금세 환해졌다. "교수님, 정말 연주가 훨씬 쉽네요. 고맙습니다."

정 씨는 이 대학 학생도 아니고 서 교수의 정식 제자도 아니다. 발달장애(3급)를 가진 정 씨는 지난달 4일 서울시 장애인체육회 송년의 밤 행사에서 서 교수와 함께 피아노 연주를 한 인연이 있었다. 그때 서 교수가 정 씨에게 무료로 특별 지도를 해 주겠다고 했다. 서 교수는 "연주 소리가 맑고 순수했다"며 "몇 가지 습관만 바꾸면 더 좋은 소리를 낼 것 같았다"고 했다. 서 교수는 정 씨 말고도 형편이 어려운 여러 명의 학생과 피아니스트들을 무료로 가르치고 있다. '대가'(大家)의 1~4차례 특별 레슨만으로도 '제자'들에겐 큰 도움이 된다.

서 교수는 5살부터 밤낮으로 88개의 피아노 건반만 보며 살았다. 9살 때 국립교향악단과 협연한 서 교수는 1980년 이탈리아 부조니 국제 콩쿠르 한국인 최초 우승, 1988년 미국 카네기홀이 선정한 올해의 피아니스트, 2000년 미국 팜비치 국제콩쿠르 1위를 한 세계적인 피아니스트다.

그런 그가 무료로 특별 레슨 봉사를 하는 데는 계기가 있었다. 서 교수는 "시련으로 닥쳤던 유방암을 극복한 이후 연주의 목표가 '나'에서 '우리'로 바뀌었다"고 했다.

2006년 10월 서 교수는 건강검진에서 오른쪽 가슴에서 암세포가 발견됐다는 진단을 받았다. 암세포는 겨드랑이 림프샘까지 번져 있었다. 암 진단을 받은 상태에서도 일본의 도쿄·후쿠오카·고베 순회공연을 예정대로 마쳤다.

서 교수는 "당시 암에 걸렸다는 사실을 믿을 수 없었다"며 "귀국 후 다른 병원에서도 정밀 검진을 받았는데 똑같은 진단이 나왔다"고 했다. 병원 의료진은 서 교수에게 "가슴과 어깨 근육, 신경을 절제하면 치료가 가능하지만, 그럴 경우 오른손으로 피아노는 더 이상 칠 수 없다"고 했다. 서 교수는 "피아노를 그만두라는 건 나보고 죽으라는 말과 똑같다"며 수술을 거부했다.

서혜경 교수는 7명의 암 전문의를 찾아갔다. 그중 5명이 "피아노를 포기하라"고 권유했다. 서 교수는 "암 완치가 힘들더라도 일단 피아노를 칠 수 있는 수술을 해 달라"고 의사에게 요구했다.

2007년 4월 21일 그는 암세포만 제거하고 피아니스트에게 필요한 신경과 근육 조직은 남기는 정밀 수술을 받았다.

"수술 3일 후 피주머니를 차고 병원에서 뛰쳐나와 피아노가 있는 집으로 달려갔어요. 심호흡을 한 뒤 오른손 손가락으로 피아노 건반을 눌렀어요. 손끝에서 청아한 울림이 퍼졌습니다. 눈물 나도록 신이 나서 그대로 오펜바흐의 곡 '호프만의 뱃노래'를 연주했어요. 4월 21일은 제 두 번째 생일입니다."

서 교수는 33번의 방사선 치료를 마치고 2008년 1월 22일 서울 예술의 전당 무대에 다시 섰다. 복귀 무대에서 그가 도전한 곡은 고도의 기교와 표현력이 필요한 라흐마니노프 피아노 협주곡 2번과 3번이었다. 서 교수는 격정적으로 연주했다. 양쪽 귀걸이가 떨어져 나갈 정도였다. 청중은 물론 악단도 눈물의 박수를 보냈다. 서 교수는 "옛날 같으면 실수 없는 완벽한 연주를 위해 스트레스를 많이 받았겠지만, 투병 이후 즐기면서 연주하게 됐고 소리도 더 좋아졌다는 얘기를 듣는다"고 했다.

서 교수는 그때 이후 피아노 연주를 통한 봉사를 하고 있다. 지난해 5월 미국 뉴욕에서 한국인 환자를 위한 모금 연주회를 열었고, 서울대병원 유방암 환우회 위문 연주도 했다. 경희의료원에서는 3년째 환자와 보호자를 위한 콘서트도 열고 있다. 지난달 9일 한국여성재단 '딸들에게 희망을 음악회' 공연에도 함께했다.

그는 재능은 있지만 형편이 어려운 학생들 돕기에도 적극 나선다. 지금까지 20여 명이 서 교수의 특별 레슨을 받았다. 2005년 독일 연방 청소년 콩쿠르에서 1등을 차지했던 피아니스트 이수미 씨(24)도 서 교수의 특별한 제자다. 이 씨는 부모가 대구와 경산에서 양말 노점상을 하는 상황에서도 장학금으로 학업을 계속했다. 서 교수는 독일 데트몰트 음악대학에 유학 중인 이 씨가 지난해 5월 잠시 귀국했을 때 서울로 불러 3개월 동안 이 씨를 가르쳤다.

서 교수는 "이 씨의 재능을 직접 확인하고 자신감을 넣어 주고 싶었다"고 했다. 서 교수는 대구에 머물던 이 씨가 서울에 올라와 레슨을 받을 수 있도록 차비까지 보태 줬다. 이 씨 집에 연습용 피아노가 없다는 얘기를 듣고 악기회사에 부탁해 그랜드 피아노를 보냈다.

서 교수는 이 씨의 우상이었다. 이 씨는 초등학생 때부터 방에 서 교수 사진을 붙여 놓고 '나도 저렇게 돼야지' 하고 매일 다짐했다고 한다. 이 씨는 막상 서 교수를 만나자 말도 제대로 나오지 않았다. 이 씨 연주를 듣고 서 교수는 "네 소리는 자신감을 가져도 돼"라고 했다. 서 교수는 이 씨가 슬럼프라는 걸 한눈에 알아차렸던 것이다. 독일에 체류 중인 이 씨는 "독일 교수님들이 '몇 개월 사이에 소리가 좋아졌다'는 칭찬을 했다"며 "서 교수님이 없었더라면 계속 제자리걸음을 하고 있었을 것"이라고 했다. 올해 학교를 졸업하고 국제 콩쿠르에 나갈 계획인 이 씨는 그때도 도와주겠다는 서 교수의 약속을 받고 마음 든든했다.

서 교수는 "우리나라에도 베네수엘라의 '엘 시스테마' 같은 음악교육 재단이 절실히 필요하다"고 했다. 1975년 설립된 엘 시스테마는 저소득층 아이들에게 무상으로 악기를 나눠주고 음악 교육을 해 왔다. 현재 30여만 명의 베네수엘라 청소년이 교육을 받고 있다. 그 결과, 마약과 범죄에 빠져 있던 아이들이 음악으로 새 삶을 찾았다. LA 필하모닉 상임지휘자 구스타보 두다멜 등 뛰어난 음악가도 여럿 배출했다. 서 교수는 "우리도 제대로 지원만 받는다면 두다멜과 같은 훌륭한 음악가가 나올 수 있다"고 했다.

서 교수는 음악교육 봉사를 위해 설립 중인 '서혜경 예술·복지재단'(가칭)에 '명예이사'로 참여하고 있다. 서 교수는 지난해 11월 연주 공연 봉사의 공을 인정받아 받은 효령상의 상금 1,000만 원도 재단 설립자금으로 기부했다. 서 교수는 "재능은 있지만 형편이 어려운 학생들을 돕고, 음악을 접하기 힘든 지역에도 찾아가 공연을 여는 등 앞으로 재단 활동은 무궁무진할 것"이라고 했다. 서 교수는 "예술가들의 재능은 국가·사회의 혜택과 대중의 사랑으로 얻은 것이니 사회에 돌려줘야 한다. 많은 선후배 연주자와 음악인들이 동참했으면 좋겠다"고 했다.

5. 각계 '대표선수' 재능나눔 홍보대사로 뜁니다

〈조선일보〉, 2010. 6. 2.

디자이너 이상봉, 산악인 엄홍길, 가수 정훈희·박미경,
시골의사 박경철 … 단장에 탤런트 이순재씨

탤런트 이순재, 패션디자이너 이상봉, 산악인 엄홍길, 마라토너 이봉주, 가수 정훈희·박미경, 뮤지컬배우 남경주, '시골 의사'라는 필명으로 잘 알려진 안동신세계연합병원장 박경철 씨가 재능나눔에 동참했다. 이들은 1일 〈조선일보〉와 사회복지공동모금회, 한국자원봉사협의회가 함께 펼치고 있는 "재능을 나눕시다" 캠페인의 홍보대사로 위촉됐다.

홍보대사 단장은 이순재 씨가 맡았다. 7년째 서울 중랑구 사회복지협의회 회장으로 일해 온 이 씨는 "최근까지만 해도 이웃돕기라고 하면 힘들고 부담스럽고 돈만 내는 것으로 알려졌는데 이제는 재능나눔처럼 봉사문화가 바뀌고 있다"며 "훌륭한 분들과 함께 활동하게 돼 기쁘다"고 했다.

엄홍길 씨는 캠페인에 참여해 시각장애인과 함께하는 희망 등반대회를 열기로 했다. 이봉주 씨는 다문화·한부모·조손 가정의 청소년 등을 초청해 희망 마라톤대회를 열 계획이다. 이 씨는 "선수 생활을 하면서 국민에게 받은 많은 사랑을 어떻게 돌려 드리나 고민했는데 이번 캠페인을 통해 좋은 기회를 얻게 돼 기쁘다"고 했다.

정훈희 씨는 "이름만 걸어 놓고 활동은 뜸한 홍보대사가 아니라 몸으로 열심히 봉사하는 홍보대사가 되겠다"고 했다. 정 씨는 함께 홍보대사로 임명된 가수 박미경, 성악가 우주호, 록밴드 '네바다 51'과 함께 연말 나눔 음악회를 열기로 했다. 남경주 씨와 박경철 씨는 청소년을 대상으로 찾아가는 강연회를 열 예정이다. 단체가 홍보대사로 임명된 대한약사회는 전국 2만여 약국에서 봉사와 홍보활동을 펼치기로 했다.

디자이너 이상봉 씨는 이날 이웃돕기를 위해 만든 재능나눔 티셔츠의 판매 수익금 4,000만 원을 한국자원봉사협의회에 기부했다. 이 돈은 각 봉사단체의 집수리 활동, 의료봉사 약품구입비, 청소년 학습 지원비로 쓰이게 된다. 이 씨는 "제작한 2,000장이 모두 팔려 의미 있는 기부를 할 수 있게 됐다"며 "좋은 뜻으로 선뜻 지갑을 열어 준 모든 고객분께 진심으로 감사드린다"고 했다.

6. 자원봉사자 보상해 주는 나라는 세계 어디에도 없어

〈중앙일보〉, 2011. 4. 14.

한국자원봉사포럼, 자원봉사 인정 · 보상제 개선 주문

한국자원봉사포럼 (회장: 김경동 서울대 명예교수) 과 대한적십자사는 8일 서울 중구 대한적십자사 대강당에서 "2011년 한국 자원봉사의 도전과 이슈: 자원봉사 인정 · 보상 대안마련"이라는 주제로 포럼을 개최했다. "지원봉사 인정 · 보상, 관의 개입 어디까지인가"를 주제로 발표자로 나선 김성준 제주대 행정학과 교수는 "현재의 자원봉사 인정 · 보상제도에 문제가 많다"며 "성급하게 정부주도로 제도화할 것이 아니라 민간에서 많은 논의를 거쳐야 할 것"이라고 주장했다. 나병진 대한적십자사 재난구호봉사본부장은 자원봉사자의 사기 진작을 위한 인정방법에 대해 "물질적인 인정이나 보상보다는 사회적인 존경과 우대를 받는 문화를 확산토록 하는 게 중요하다"고 지적했다.

이어 벌어진 토론에서도 인정 · 보상제에 대한 우려와 보완 제안이 잇따랐다. 지정토론인 이연 동아인재대 교수 (한국자원복지재단 사무총장) 는 "민과 관이 협력하여 적절한 틀을 만들 필요가 있다"며 민간자원봉사계의 의견이 보다 더 반영돼야 한다는 점을 강조했다. 김진학 강서구청 주민생활지원과 팀장은 "관의 개입은 필요하나 물질적 보상이 아닌 정서적 · 상징적 보상이 이루어져야 한다"고 피력했다. 신은희 서초구자원봉사센터 과장도 "자원봉사계의 합의에 의한 합리적인 인정·보상제도 마련이 필요하다"고 지적했다. 이창호 남서울대 교수는 "자원봉사 진흥을 이유로 자원봉사를 한 사람에게 뭔가 보상을 해 주도록 제도로 규정하고 있는 나라는 세계 어디에도 없다"면서 "법에 어떠한 형태의 인정·보상조항이 들어갈 경우 일선 지방자치단체에선 오용될 위험이 있다"고 우려를 표했다. 이 교수는 또 "현재 국회에 계류 중인 인정·보상 법안들은 폐지해야 하며, 각 자원봉사센터 별로 다양성과 자율성을 인정하는 게 중요하다"고 제시했다.

7. 한국자원봉사협의회, 전문가 초청 '나눔기본법 제정' 정책포럼 개최
⟨한국 NGO 신문⟩, 2015. 4. 6.

한국자원봉사협의회(상임대표: 장석준)는 3월 27일 오후 3시 서울시자원봉사센터 교육장에서 자원봉사단체 관계자 등 100여 명이 참석한 가운데 '나눔기본법 제정' 정책포럼을 개최했다.

포럼은 기부, 자원봉사 등 나눔활성화 지원을 목표로 한 나눔기본법 제정의 취지와 진행상황을 공유하고, 법 제정에 대한 자원봉사계의 의견과 입장 발표 및 토론을 통한 법 제정안의 합리적 결과 도출을 위하여 마련됐다.

장석준 상임대표는 인사말을 통해 "자원봉사계는 3년 전에 복지부에서 나눔기본법 제의했을 때 대부분이 부정적인 생각을 많이 한 게 사실입니다. 나눔과 자원봉사는 같은 맥락인데 법 체제를 달리하면 혼선이 빚어지지 않겠느냐 해서 반대의견이 많았던 것 같습니다. 자원봉사 자체가 영역이 아닌 방식에 관한 것이기에 다양성이 인정돼야 합니다. 보건복지부에서는 그사이 의견을 수렴해서 내용을 고치고 해온 것 같습니다. 자원봉사계와 복지계의 분란으로 이어지기 보다는 드러내 놓고 대화를 하면서 방향과 여론을 찾아가며 공감을 넓혀 보자 해서 이 자리를 만들게 됐습니다"고 밝혔다.

발제에 나선 이재란 보건복지부 나눔정책팀장은 나눔기본법 제정의 필요성 및 주요 내용으로 나눔문화위원회 구성, 운영, 기부연금제도 도입, 자원봉사활동기본법과의 관계와 지금까지 수정 과정과 수정 내용, 향후 법률제정 추진계획을 설명하며, "국무총리실 나눔문화위원회 중심으로 부처 간, 민관 협업체계를 구축하여 기부연금 등 새로운 계획기부 모델을 도입하고, 나눔교육, 홍보, 기업사회공헌, 나눔 실천자 사회적 인정 강화 등 민간의 나눔활동을 법적 근거하에 안정적으로 할 수 있도록 지원할 것"이라고 밝혔다.

김성준 한국자원봉사학회 회장을 좌장으로 진행된 패널토론에서 정무성 숭실사이버대 부총장은 "나눔을 관이 개입하는 것, 기존 나눔 관련 기관들의 옥상옥 역할, 또 다른 기본법 출현으로 갈등 유발 등의 기존 핵심적인 반대 입장들이 있었는데 논의기구인 나눔문화위원회의 거버넌스 구조를 민간으로 이동하고, 자원봉사영역의 계획수립은 자원봉사활동기본법에 따른 국가기본계획으로 대체한다고 조정하여 우려는 불식되었다"며 "중상층의 계획기부를 늘려야 하는데, 이를 촉진할 수 있는 나눔기본법의 핵심이라고 할 수 있다. 기부연금제도 도입이 조속히 이루어져서 기부문화의 발전에 도움을 줄 수 있도록 해주어야 한다"고 밝혔다.

송민경 경기대 청소년학과 교수는 "인적 나눔, 물적 나눔과 자원봉사, 기부금품의 제공 등과의 개념적 차이나 적용의 구체성이 매우 모호하고 제안된 나눔기본법안 및 수정안의 조항들이 포괄적·선언적 조항으로 구성되기도하고, 기존 법령과 상충, 중복되는 내용이 일반 시민과 단체들에 어떻게 해석하고 이해될지 우려된다"며 "자원봉사활동기본법과 기부금품법이 우리 사회 각계각층에 어느 정도 체화되었는데 새로운 사회적 비용과 노력의 투입이 반드시 필요한 것인지 솔직하고 직시적인 평과와 논의가 필요하다"고 밝혔다.

김현옥 한국자원봉사협의회 사무총장은 "나눔기본법에서는 기부, 자원봉사, 혈액, 장기, 인체조직, 제대혈 등 명확한 개념을 가진 용어들을 '나눔'이라는 추상적이고 모호한 개념의 용어를 사용하여 포괄 규정함으로써 오히려 혼란을 유발하여 새로운 법안 제정보다는 기존 법률에 대한 개선과 활성화를 위한 노력이 더 중요하다"며 "두 개의 기본법이 평행으로 병행하는 것은 근본적으로 인정할 수 없고, 법은 정당성, 사회성, 실효성이 있어야 하나 나눔기본법은 그렇지 못하다는 의견이다. 기부에 대해서도 법제정으로 기부를 활성화하기

보다는 통제 가능성이 높다"고 자원봉사센터계의 반대입장을 피력했다.

이어 시민사회단체 연대회의 정현곤 정책위원장은 "정부와 소통이 되면서 조금씩 나아지고 있지만 자원봉사계가 지적하는 것이 반영이 안 되고 있다"고 발표하고 NPO 공동회의 김희정 사무국장은 나눔기본법을 인정하는 입장에 대한 발표에 이어 자원봉사계의 주무부처인 행자부 정구창 과장의 발표가 이어졌다.

정구창 행자부 민간협력과장은 "나눔의 정의를 보면 기본적으로 나눔의 종류, 방식 등을 기준으로 정의하고 있는 반면, 교육기부는 '수혜대상'을 기준으로 구분하고 있어 체계상 일관성이 부족하고, 물적 자원의 나눔은 기부금품의 제공, 인적 자원, 재능 등의 나눔은 자원봉사활동에 포괄되는 내용으로 별도 규정이 필요한지 여부에 대한 검토가 필요하다"며 "나눔문화 활성화가 이 법의 제정 취지라면, 나눔을 매개하는 나눔단체에 대한 지원도 중요하지만 실제 나눔을 행하는 개인, 기업 등 나눔 주체들이 쉽게 나눔을 행할 수 있고 사회적으로 인정받을 수 있도록 하는 내용들이 법안에 담겨 있어야 한다. 취지에는 찬동하지만 수정안에는 심도 있게 검토하여 실질적으로 나눔활성화에 기여할 수 있기를 바란다"고 당부했다.

패널토론에 이어 오픈플로어 시간에는 먼저 자원봉사계의 반성이 필요하다는 의견이 나오는 등 나눔기본법의 반대입장이 주를 이루는 가운데 시민사회 각계 의견을 듣는 시간을 갖고 정책포럼을 마무리 하였다.

8. 자원봉사정신은 시민사회를 지탱하는 큰 힘

〈한국 NGO 신문〉, 2015. 4. 27.

4·16 세월호 참사, 시민사회에 던지는 질문과 성찰

한국자원봉사포럼(회장: 장석준)은 세월호 참사 1주기를 돌아보며 4월 17일 (금), 안산시 합동분향소와 단원고, 4·16 기억저장소 등을 방문하는 기억순례를 마치고 제종길 안산시장을 비롯한 자원봉사계 및 안산시민 등 100여 명이 참석한 가운데 안산시 아도르웨딩홀에서 포럼을 개최했다.

안산시자원봉사센터(이사장: 이종수)와 한국자원봉사학회(회장: 김성준)가 공동주최한 포럼은 "4·16 세월호 참사가 우리나라 시민사회, 자원봉사에 던지는 질문과 성찰: 시민사회의 성찰 위기에 처한 공동체, 그리고 시민의 안전"을 주제로 열띤 토론을 펼쳤다.

제종길 안산시장은 "지난 1년 동안 우리는 세월호 참사로 인한 충격과 분노, 또 어린 학생들에 대한 미안함과 죄책감, 아무것도 해 주지 못한 무력감에 힘든 시간을 보냈습니다. 오늘 포럼을 통해 세월호 참사가 우리 사회에 던진 질문에 대해 같이 고민하고, 우리 스스로 돌아봄으로써 우리 사회가 더욱 성장하는 계기가 되고, 공감과 헌신, 나눔의 공동체 정신이 우리 사회에 널리 퍼지는 계기가 되기를 기원한다"고 밝혔다.

성준모 안산시의회 의장은 "어떠한 대가나 칭찬을 바라지 않고 타인을 위해 자신을 비울 줄 아는 자원봉사정신이야 말로 우리 시민사회를 지탱하는 큰 힘이 되고 있습니다. 4·16 세월호 참사 1주기를 계기로 우리 시민사회 공동체의 현주소를 자각하고 발전적인 성찰을 위해 마련된 포럼에 많은 분들의 참여로 자원봉사의 새로운 패러다임이 제시되는 계기가 되기를 기대합니다"라고 밝혔다.

장석준 한국자원봉사포럼 회장은 "민간자원봉사운동 20년, 자원봉사활동 기본법 제정 10년을 맞으며 우리의 자원봉사는 인프라 구축, 참여증진 등에서 괄목할 만한 정성을 이루었습니다만, 아직까지도 온전한 시민성을 확보했는지 살펴보면 여전히 반성의 여지가 있습니다. 위기에 처한 공동체를 어떻게 살린 것인가 앞으로 나아갈 바를 진정성을 살릴 수 있는 방향으로 잘 논의하길 바랍니다"라고 당부했다.

이종수 안산시자원봉사센터 이사장은 "안산에는 '별이 된 아이들을 기억'하려는 행사들이 많은 시민의 참여와 자원봉사자의 활동, 안산의 시민사회단체 주관으로 진행되고 있습니다. 오늘 포럼 주제와 같이 자원봉사계 내부에서의 깊은 성찰과 반성을 토대로 뜨겁게 달아오르는 자원봉사의 열정을 구체적이고 체계적인 시스템을 통하여 담아내어 공존의 가치가 공유되는 사회가 이루어질 수 있도록 가치 있는 토론의 장이 되기를 기대합니다"라고 밝혔다.

포럼은 이성태 전남자원봉사센터 사무국장의 현장 자원봉사활동 보고와 김경동 서울대 명예교수의 "지속가능사회: 욕망의 사회에서 공존의 사회로" 기조강연에 이어 이혜령 세월호수습지원단 기록담당의 "자원봉사(관리)자, 머뭇거림에 관한 성찰"에 대한 발제와 김성준 자원봉사학회장을 좌장으로 장옥주 세월호 참사 안산시민대책위 집행위원장 등의 패널토론으로 진행됐다.

이성태 전남자원봉사센터 사무국장은 활동보고를 통해 "가족의 마음으로 함께하며 공치사를 버리고 협력하면, 공동체를 이루어갈 수 있습니다. 서로 존중하며 봉사활동에 참여하자는 기본원칙으로 4월 15일과 5월 16일 두 차례 자원봉사자를 위한 진도(J) 수칙을 정하여 등록된 인원만 6만여 명에 달하는 인원이 자원봉사에 참여했습니다. 자발적 참여를 감히 말로 표현할 수 있을까 하는 생각이 들었습니다"라고 전했다.

김경동 서울대 명예교수의 "지속가능사회: 욕망의 사회에서 공존의 사회로" 기조강연에서 "국민의 의식과 교육이 황폐해졌다. 자기성찰을 통해 영혼의 탐색(soul searching)이라는 영어단어가 함축하는 자아비판에 스스로 무엇이 잘못되었는지를 처절한 성찰에 임함으로써 처참한 사태가 일어나지 않게 하려면 어떻게 해야할지를 강구하는 일이 시대적 요청이요, 급선무다. 진정한 성찰을 바탕으로 어떻게 지속가능한 사회를 만들 것인가 생각해 봐야 한다"고 설명했다.

이혜령 세월호수습지원단 기록담당의 "자원봉사활동 및 시민사회로의 확장성 부재에 대하여" 발제를 통해 "우리 사회는 기업이윤이 우선시되는 상황에서 삼풍백화점 붕괴, 서해훼리호 침몰 등 지난 20여 년 동안 안전과 관련된 참사들이 동일한 원인으로 반복되고 있지만, 이번 세월호 참사는 전복되기 전까지 대다수의 승객이 배 안에 생존하고, 희생자 대다수가 어린 학생들이었으며, 선장 등 선박직 승무원들의 무책임, 구조 및 수습과정에서 정부기관의 무능함 등에 차이점이 있다. 성찰 없는 봉사는 아무것도 바꿀 수 없다는 것을 다시 한 번 생각해 본다"고 발표했다.

장옥주 4·16 세월호 참사 안산시민대책위 집행위원장은 패널토론에서

"4·16 세월호 참사를 계기로 본 시민참여"에 대하여 "자원봉사는 양적 확대에 비해 충분한 질적 변화를 이루지는 못했다. 자원봉사를 일손이 필요한 곳에 사람을 배치하는 활동으로 협소하게 인식하는 것에서 벗어나지 못한 측면이 있다. 긍정적인 측면에도 불구하고 세월호 참사는 자원봉사의 한계를 성찰하도록 우리에게 과제를 남겼다"고 밝혔다.

권미영 한국자원봉사관리협회 운영위원은 자원봉사활동 영역의 확장에 대해 "자원봉사자들은 묵묵히 실종자 가족, 유가족의 곁을 지키며 팽목항에서, 안산에서, 전국의 분향소에서 인간연대와 이타주의의 모습을 보여 주었다. 국민적 슬픔을, 분노를, 에너지를 다양한 참여로, 시민적 각성으로, 캠페인으로, 교육으로 연계하려는 노력이 얼마나 있었는지 자원봉사(관리)자는 성찰해 보아야 한다"고 밝혔다.

박윤애 서울시자원봉사센터장은 "자원봉사의 시민성 확장을 위하여"에 대해 "전남자원봉사센터에서 현장의 컨트롤타워를 잘 수행하였지만 재난구호활동이 대형, 장기화될 경우, 중앙단위의 컨트롤타워가 같이 효과적으로 움직일 필요가 있었다. 가장 고통받고 있는 사람의 입장에서 현장 중심, 역사적, 전체를 보는 관점이 필요하다. 자원봉사 지원을 시민교육의 기회로 삼자"고 밝혔다.

이창호 남서울대 교수는 "자원봉사관리자의 역량 및 시민의식"에 대해 "자원봉사는 당연히 시민사회 영역이고, 그 활동은 모든 시민사회 활동의 본령이다. 자원봉사활동에 대한 관의 개입이 지나치고, 지역사회 운동에 대한 (센터 및 봉사단체) 관리자들의 인식과 역량이 따라가지 못하고 있다. 민의 공동체 운동성을 회복할 수 있도록 관의 개입 대신 민의 활동을 뒤에서 묵묵히 재정적, 행정적으로 지지해 주고 한봉협이나 센터들이 앞장서야 한다"고 밝혔다.

9. 시선집중: 지구시민 자원봉사축제

〈중앙일보〉, 2016. 5. 27.

작은 나눔 큰 보람 … 시민 3,000여 명 '행복 대한민국' 동참

지난 21일 토요일 오후 1시. 서울 강남구 양재천 영동 3·4교 일대에 3,000여 명의 시민이 모였다. '2016 한국자원봉사의 해 지구시민 자원봉사축제'(이하 자원봉사축제)가 열렸기 때문이다.

자원봉사축제는 한국자원봉사의 해(이하 한자해) 추진위원회가 주최하고 한국중앙자원봉사센터·강남구자원봉사센터가 주관하는 대규모 시민참여 행사이다. 행정자치부·강남구·한국자원봉사협의회·한국자원봉사센터협회·〈중앙일보〉·JTBC가 후원했다.

이번 자원봉사축제는 〈중앙일보〉의 '제23회 전국 자원봉사 대축제' 시민행사와 강남구청의 '제4회 양재천 돗자리 자원봉사 축제'를 겸해 진행됐다. 개막식 행사는 조동성 한국자원봉사의 해 공동추진위원장의 개회사와 홍윤식 행정자치부장관의 축사, 신연희 강남구청장의 환영사로 시작했다. 전현희 더불어민주당(강남을) 20대 국회의원 당선자와 김현기 서울시의원(새누리당, 강남4)이 함께 참석해 자리를 빛냈다. 시민들과 함께 참석한 내빈들은 '자원봉사 4행시 짓기'를 진행해 자원봉사의 의미를 돌아보는 시간을 가졌다.

자원봉사축제에선 다양한 자원봉사 프로그램이 열렸다. 특히 양재천 녹지환경조성을 위해 시민들과 참석 내빈들의 후원으로 꽃나무 심기 행사 '함께 만든 자원봉사 무궁화 동산'을 진행했다.

이외에도 유해식물 제거, EM 흙공 만들기 등 20여 가지 자원봉사활동, 무료 구두수선, 재활용 나눔장터, 문화공연, 페이스페인팅, 이동도서관, 아름다운장터 '아장' 등 다양한 나눔활동이 펼쳐졌다.

조동성 한자해 공동추진위원장은 개회사를 통해 "한국자원봉사의 해는 협력·협업을 통해 문제를 해결하고자 하는 사회혁신 운동으로 자원봉사계가 모두 연대·협력할 것"이라고 강조하면서 "자원봉사축제에 참여하신 모든 분들이 이러한 운동에 뜻을 모아 줄 것을 부탁한다"고 말했다.

홍윤식 행정자치부장관도 축사를 통해 "한국자원봉사의 해를 통하여 자원봉사가 우리 사회 구석구석으로 확산되고 전 국민의 생활문화로 자리 잡아 '국민행복 시대' 실현을 위한 든든한 버팀목이 되길 기원한다"면서 "행정자치부는 자원봉사 주무부처로서 2016~2018년 한국자원봉사의 해의 성공적인 추진을 위해 지원을 아끼지 않겠다"고 밝혔다.

자원봉사축제 바자회에 참여한 김미성(17세, 청담고) 양은 "'사랑과 나눔'이라는 단체의 대학생들이 직접 만든 제품을 판매해서 수익금으로 기부를 하는 활동을 하기 위해 참여했다"면서 "앞으로 이런 행사가 열릴 때마다 시민들이 많이 참여해서 기부금이 많아질 수 있으면 좋겠다"고 전했다. 함께 활동한 정현정(17세, 경기여고) 양은 "직접 만든 제품을 판다는 점이 뜻깊었고 친구들과 함께해서 재미있었다. 수익금을 기부하게 되니까 더 의미 있는 활동이었던 것 같다"고 전했다.

두 자녀와 함께 환삼덩쿨제거활동에 참여한 행정자치부 최우식(48세) 사무관은 "가족과의 대화의 시간이 많이 부족했는데 봉사활동 참여를 통해 우리 가족만의 특별한 이야기를 만들어 갈 수 있었다. 더불어 살아가는 이웃들과의 소통도 함께할 수 있는 기회가 된 뜻깊은 시간이었다"고 말했다.

한국자원봉사의 해는 '지속가능한 미래, 행복한 공동체'라는 주제로 자원봉사 참여문화 확산·증진과 민간자원봉사의 성장 토대 구축, 자원봉사 미래 설계를 위해 3년간 진행한다. 조동성 위원장은 "우리 사회가 당면하고 있는 다양한 사회문제를 해결하기 위해 새로운 해법의 필요성과 UN에서 강조한 지구촌 과제 해결의 자원봉사 중요성에 발맞춰 새로운 전기가 요구됐다"면서 "민간 자원봉사운동 20년을 성찰하면서 시민사회·기업·정부가 공동 추진하는 범국민 캠페인 필요성과 공감대로 2016~2018 한국자원봉사의 해를 선포했다"고 전했다.

UN은 2030 SDGs 달성을 위해 '자원봉사 그룹'을 중요한 실행파트너로 지난해 11월 UN 총회에서 명시한 바 있다.

한국자원봉사의 해는 각계 대표들이 참여하는 추진위원회를 구성해 '자원봉사 10대 과제'를 선정, 다양한 사업들을 전개해 나간다. 올해는 '지구시민 자원봉사축제'를 시작으로 전국자원봉사대축제 특별포럼(6월), 자원봉사컨퍼런스(8월), 이그나이트 V-Korea(9월), 전국자원봉사센터대회(10월), 전국자원봉사자대회(12월) 등의 행사를 진행한다. 지역별로도 '자원봉사의 해'를 선포하며 전국적 자원봉사운동으로 확산시키고 있다. 한국자원봉사의 해에 대한 자세한 사항은 한자해 사무국(02-2129-7512, 7504)으로 문의하면 된다.

한국자원봉사의 해란 지난 2001년 UN에서 지정한 '세계자원봉사자의 해'를 기념해 'IYV 2001 한국위원회'가 추진한 '2001 IYV 자원봉사물결운동'에 뿌리를 두고 있다. 민간자원봉사계가 앞장서고 정부와 지방자치단체가 함께하는 거버넌스 실천운동이다. 2016~2018년 한국자원봉사의 해 주제는 '지속가능한 미래, 행복한 공동체'이다.

10. 2017 김경동 교수의 자원봉사 창의 아카데미: 봉사와 나눔 중간지도자 과정 열려

〈한국 NGO 신문〉, 2017. 10. 16.

한국자원봉사포럼(회장: 장석준)이 주최·주관하고 사랑의열매·IBK기업은행이 후원한 '2017 김경동 교수의 자원봉사 창의 아카데미: 봉사와 나눔 중간지도자 과정'이 10월 10일(화) 서울시 서초구 대한민국학술원 2층 강당에서 "사회변동의 추세와 미래사회의 비전"을 주제로 진행됐다.

창의 아카데미는 앞선 9월 26일 "인문학적 상상력과 자리매김"을 주제로 한 1강을 시작으로 오는 10월 20일, 21일 "생애주기별 자원봉사의 의미와 과제"를 주제로 한 3강에 이어 4강에서 "시민의 책무와 사회혁신", 5강 "기업사회공헌·노블레스 오블리주·프로보노·시티즌 오블리주", 7강 "마음의 프레임과 문화조성", 9강 "민관관계의 성찰과 제도의 메커니즘, 시민사회 역량강화, 자원봉사계 개선"을 주제로 진행된다.

11월 28일(화)까지 총 9강(매주 화요일, 19:00~21:00) 일정으로 진행되는 이번 아카데미에서 이배용 (사) 코피온 총재가 6강 "역사 속의 노블레스 오블리주"를 주제로, 장석준 자원봉사포럼회장(전 복지부 차관)이 8강 "사회복지 정책의 흐름과 자원봉사와의 접점"을 주제로 한 특강도 함께 열린다.

이번 창의 아카데미는 자원봉사계 최고 권위자이며 사회학자인 김경동 서울대 명예교수의 강의를 통하여 '나눔'과 '봉사'에 대한 철학과 본질을 탐색하고, 사회변동에 따른 새로운 패러다임을 논의하는 자리로 자원봉사운동의 내실화를 위해 자원봉사전문가와 리더가 바로 설 수 있도록 보다 깊은 근간을 제공하기 위해 마련됐다.

11. 한국자원봉사포럼, '자원봉사활동기본법 개정' 관련 전문가 집담회 개최
〈한국 NGO 신문〉, 2018. 10. 22.

사단법인 한국자원봉사포럼(회장: 남영찬 법무법인 클라스 대표)은 2018년 10월 2일(화), 서울 강남구 역삼동 아이콘빌딩 1층 회의실에서 "자원봉사활동기본법 개정방향과 민간풀뿌리단체 활성화 과제"를 주제로 전문가 집담회를 개최했다.

김경동 서울대 명예교수는 기조발제를 통해 "자원봉사는 원천적으로 시민 중심의 사회운동이지만 기본법을 다루자면 어차피 국가의 손이 개입하므로 결국 국가와 자원봉사의 관계부터 짚고 넘어가지 않을 수 없다"며 "아직 국가주의적 관리형에 머물고 있는 한국은 하루속히 이를 극복하여 거버넌스 모형으로 정상화는 일이 시급하다"고 밝혔다.

한양사이버대 구혜영 교수는 제1 발표에서 자원봉사정신을 기본으로 한 자원봉사활동의 활성화, 자원봉사자 및 자원봉사단체의 자긍심과 보호, 민관 거버넌스 구축 등 법의 세 가지 방향을 제시하고, 현행 법제명의 자원봉사활동기본법 존치, 자원봉사센터 민영화, 한봉협과 중앙센터의 기능중복 해결, 자원봉사활동 개념 및 범위의 확대, 한국자원봉사협의회 기능강화, 자원봉사진흥위원회의 민간공동부위원장 명시 등을 강조했다.

또한 다양한 개정법(안)들이 자원봉사활성화에 도움이 되는 것인지와 민관 거버넌스, 자원봉사활동의 자율성 및 전문성, 자원봉사자와 민간풀뿌리단체의 지원과 보호 및 사회적 인정 등에 도움이 되는 것인가를 되물었다. 끝으로 지금 진행되고 있는 법안들이 불완전함으로 법 통과와 무관하게 지금부터라도 기본법에 결여된 부분을 다양한 영역의 의견을 수렴하여 자원봉사자가 진정으로 원하는 것이 무엇인지를 담아낼 필요가 있다고 주장했다.

제 2 발표를 맡은 홍성호 한국자원봉사포럼 감사는 "개정안에 대한 의견은 크게 네 가지 측면의 비판 제기로 축약된다"고 말하고, 문제점과 자원봉사를 제대로 발전시키기 위한 4개의 방향을 제시했다.

① 개정안은 변화하는 자원봉사의 가치와 정의, 주체적·자발적 자원봉사자의 증대와 사회자본의 축적, 효율적 민간 거버넌스의 실현 등 소프트웨어(문화) 측면의 내용을 담지 못하고 조직·제도 등 하드웨어 시스템 확대에 편중되어 있음.

② 개정안은 현장활동의 활성화보다는 국가 개입 강화와 이로 인한 민의 활력 저하를 더욱 초래할 우려가 높음. 현재의 자원봉사 지형은 정부지원을 받는 센터와 받지 않는 단체들의 불평등 구조가 형성되어 있고 이로 인한 부작용이 큰데 개정안은 이런 기형적인 '기울어진 운동장'을 고착시킬 우려가 있음.

③ 단체와 센터의 이분법적 대립(단체는 민주도, 센터는 정부주도로 인식)을 지양하여 서로 조화롭게 발전할 수 있도록 하기 위해서는 센터에는 운영의 독립성을, 단체에는 재정적 지원을 해야 함. 정부는 지원하되 간섭은 최소화해야 한다는 취지 아래 완벽한 민주도와 효율적 관지원이 실현될 수 있는 법안이 필요함. 자원봉사는 제도의 규칙보다는 절차가 중시되는 과정에 의해 발전하기 때문임.

④ 성숙한 자원봉사의 발전은 시스템이 아닌 봉사가 내면화된 사람의 습관들의 확산임. 자원봉사가 사회문제 해결의 동원수단으로 변용되어서는 안됨. 이제 자원봉사는 사회변화보다 사람(봉사자)의 변화 쪽으로 접근해야 함. 자원봉사자들이 만들어가는 공론장과 시민성 향상, 봉사자들의 공감이 엮는 사회자본 등은 갈수록 중요한 사회 인프라가 될 것임. 봉사자 중심의 인문기반의 진흥책을 담아야 함.

이외에도 자원봉사활동기본법의 명칭변경, 자원봉사 개념 확대, 국가 자원 봉사진흥위원회 및 지역 자원봉사진흥위원회 위원장을 민간으로 자원봉사정 보시스템 구축의 민간운영, 한봉협과 중앙자원봉사센터의 기능중복에 따른 두 조직의 통합, 센터 민영화 및 운영의 독립성 강화 자원봉사단체의 지원 강 화 등을 강조했다.

이어 진행된 토론에서 곽형모 자원봉사 이음 교육위원장은 "현재의 자원봉 사 개념으로는 시민들, 특히 청소년들의 상상력, 창의력, 역동성을 높이기에 매우 부족하다. 현재의 기본법이 담고 있는 한봉협, 자원봉사진흥위원회 편 제는 시민들의 자원봉사활동을 지원, 촉진하기에 충분한가? 국가가 관리하 기 편리하도록 편제되어 있는 것은 아닌가? 기본법 1조 (목적) 의 '사회문제'는 무엇을 말하는가? 어떤 문제를 해결하고자 하는 것인지 모호하다. 자칫 자원 봉사활동이 사회문제 해결을 위한 동원수단으로 해석될 소지가 있다. 자원봉 사센터 실무자들의 지역사회 네트워크에 적극 참여하지 못하는 장애물은 무 엇이며 어떻게 해결해야 하는가 등을 살펴야 한다"고 말했다.

이어 위의 문제를 해결하기 위해서는 "현재 '기본법-시행령'으로 되어 있는 법령 구도를 '기본법 (일반법) -지원법 (특별법) '으로 하는 것이 바람직하다. '기본법-시행령' 구도로는 정책 시행은 할 수 있어서도 지원의 관점에 서기 어 렵다. 현재 법안의 개념과 범위는 주어인 일감을 잘 수행하도록 짜여 있을 뿐, 자원봉사 시민들 스스로 문제의식과 대안을 세우고 실행에 옮길 수 있도 록 개념화도이 있지 않으므로 개념과 범위를 넓혀야 한다. 자원봉사활동이 해결하고자 하는 '사회문제'의 모호성을 해소하기 위해서는 자원봉사시민들 이 세상과 어떻게 관계를 맺고 자신은 어떻게 성장할 수 있는지에 대한 철학 을 담아야 한다. '시민의 자발성과 주도성'이라는 개정 취지에 맞게 용어 (국민 을 시민으로, 수요처를 활동처로) 도 바꿔야 한다"고 밝혔다.

이인우 사회적경제지역화연구소 대표는 토론을 통해 "현행 '자원봉사활동 기본법'은 자원봉사활동을 규제할 우려가 상존하고 있다는 오해를 살 수 있다" 고 말하고 따라서 '자원봉사활동기본법'을 '자원봉사진흥기본법'으로 법률 제 명을 개정하는 것이 바람직하다고 다음과 같이 설명했다.

"자원봉사는 책임이 있는 반면, 권리가 없는 활동이라는 점이 본성인데, 이러한 자원봉사활동에 대해 혹시라도 규제할 수 있는 내용이 존치되는 한, 자원봉사자가 되려는 권리를 포기하는 선택안 밖에 남기지 않아 지속적으로 자원봉사활동의 저해요인 자체가 법률로 작동하는 역설이 작용한다. 따라서 전부 개정법률의 기본정신이 이 법은 자원봉사활동의 진흥을 위한 기본법, 이 법이 규제하는 사항은 자원봉사활동의 진흥을 저해하는 요인임을 선언하고, 그에 따라 법률 제명도 '자원봉사진흥기본법'으로 개정('활동'을 삭제한 이유는 활동을 법률로 정할 수 없는 것으로 따라서 법률로 규제할 수 있는 대상을 국가의 '진흥' 의무로 정하는 것이 바람직함) 하는 것이 바람직하다"고 밝혔다.

참고문헌

구혜영(2019a), 《자원봉사론》, 2판, 도서출판 신정.

_____(2019b), 《자원봉사활동기본법 제정 및 개정의견(안)》, 한국자원봉사포럼.

김경동 외(2011), 《사회통합을 위한 나눔과 배려문화 제고 방안》, 경제·인문사회연구회.

김범수 외 편저(2016), 《자원봉사론》, 학지사.

_____(2019), 《초창기 사회복지인물사》, 공동체.

김영호(2006), 《자원복지이론과 실제》, 홍익재.

_____·조휘일·권오득·김범수(1979), 《자원봉사의 이론과 실제》, 한국사회복지협의회.

송민경 외(2010), 《지속가능한 재능나눔운동의 발전모형연구》, 한국자원봉사포럼.

중앙일보(2004), 《중앙일보 자원봉사 10년 백서》.

최일섭(2018), 《사회복지개론》, 지식공동체.

_____·이현주(2006), 《지역사회복지론》, 개정 2판, 서울대학교출판문화원.

_____·공희숙(2016), "자원봉사센터의 지역사회 네트워크에 관한 기술적 연구: 서울특별시 사례를 중심으로", 〈한국지역사회복지학〉, 제57집, 한국지역사회복지학회.

최일섭·이강현·이창균·주성수(1996), 《미국의 자원봉사 유래와 현황》, 한국사회복지관협회.

태화기독교사회관(1971), 《태화기독교사회관 50년사》.

태화기독교사회복지관(1993), 《태화기독교사회복지관의 역사》.

홍성호(2020), "자원봉사의 낡은 문법 버리고 새 문법 찾아야", 〈한국자원봉사포럼 뉴스레터〉, 2020년 7월호.

한국대학사회봉사협의회(2006), 《한국대학사회봉사협의회 10년 백서》.

한국사회복지교육협의회(2018), 《사회복지학 교과목 지침서》.

한국자원봉사포럼(2005), 《한국자원봉사포럼 창립 10주년 기념자료집》.

_____ · 한국자원봉사학회 편(2016), 《자원봉사의 NEW 패러다임》, 지문당.

한국자원봉사협의회(2007), 《자원봉사활동 진흥을 위한 국가기본계획 수립연구》.

한국자원봉사포럼(2005), 〈자원봉사저널〉, 통권 7호.

한국학중앙연구원(1991), 《한국민족문화대백과사전》.

한국사회복지협의회(2012), 《복지한국을 향한 위대한 여정: 한국사회복지협의회
        60년사》.

한양대학교 사회봉사단(2005), 《한양대 사회봉사단 10년 백서》.